《外语高教研究》编辑部 编

第3辑

外语高教研究

Foreign Language Higher Education Research III

上海外语教育出版社
外教社 SHANGHAI FOREIGN LANGUAGE EDUCATION PRESS

图书在版编目(CIP)数据

外语高教研究. 第3辑 /《外语高教研究》编辑部编
. -- 上海：上海外语教育出版社，2022 (2024重印)
ISBN 978-7-5446-7332-7

Ⅰ. ①外… Ⅱ. ①外… Ⅲ. ①外语教学—教学研究—高等学校—文集 Ⅳ. ①H09-53

中国版本图书馆CIP数据核字(2022)第130331号

出版发行：上海外语教育出版社
（上海外国语大学内）邮编：200083
电　　话：021-65425300 (总机)
电子邮箱：bookinfo@sflep.com.cn
网　　址：http://www.sflep.com
责任编辑：苗　杨

印　　刷：上海新华印刷有限公司
开　　本：787×1092　1/16　印张 11.25　字数 239 千字
版　　次：2023年5月第1版　2024年12月第2次印刷

书　　号：ISBN 978-7-5446-7332-7
定　　价：68.00元
本版图书如有印装质量问题，可向本社调换
质量服务热线：4008-213-263

编委会名单

编者的话

2021年适逢中国共产党百年华诞。100年来，我们的党一直坚持为中国人民谋幸福、为中华民族谋复兴的初心使命。而我国的外语教育，在党的领导下，栉风沐雨，蓬勃发展，为国际合作交流、中外文明互鉴做出了重要贡献。

对接国家高等教育发展战略，中国高校外语学科发展联盟于2018年3月在上海外国语大学成立，初始会员单位为153家具备外国语言文学优势学科的高校。目前联盟理事单位200余家。联盟自成立以来，一直秉承以下发展宗旨：对接国家“双一流”“文化走出去”等战略，搭建学科交流平台，协同培养卓越国际化人才，打造高水平研究成果，推进高端社会服务，促进文化传承创新，提升我国外语学科的国际影响力。

三年多来，联盟一直坚持协同创新、群策群力，在各理事成员的大力支持下，为全国外语学科搭建交流平台，助力实现外语高等教育内涵式发展。联盟迄今已举办两届外语学科建设与发展高峰论坛，推出公众号等。2018年和2019年成立了三个基于院校类型的委员会，即理工类院校委员会、师范类院校委员会、财经类院校委员会。2019年和2020年成立了三个基于研究方向的委员会，即课程与教材建设委员会、外国文学跨学科研究委员会、语言学跨学科研究委员会。以上委员会通过举办外语教育发展高端论坛、学科发展高端论坛、外国文学研究高峰论坛、语言学跨学科研究高峰论坛、课程思政与通识教育专题论坛、大学生创新大赛、师范生素质风采展示等活动，促进学科分委员会的特色发展。联盟工作获得人民网、中新网、光明网和上海教育等各大主流媒体的关注和报道，为推动外语学科创新特色发展发挥了重要作用。

《外语高教研究》作为联盟会刊，突出“外语”和“高教研究”特色。辑刊坚持对接国家战略，聚焦学科、专业、人才、师资等关键词，汇集一线优秀教师及教学管理人员的研究成果，探索具有中国特色的外语教育教学规律、管理体制机制、教育教学方法等。同时将理论探索与实践经验相结合，旨在提升人才培养质量，促进教师专业发展。会刊于2019年刊出第一辑，2020年刊出第二辑，设有理论探索、学科建设、教学改革、教学实践、来华留学生教育等栏目，产生了良好的社会影响。本辑（第三辑）共22篇文章，涉及学科发展、课程建设、教学改革、来华留学生教育等领域，从不同视角探索具有中国特色的外语教育发展之路。

以史为鉴，开创未来。通过回顾百年奋斗历程，我们更加深刻地领悟了“坚持真理、坚守理想、践行初心、担当使命”等建党精神，并将这一精神融入外语教育教学研究和实践中，以进一步促进学术交流合作，为国家和社会培养更多高素质外语人才。

李维屏

2022年8月9日

目 录

学科发展

课程建设

教学改革

来华留学生教育

综述与述评

附　录

对接国家需求，从单科到多科改革发展

杨　凡

提要：本文以上海外国语大学为案例，结合社会政治经济等因素，回顾分析了20世纪八九十年代，学校从单一语言类院校向多科性大学转变的历程，发现党的领导在其中发挥了关键作用。文章指出，这一转变反映出上外等外语院校的改革发展一直响应党的号召，服务于国家和地方的战略需求。

关键词：党的领导；单科；多科改革

作者简介：杨凡，上海外国语大学校志编辑室特聘副主任。

一、引言

2021年是建党100周年。读史以明智，鉴往以知今，本文以上海外国语大学（以下简称“上外”）为案例，回顾分析20世纪八九十年代，在改革开放初期，学校如何从单一语言类院校向多科性大学转变的历程。教育的变迁往往受到社会环境的影响（袁振国，2007）。本文通过梳理史料，发现上外之所以能够实现这一重大转变，正是学校党委结合当时的中央决策，在审视和预判社会环境变迁对外语教育的影响后全力推动的结果。这一转变顺应了国家和区域发展对外语院校人才培养的新要求，取得了显著的育人成效，也反映出上外人敢为人先的改革精神，开启了我国外语类院校发展的新阶段。综而观之，这一转变的实现，经历了三个具体阶段。下面对此进行梳理，并进一步探讨对我国外语类院校发展的启示。

二、从单科到多科发展的三个阶段

1. 第一阶段：解放思想，明确改革方向，增设非语言类专业课程

1978年12月，党的十一届三中全会胜利召开。全会确立了以经济建设为中心，坚持四项基本原则、坚持改革开放的总方针和基本路线，党的工作重点发生了重要转移，国家开始进入以经济建设为中心的新时期。全会的召开在对我国外语教育发展提出更高、更严、更加广泛而多样化要求的同时，也给它注入了新的生机和活力（群懿，1990）。1979年，在上外建校30周年纪念大会上，时任校长王季愚提出“本科各专业发展要根据四化建设实际需要，做适当调整”，教育改革的思想开始萌芽。1980年7月，上外党委根据教育部要求和学校实际情况，解放思想，积极思考高等外语教育如何适应四个现代化建设的改革问题。校党委在组织报送新时期第一份《上海外国语学院（81—90

年）十年规划纲要》报告中，首次提出要转变人才培养模式，要培养“精通第一外语，掌握第二外语，熟悉一门专业的德智体全面发展的外语人才”；并提出为“适应四化的需要，根据我院某些教师的专长，我们拟从现在起着手开设国际法、世界经济、国际贸易、新闻（培养出国记者）等课程，并视需要与可能成立国际关系系（暂定）”。学校党委提出的这个设想，对于转变外语院校长期以来的单一语言类人才培养模式是个重大突破，在全国外语类高校中也是十分大胆和超前的。

1981 年 5 月，上外党委又牵头组织全校各部处、系负责人开展办学思想大讨论，集中讨论上外的人才培养如何适应四个现代化建设发展需要的问题。当时全社会尚处于计划经济时期，市场经济的意识并不强烈，但上外党委已开始对此进行思考与讨论，并将讨论结果汇总上报教育部。上外党委在报送的《关于拟订教育事业“六五”规划和十年设想》报告中写道，学校经过大讨论，一致认为“对外语人才的培养也要有一个调查研究、通盘规划的问题，也要像生产部门，做好市场预测，产销对路”，并再次指出以往那种单一的外语人才已经不能很好地适应社会需要，再次明确提出“外语学院的学生（应）既掌握外语又掌握一门专业，这确是一个发展方向”。虽然当时大家仍有顾虑，认为“目前实现这个目标，困难很大”，但总体而言，这次党委主导的大讨论延续了上一年（1980 年）的思想成果，并有进一步发展：一是首次把学校的人才培养与“市场预测”相结合，从而从长期的“计划经济”的框框中“解放”出来；二是再次明确要把学校建设的方向从单一语言类教学的框框中“解放”出来，围绕社会和市场需求，走“外语+专业”的方向。这是学校党委做出的对计划经济体制下高等教育现状的一个重大突破。

此后，我国高等教育事业改革突飞猛进。半年之后，1982 年元月，上外党委又一次召开了更大范围的教学研讨会，题目是“就（19）81 年的教学、科研工作以及今后的办学方向等问题的研讨”。大家用了“三个半天”进行研讨，参加者除“党委成员、部处长、系领导”外，还扩大到“教学、科研第一线的教授、中青年骨干和少数青年教师”等，“共 90 余人”。讨论进行得非常热烈，大家畅所欲言，既讲成绩也摆不足，特别是对学校下一步的办学方向提出了真知灼见，破除了原先的某些畏难思想，首次提出要培养“即（既）懂外语又通晓某国事务的‘某某国家通’人才”，以“适应四个现代化发展的需要”。研讨会结束时，校党委领导指定业务部门“要好好研究”“培养‘某某国家通’人才”问题，明确提出，“要办出外语重点大学的特色和优势，要拥有专业倾向”，强调扩大进行“外语+专业”的教学改革实验，扩大非语言类专业选修课，拓展学生知识面。

2. 第二阶段：稳步推进，对接市场需求，新设非语言类专业

1983 年 6 月，上外在一年多的教学改革实验（部分外语专业+非语言类专业方向课程教学改革）和精心筹备（主要是对非语言类专业师资的招聘储备）后，正式向教育部申请“从今年 9 月份起在英语系增设国际新闻专业，学制六年，以适应国家对国际新闻专业人才的急需”。当年 9 月，经教育部批准，学校共招生 340 人，其中国际新闻专业

招有 30 人。学校党委考虑到当年首次开设非语言类专业的改革且须“首战必胜”，应谨慎掌握改革进程，所以当年对非语言类专业的招生并未向社会开放，而是选择以考试的方式，从本校英语系三年级学生中择优选拔录取了 30 名学生，从而保证了新专业招生质量。国际新闻专业学生在校再学习三年，毕业时获得英语与新闻专业双学士学位。稍后，学校党委又正式向教育部提出 1984 年增设“对外经济贸易专业”的初步设想。至此，校党委引领学校实现了从增设非语言类专业课程到新设非语言类专业的转变，坚实而稳妥地迈出了培养“既掌握外语又掌握一门专业”的新型外语人才的多科性改革步伐，并初步确定了将上外办成多科性大学的方向。

3. 第三阶段：飞跃发展，服务国家和地方现代化建设，建设多科性大学

1983 年 8 月，在向教育部提出增设国际新闻专业申请仅仅两个月后，上外党委又向上级党委报送了学校“五定”工作的初步规划，明确提出，为适应四化建设的需要，学校“应从单一的培养外语语言文学人才过渡到以培养（研究）外国语言文学、文化、国际政治、国际贸易和国际新闻等人才的多科性文科高等学校”。这是第一次见诸学校正式文件的关于上外“多科性”改革发展目标（即建设多科性大学）的较为清晰的描述。一个月后，即 1983 年 9 月，上外根据国家教育部发文要求，编报 1984 年教育事业发展计划，在“对外经济贸易专业”栏中填报计划招生 40 人。该专业招生不同于 1983 年新闻专业从本校生中选拔的做法，而是真正面向社会考生的选拔，而国际新闻专业也于 1984 年实现面向社会招生。至此，上外作为多科性大学的雏形已经显现。

1984 年 1 月，上外党委进一步讨论夯实多科性发展的目标，并以《上海外国语学院 1984—1985 年度第一学期行政工作要点》的方式向全校发布。该文件在提及“巩固和发展新专业、新学科”时指出，要“进一步巩固和完善国际新闻（已开学）和对外经济贸易专业（经批准拟于 1984 年 9 月招生开学），积极做好对外汉语专业的筹建工作，努力创造条件发展与上海‘四化’建设相关的外事管理、法律、金融等专业”。这是学校第一次在正式文件中提出发展多科性专业要主动和积极适应上海地区现代化建设发展的迫切需要，更加明确了上外发展多科性专业的发力方向与具体路径，也为十年后（1994 年）国家与地方（上海市）共建上外奠定了基础性条件，使上外获得了更多、更好的发展资源和机遇。

1984 年 12 月 20 日，上外举行建校 35 周年校庆大会。此前，校党委多次讨论，认为学校发展已走到了一个新的飞跃阶段，即从单一语言教育向多科性专业教育变革的发展阶段。为进一步凝聚共识，提振士气，解放思想，自我加压，开拓进取，校党委决定由院长胡孟浩代表学校做题为“改革教育体制，培养新型外语人才”的主旨报告。这份报告具体回顾了上外发展的历史与现状，认为随着四化建设的发展，单一的语言教育体制已不能适应社会对人才的需要，必须进行改革。报告向社会各界正式宣布，上海外国语学院改革的方向是，努力适应国家和上海市“经济体制改革对外语教育提出的新的更高要求”，“改革教育体制，培养新型外语人才”，即培养“在掌握一至二门外语的同时，掌握或熟悉某一门人文学科专业”的人才，

由此开启了上外复合型人才培养的新模式与新征程。同时，学校总体的建设目标定位是“把单科性的外国语学院改办成多科性的应用文科类外国语大学”，上外人办多科性大学的梦想从此强力腾飞。

此后，在校党委的坚强领导下，不论外界持何种质疑和议论，上外人都牢牢把握建设多科性大学的方向不动摇，通过引智聚才，团结奋斗，加速增设非语言类专业。继1983年增设国际新闻专业，1984年增设对外经济贸易专业后，1985年增设对外汉语与外事管理（后改为工商管理）专业，1986年增设教育技术学专业，1989年增设会计学专业等，20世纪90年代以后又相继增设了法学、金融学、广告学、国际政治等非语言类专业。至1994年，学校已总体实现文学、教育学、经济学、管理学、法学等五大学科门类的科学布局，成功创建了“四型一辅（外语专业型、专业方向型、双外语型、复合专业型和主辅修制）”的具有上外特色的多科性人才培养模式。是年2月，经当时国家教委批准，学校更名为“上海外国语大学”，成为一所在海内外具有广泛影响的国内一流、国际知名的多科性大学。

三、结语

回顾历史，我们发现，上外从增设非语言类专业课程到新设非语言类专业再到建设多科性大学，离不开学校党委的坚强领导，同时也是对党中央决策的创造性回应。在实现这一转变的十余年间召开的党的十三大和十四大均强调教育事业要服务国家和社会的发展。譬如1987年党的十三大报告明确指出，“要坚持教育为社会主义现代化建设服务的方针，按照实际需要，改善教育结构，提高教育质量，克服教育脱离实际的倾向”；1992年党的十四大报告进一步强调要“促进教育同经济、科技的密切结合”。上外的改革充分体现了外语类院校响应党的号召，在教育事业发展上服务国家战略大局和地方发展需求的责任意识。

当前，在新时代背景下，我国经济和社会发展进入新的历史时期，“一带一路”倡议和构建人类命运共同体的深入推进既为外语院校带来了新的历史发展机遇，也对外语院校的创新发展提出了新的更高要求。外语院校应更好地对接国家和地方的战略需求，审时度势，进一步深入探索新形势下的改革路径，努力适应新环境、新经济、新业态对高等外语教育发展提出的新要求，不断加大学科专业交叉融合的力度，贯通提升学生的政治定力、语言能力、学科能力和话语能力，综合谋划推动全球话语能力培养；要加强课程体系建设和教材体系建设，培养“会语言、通国家、精领域”的“多语种+”卓越国际化人才（姜锋，转引自组宣，2020），积极助力中华民族的伟大复兴！

参考文献

[1] 群懿. 我国外语教育改革开放十年的回顾［J］. 四川外语学院学报，1990（4）：1－20.

[2] 袁振国. 教育政策学［M］. 南京：江苏教育出版社，2007.

[3] 组宣. 提升学校治理能力和治理水平　培养能参与各领域全球事务的卓越专业人才［OL］. 2020－09－05. 参见 http://info.shisu.edu.cn/7f/5b/c575a32603/page.htm。

新时代师范类院校外语专业的发展与定位

苗兴伟

提要：师范类院校外语专业具有悠久的学科传统和扎实的学科基础。本文结合师范类院校外语专业的特色，分析新时代师范类院校外语专业面临的机遇与挑战，探讨师范类院校外语专业的发展与定位。为落实新时代立德树人根本任务，师范类院校外语专业需要面向国家、地区基础教育改革发展和教师队伍建设重大战略需求，以“双一流”建设促进外语学科的内涵式发展，建设高素质专业化创新型师范人才培养体系，提高师范类专业人才培养质量。

关键词：师范类院校；外语专业；外语学科；发展与定位

作者简介：苗兴伟，北京师范大学外国语言文学学院院长，教授，博士生导师。

一、引言

改革开放40余年来，我国高等教育师范类院校积极响应国家的改革开放政策和科教兴国战略，培养了一大批合格的人民教师，为推动全国教育事业的发展做出了突出贡献。我国师范类院校的外语专业有着扎实的专业功底和严谨的治学传统，在外国语言文学学科的发展过程中发挥着重要的作用。如何在新时代保持师范类院校外语专业的优良传统并做大做强外语学科，对推动我国外国语言文学学科的发展和外语专业人才的培养具有现实意义。本文在分析师范类院校外语专业现状的基础上，探讨新时代背景下师范类院校外语专业学科发展的机遇与挑战，为师范类院校外语专业的内涵式发展和定位提出具体的对策和建议。

二、师范类院校外语专业现状

师范类院校的外语专业大都具有悠久的学科传统和扎实的学科基础。师范类院校的外语专业从一开始就是以学科专业起家的。目前，外语专业类有100多个本科专业，3 279个专业点，覆盖1 051所本科学校。其中，师范类本科院校大约有109所，占10.4%。这个数字并不包括由师范类院校转型为综合性大学的院校。许多由师范类院校转型或合并后的综合性大学和理工类院校仍然保留了原来的师范专业。在教育部第四轮学科评估中，外国语言文学学科参评院校共计163所，其中师范类院校33所，占所有参评院校的20.2%。从评估结果看，3所师范类院校进入A类，在全国16所A类院校中占18.8%；14所进入B类，在全国49所B类院校中占28.6%；12所进入C类，在全国50所C类院校中占24%；未入围的院校4

所，在全国 48 所未入围院校中仅占 8.3%。从总体上看，师范类院校的外国语言文学学科在全国的学科排名令人瞩目。

从学科建设的角度看，师范类院校的外语学科肩负着为国家培养外语师资的重任。同时，师范类院校的外语专业也和其他类型高校的外语专业一样，承担着外国语言文学的学术研究和普通外语类人才的培养工作。目前在具有外国语言文学一级学科博士学位授权点的 51 所院校中，师范类院有 13 所，占 25.5%。当然，师范类院校的外语学科也存在着发展不平衡的问题，教育部直属院校在资源配置和办学条件方面与地方院校相比有着明显的优势，欠发达地区的师范院校在师资队伍和学科建设方面与发达地区相比还有一定的差距。另外，20 世纪 90 年代以来，许多高校出现的“去师范化”倾向在一定程度上给师范教育和师范类院校的发展带来了困扰。近年来，随着教育强国战略的不断推进，师范教育在国家教育发展中的核心地位不断凸显，师范类院校迎来了新的发展机遇。从总体上看，师范类院校外语专业的学科基础扎实，学科实力雄厚，在服务国家教育发展战略、培养高素质外语人才中发挥着举足轻重的作用。

为加强师范类院校外语学科的建设和发展，构建师范类院校外语学科发展共同体，在中国高校外语学科发展联盟倡导下，2018 年 12 月 21 日，北京师范大学召集在第四轮学科评估中位列 B 类及以上的 17 所师范类院校，召开了“中国高校外语学科发展联盟师范类院校委员会筹备会”。2019 年 6 月 14 日在北京师范大学召开了中国高校外语学科发展联盟师范类院校委员会成立大会暨首届师范类院校外语学科发展研讨会。师范类院校委员会的宗旨与中国高校外语学科发展联盟的宗旨是一致的：创新学科发展机制，培养卓越外语教师和国际化人才，打造高水平研究成果，提高高端社会服务水平，促进文化传承交流，建设一流外语学科，提升外语学科的国际影响力。该委员会旨在加强全国师范类院校之间的联系，探讨外语专业建设和外语学科发展中遇到的共性问题，促进外语学科的内涵式发展，构建跨区域、跨校际的教育资源共享平台，实现优质教育资源、科研资源的合作共享，不断提高各成员单位的外语学科发展水平，全面提升各成员院校的人才培养质量和科研水平，加强各会员单位之间的合作与交流。

三、师范类院校外语学科发展的机遇与挑战

为贯彻落实党中央、国务院关于建设世界一流大学和一流学科的重大战略决策，根据国务院《统筹推进世界一流大学和一流学科建设总体方案》（国发〔2015〕64 号），教育部、财政部、国家发展改革委于 2017 年 1 月制定并发布了《统筹推进世界一流大学和一流学科建设实施办法（暂行）》。“双一流”建设的总体目标是推动一批高水平大学和学科进入世界一流行列或前列，实现我国从高等教育大国到高等教育强国的历史性跨越。党的十九大报告进一步指出，“建设教育强国是中华民族伟大复兴的基础工程，必须把教育事业放在优先位置，深化教育改革，加快教育现代化，办好人民满意的教育。”建设教育强国的前提之一就是培养高素质教师队伍。为贯彻落实党的十九大精神，培养高素质教师队伍，按照国家教育事业发展“十三五”规划工作要求，推进教师

教育质量保障体系建设，提高师范类专业人才培养质量，教育部决定开展普通高等学校师范类专业认证工作，并于2017年10月印发了《普通高等学校师范类专业认证实施办法（暂行）》。随后，教育部等五部门于2018年2月印发的《教师教育振兴行动计划（2018—2022年）》提出了“发挥师范院校主体作用，加强教师教育体系建设”的目标任务，强调“全面提升教师素质能力，努力建设一支高素质专业化创新型教师队伍”。2018年9月，《教育部关于实施卓越教师培养计划的意见》指出，“到2035年，师范生的综合素质、专业化水平和创新能力显著提升，为培养造就数以百万计的骨干教师、数以十万计的卓越教师、数以万计的教育家型教师奠定坚实基础。”如果说党的十九大发出了建设教育强国的号召，《普通高等学校师范类专业认证实施办法（暂行）》《教师教育振兴行动计划（2018—2022年）》和《教育部关于实施卓越教师培养计划的意见》等文件和措施为师范类院校的学科建设和人才培养指明了方向，同时也为外国语言文学学科的发展带来了新的机遇和挑战。

就外国语言文学学科而言，2018年1月教育部发布了《普通高等学校本科专业类教学质量国家标准（外国语言文学类）》，这意味着我国外语类各专业的高等教育教学质量有了国家标准。为了贯彻落实国家质量标准，由教育部高等学校外国语言文学类专业教学指导委员会编写的《普通高等学校本科外国语言文学类专业教学指南》于2020年5月出版，从适用专业范围、培养目标、培养规格、学制、学分与学位、课程体系、教学计划、教学要求、教学评价、教师队伍、教学条件、质量管理、术语与释义以及专业核心课程描述等方面对外国语言文学类本科专业的教学和人才培养提出了详细的指导意见。2020年5月28日，教育部发布了《高等学校课程思政建设指导纲要》，把全面推进课程思政建设作为落实立德树人根本任务的战略举措，提出了“把思想政治教育贯穿人才培养体系，全面推进高校课程思政建设，发挥好每门课程的育人作用，提高高校人才培养质量”的指导方针。

四、师范类院校外语专业的内涵式发展

对于师范类院校来说，当前最主要的任务就是贯彻落实党的十九大精神，落实新时代立德树人根本任务。师范类院校外语专业需要面向国家、地区基础教育改革发展和教师队伍建设重大战略需求，以“双一流”建设促进外语学科的内涵式发展，建设师范人才培养体系，提高师范类专业人才培养质量，为国家培养高素质专业化创新型教师队伍。

（一）以“双一流”建设促进外语学科的内涵式发展。习近平总书记在党的十九大报告中提出，要“加快一流大学和一流学科建设，实现高等教育内涵式发展”。经过几十年的规模扩张和专业复合，外语专业得到发展壮大，但在谋求外延式拓展的同时，外语专业应更注重内涵式发展，巩固和加强内涵建设。以英语专业为例，仲伟合（2014）指出，英语专业建设必须紧扣外国语言文学的学科内涵。蒋洪新（2014）强调，英语专业属于人文学科，英语专业人才培养规格覆盖面将更为广阔，至少应具备：扎实的英语语言基础知识和熟练的英语语言运用技能、系统的英语文学知识和较强的文学鉴赏与批评能力、较丰富多元的文化知识和较强的跨文化能力。

就英语专业的定位而言，仲伟合、蒋洪新（2015）指出，英语专业主要以英语语言、英语文学和英语国家的社会文化等为学习和研究对象，人才培养突出人文素养教育，教学过程重实践和应用，注重开阔学生的国际视野。英语专业教育对提高公民素质、传播中华文明、促进国家经济建设和社会发展具有积极意义。这一定位对师范类院校的外语专业发展和人才培养具有重要的指导意义。师范类院校外语专业在培养学生语言能力和技能的同时，应坚守外国语言文学的人文学科传统，基于外语专业的内涵，以内容为依托，培养学生的综合素质和创新能力。在师范生的培养方面，外语专业还要根据新时代的要求，为我国的外语教育培养高素质专业化创新型外语教师。师范类院校的外语学科有着扎实的专业基础，在内涵式发展的道路上不断探索，走出了富有师范特色的内涵式发展道路。当前，师范类院校外语专业应积极探索“双一流”建设和新文科建设背景下外语学科发展的新机遇和新方向，推动具有师范类院校特色的外语学科的建设和发展。

（二）加强外语教师教育体系建设，推进师范类专业认证工作。为落实立德树人根本任务，师范类院校的外语学科肩负着为国家培养高素质专业化创新型外语教师的使命，从而为“办好人民满意的教育”提供有力的外语师资保障。师范类院校外语专业在坚持内涵式发展的同时，需要加强高水平、有特色的外语教师教育专业建设，健全外语教师教育体系。为此，有些师范类院校开始探索在外国语言文学一级学科下增设外语教育学学科方向，从而与传统的学科教学论方向的教育硕士和博士的培养区分开来，以体现外语教育的独特性及其外国语言文学学科属性。目前正在开展的师范类专业认证工作为外语教师教育体系的建设带来了新机遇。《普通高等学校师范类专业认证实施办法（暂行）》所倡导的“学生中心、产出导向、持续改进”的认证理念在检验师范类外语专业办学质量的同时，将持续推进外语专业教学改革，全面提升外语专业人才培养质量。师范类院校外语学科应抓住这一契机，构建中国特色、世界水平的外语教师教育质量监测认证体系，规范师范类外语专业建设，建立健全外语教师素质和能力评价体系及教师教育质量保障体系，不断提高教师培养质量。就师范类专业外语人才的培养环节而言，外语专业需要根据师范类专业认证对师范类专业人才培养的新要求，以培养目标为依据制定毕业要求，按毕业要求进行课程建设和教学设计，并开展师资队伍建设和教学条件建设。总之，师范类院校外语专业需要面向国家、地区教育改革发展和教师队伍建设的重大战略需求，在培养学生语言能力和技能的同时，以外国语言文学的内涵为依托，培养学生的综合素质和教学能力，为新时代造就高素质、专业化、创新型大国良师。

（三）加强外语课程思政建设。《普通高等学校本科专业类教学质量国家标准（外国语言文学类）》（以下称《国标》）和《普通高等学校本科外国语言文学类专业教学指南》（以下称《指南》）对外语专业的培养目标提出了具体要求：外语类专业旨在培养具有良好的综合素质、扎实的外语基本功和专业知识与能力，掌握相关专业知识，适应我国对外交流、国家与地方经济社会发展、各类涉外行业、外语教育与学术研究需要的各外语语种专业人才和复合型外语人才。就外语专业的培养规格而言，《国标》和《指南》提出了素质要求、知识要求和能力要求。素质要求强调，外语类专业学生应具有正确的世界观、人生观和价值观，良好的道德品质，中国情怀和国际视野，社会责任感，人文与科学素养，合作精神，创新精神以及学科基本素养。知识要求强调，外语类专业学生应掌握外国语言知识、外国文学知识、区域与国别知识，熟悉中国语言文化知识，了解相关专业知识以及人文社会科学与自然科学基础知识，形成跨学科知识结构，体现专业特色。能力要求强调，外语类专业学生应具备外语运用能力、文学赏析能力、跨文化交流能力、思辨能力，以及一定的研究能力、创新能力、信息技术应用能力、自主学习能力和实践能力。无论是素质要求还是知识和能力要求，最终指向的是外语教育应如何落实立德树人根本任务和培养什么人、如何培养人和为谁培养人的根本问题。《高等学校课程思政建设指导纲要》指出，落实立德树人根本任务，必须将价值塑造、知识传授和能力培养三者融为一体、不可割裂。全面推进课程思政建设，就是要寓价值观引导于知识传授和能力培养之中，帮助学生塑造正确的世界观、人生观、价值观，这是人才培养的应有之义，更是必备内容。根据这一要求，外语专业需要把思想政治教育贯穿人才培养体系，全面推进外语课程思政建设，发挥好每门课程的育人作用。外语专业的人才培养要牢牢抓住教师队伍“主力军”、课程建设“主战场”、课堂教学“主渠道”，让所有教师、所有课程都承担好育人责任，使各类课程与思政课程同向同行。因此，在今后的学科建设和人才培养工作中，外语专业在加强教师队伍建设的同时，应从人才培养方案修订、课程建设和教材建设等方面入手，深入研究外语专业的育人目标，深度挖掘提炼外语专业知识体系中所蕴含的思想价值和精神内涵，科学合理拓展专业课程的广度、深度和温度，增加课程的知识性、人文性，提升引领性、时代性和开放性，构建全员全程全方位育人大格局。对于师范类院校外语专业而言，课程思政与师范生的师德规范教育是相辅相成、相向而行的。师范类院校应积极探索课程思政与师德养成体系的融合，形成具有师范特色的课程思政建设路径。

（四）加强跨学校、跨区域交流与合作。师范类院校的外语专业在学科建设和人才培养方面有很多相似性，各学校又有自己的特色。因此，师范类院校应加强跨学校和跨区域的交流与合作，互通有无，取长补短，共同促进师范类院校外语专业的建设和发展。中国高校外语学科发展联盟师范类院校委员会的成立为师范类院校之间的交流与合作提供了一个平台。我们期待师范类院校以学科联盟为依托，探讨外语学科发展中遇到的共性问题，构建跨区域、跨校际的教育资源共享平台，实现优质教育资源、科研资源的合作与共享，构建师范类院校外语学科发展共同体，促进师范类院校外语学科的建设和发展。师范类院校可在以下几个方面开展合作：基于大数据和人工智能的外语人才培养，慕课、“金课”开发与网络平台建设，师范类院校外语课程体系建设，师范类院校外语教材开发与编写，优质教学资源和科研资源共享，教育实习基地建设与共享，公费师范生跨校培养与校际交流，师范生教师素质大赛或风采展示活动，跨学校、跨区域教师教育与培训，等等。随着教育部一流专业建设“双万计划”和一流本科课程

"双万计划"的实施，师范类院校外语专业在国家级一流本科专业点和省级一流本科专业点建设以及国家级一流本科课程和省级一流本科课程建设方面有着广泛的合作空间。

五、结语

师范类院校外语专业在服务国家教育发展战略、培养高素质外语人才中发挥着重要作用。改革开放40多年来，中国外语教育经历了重要的变革和发展，外语学科获得了前所未有的发展机遇。师范类院校外语专业不仅担负着为中国外语教育培养卓越教师的重任，而且在促进中国与世界的沟通、提高中国的话语传播能力、推动"一带一路"建设和人类命运共同体的建构中发挥着积极的作用。当今世界正面临百年未有之大变局，师范类院校外语专业应抓住这一难得的机遇，更好地展望和规划外语专业的未来发展之路，使中国外语教育再出发，为促进全人类的知识共享以及在所面临的问题与冲突方面的交流，实现不同文化之间的理解和尊重做出更大的贡献。

参考文献

[1] 戴炜栋，王雪梅. "双一流"背景下外语类院校的发展定位、特征与战略［J］. 北京第二外国语学院学报，2016（1）：1－13，136.

[2] 冯光武. 新一轮英语类专业教育改革：回顾与展望［J］. 外语界，2016（1）：12－17.

[3] 蒋洪新. 关于《英语专业本科教学质量国家标准》制订的几点思考［J］. 外语教学与研究，2014（3）：456－462.

[4] 王雪梅. 新时代一流外语学科建设：内涵、原则与路径［J］. 外语界，2019（1）：23－30，60.

[5] 仲伟合. 英语专业创新发展探索［J］. 外语教学与研究，2014（1）：127－133，160.

[6] 仲伟合，蒋洪新. 无用与大用——从《国标》谈英语学科定位与建设［J］. 中国外语，2015（2）：4－7.

理工类院校外语学科“入主流、有特色”的探索与实践
——以大连理工大学为例*

陈宏俊　孙成志

提要：本文在梳理理工类院校外语学科发展困境的基础上，以大连理工大学为例，探究理工类院校外语学科在“双一流”和“新文科”的大背景下，如何适应国家新时期战略需求，结合自身实际，既入主流，又有特色，坚持“一个中心，两个服务，三个支撑”的学科发展思路，培养高素质外语人才，同时助力学校培养一流人才和“一精多会、一专多能”的高素质国际化复合人才。

关键词：理工类院校；外语学科；大连理工大学；入主流、有特色

作者简介：陈宏俊，大连理工大学外国语学院院长，教授，博士生导师；
孙成志，大连理工大学外国语学院副院长，教授。

一、引言

在习近平新时代中国特色社会主义思想的指导下，我国高等教育改革与发展开启了新一轮重大举措——“双一流”建设，提出要着力推进高等教育治理体系和治理能力现代化建设，充分发挥高等学校在人才培养、科学研究、社会服务和文化传承与创新方面的职能。教育部也适时推进“六卓越一拔尖”计划2.0、一流本科专业建设“双万计划”的实施，引领新工科、新医科、新农科、新文科建设，深化高等教育教学改革。“新文科”的特征主要表现为问题导向、交叉融合、新技术应用和创新性发展（胡开宝，2020）。聚焦外语学科，正如教育部高教司司长吴岩（2019）所言，“新文科”背景下的“多语种+”卓越国际化人才培养就是要立足外语学科，提倡学科间的交叉融合，培养“一精多会、一专多能”的高素质、国际化复合型人才。

在“双一流”和“新文科”的大背景下，外语学科的发展方向，尤其是理工类院校外语学科如何在适应国家新时期战略需求的背景下，结合自身实际，既入主流，又有特色，培养出“一精多会、一专多能”的高素质国际化复合型人才，是一个亟待全面思考的问题。本文力图在梳理理工类院校外语学科发展困境的基础上，以大连理工大学为例，探究理工类高校外语学科如何在学科发展、专业建设和人才培养等方面实现“入主流、有特色”。

二、理工类院校外语学科的发展困境

在全国第四轮学科评估中，理工类院校

外语学科的成绩总体有进步空间。A+院校0所（共3所），A院校2所（共5所），A-院校2所（共8所），B+院校2所（共16所），B院校3所（共16所），B-院校7所（共17所）。理工类院校外语学科在各级别评估高校中所占比重总体偏低。

外语学科隶属于人文学科，但长期以来却游离于中国人文学科主流之外，又远未达到推进中国人文学术国际化的水平，因而一直处于中国人文学科的边缘地位（王宁，2020）。理工类院校外语学科发展的劣势，总结起来有以下几点：

第一，传统理工类院校不重视外语学科。一方面，传统理工类院校重点建设学校强势的理工科专业。外语作为一门人文学科，被认为最主要的任务是服务于大学外语教学和研究生公共外语教学，只要做好了全校公共外语教学中学生们基本听说读写译能力的培养，外语学科就完成其历史使命了。这种传统认知直接造成了对外语学科的发展关注不够和支持力度不强的现状。另一方面，传统理工类院校以工科评价模式为主的评价体系也并不适合当下的外语学科，致使外语学科在学校评估体系中各项指标普遍偏低，逐步被边缘化。

第二，理工类院校外语专业自身发展目标不明确、学科定位不清晰。部分理工类院校对外语学科的专业认识存在误区，譬如只重视外语语言技能，课程设置方面更强调其工具性，忽视外语教育内在的学科专业性和人文性。再加上理工类院校的人文学科整体发展相对滞后和不平衡，难以满足学科交叉融合创新培养人才的需求。

第三，理工类院校外语专业总体师资力量不足。在很多理工类院校，外语专业的教师除了承担专业课教学，还要教授本科和研究生阶段的公共外语课程，普遍教学任务比较繁重。教师们疲于教学，每周工作量超负荷，无暇再从事科研工作和进修提升。这既影响了学术发展，也无法利用科研有效地指导和服务教学。理工类院校外语教师，尤其是大学英语等基础课教师的学历和职称普遍偏低，缺少学科带头人，师资结构不均衡，年龄结构也不够合理，师资力量无法对学科发展形成有力的支撑，师资培育的“蓄水池”作用不突出。

现阶段许多理工类院校外语学科的发展困境，决定了其在科研、教学、人才培养和师资队伍建设等诸方面既未入外语学科主流，又缺乏自身特色，与其他外语类、综合类和师范类院校还有相当大的差距。当然，多年来以上海交通大学外国语学院、浙江大学外国语学院等为代表的传统上属于理工类院校的外国语学院积极作为、勇于探索，在师资队伍、学科建设、人才培养等方面都取得了优异的成绩，为推动理工类院校的新文科发展起到了积极的示范作用。

三、大连理工大学外语学科“入主流、有特色”的探索与实践

1. 探索与实践

大连理工大学是“双一流”重点建设高校，也是教育部首批22所公共外语教学改革试点高校之一。外国语学院在坚持学校高水平、研究型、有特色、国际化的办学定位下，确立了学科交叉培养人才，服务国家战略需求，“入主流、有特色”的指导思想，明确了“一个中心，两个服务，三个支撑”的学科发展思路。“一个中心”，即立足外语教育与教学，以培养具有理工类院校特色的

精英外语人才为中心；"两个服务"，即一方面服务于"一带一路"倡议、周边外交、中国道路文化传播等国家重大战略需求，另一方面通过培养兼具工具性、人文性、思辨性的复合型外语人才，服务于学校一流人才的培养。"三个支撑"，即通过建设三个"语言+"学科群，即"语言+习得+话语语篇+认知+翻译""语言+文学+文化+哲学""语言+国别与区域研究"，对外语教育教学及人才培养形成强有力的支撑。

近年来在大连理工大学外国语言文学一级学科下，形成了"4+1"共五个学科方向，即外国文学、外国语言学及应用语言学、翻译学、国别与区域研究四个主流学科方向以及"语言与认知科学"特色方向。"4+1"学科方向，通过"文文交叉""文理交叉""文工交叉"等学科交叉融合方式，形成了各自鲜明的学科特点：

（1）外国文学方向的研究特色为文学与哲学的交叉与融合，其中西方马克思主义文学理论的相关研究可以对国内马克思主义文艺理论的研究起到支撑作用。

（2）外国语言学及应用语言学方向的特色体现在语言学与法学、认知神经科学、社会学、教育学的学科交叉，主要聚焦在法庭话语研究、批评话语研究、中国人语言认知加工特点、中国人外语学习规律研究等。

（3）翻译学方向与历史学相交叉，重点研究中国史学、文学、文化典籍的翻译问题，《茶经》《史记》《论语》等典籍翻译研究为中华优秀文明成果外译提供了有力支撑。

（4）国别与区域研究方向通过语言学与历史学、政治学、马克思主义以及国际关系等学科交叉，研究日本近现代史、马克思主义在日本的传播以及中美对非战略问题。

（5）语言与认知科学方向从事语言学与生物医学工程、计算机科学与技术、哲学等学科的交叉研究，主要是基于认知神经学科与脑科学的先进技术，利用多学科的优势研究语言的认知加工和语言智能机制，推动人工智能、失语症康复等。

2. 取得的成果

近年来，在"入主流、有特色"的理念指导下，大连理工大学外国语学院围绕"4+1"学科方向，取得了比较突出的研究成果：2016—2021年获批国家社科基金、教育部社科基金共计20余项，在*Applied Linguistics*、*Brain and Language*、《外语教学与研究》等期刊上发表SSCI、CSSCI论文70余篇，为服务国家需求、服务学校人才培养提供了有力的支撑，在专业建设、人才培养、智库建设等方面取得了许多成果。

（1）坚持学科交叉融合，促进专业建设与人才培养

在课程设置和人才培养方面，学院围绕"4+1"学科方向进行了相应调整，如，将美国文化课程改为美国文化与外交，增设外交学导论、国际关系概论、西方思想经典、典籍英译、中国文化英译和西方汉学等课程，加强对本科生和研究生家国情怀的教育和培养，开拓学生国际视野。这些课程的开设对学校开展公共外语教学改革，培养"一精多会、一专多能"的复合型人才起到了重要的支撑作用。

此外，学院还依托理工类院校的优势，为外语专业订制高等数学B、程序设计、普通生物学等理工科课程，占总学分的12%—17%，实现了"人文+理工"的交叉。"一专多能"的外语学子，不仅在模拟联合国大

会、全国大学生英语竞赛、“21 世纪杯”全国英语演讲比赛等外语竞赛中表现出色，而且在中国大学生计算机设计大赛、全国大学生数学建模大赛、全国高校空间设计大赛等理工科竞赛中也斩获殊荣。同时，语言与认知科学方向的多名研究生在 SSCI 期刊发表论文，并赴国外攻读相关学科的博士学位。

学科交叉为外语专业教师的研究带来了新的突破点，取得的研究成果又反馈于教学，新教学模式下培养出的“一专多能”的外语学子受到了后续深造院校和就业市场的青睐。2019 年至今，基于“4+1”学科方向的有力支撑，学院英语、日语、翻译专业入选国家一流本科专业建设点，俄语及商务英语专业相继入选辽宁省一流本科专业建设点。

（2）践行智库使命，用外语服务国家战略需求

外语教育一直紧密跟随国家战略，服务于国家经济、文化、外交、外事等发展需求（戴炜栋，2019）。“新文科”赋予外语学科的另一项重要使命就是践行智库使命，服务国家战略需求。外国语学院“4+1”学科方向的多项研究成果，为国家的政策制定、中国文化的海外传播做出了贡献。

区域与国别研究方向的特色之一是将语言学与历史学、政治学以及国际关系领域交叉来研究日本历史问题。日本学研究团队从文献考据的角度解读重大历史课题，形成了一批具有影响力的研究成果。其一，对《田中奏折》的考据研究，有理有据地回答了《田中奏折》这一历史悬案的真伪问题，有力地回击了日本右翼学者和政客对中国的攻击，相关研究成果多次被中国社会科学院《要报》《专供信息》等采用上报。其二，关注日本马克思主义研究发展最新动态，翻译了日本共产党前主席不破哲三撰写的《从“科学视角”思考日本的战争》和《马克思还活着》，得到了中央领导的批示并由中共中央党校出版社正式出版。其三，关注日本战犯问题。团队开展的中华人民共和国教育改造日本战犯历史研究，一方面以日本战犯为突破点还原日本侵华的历史真相，另一方面以中日媒体为媒介，宣传中华人民共和国对日本战犯的宽大处理中蕴含的和平政策实践。团队成员利用澎湃新闻网等媒体的传播力，发出高校教师在日本学研究领域的声音，被转载的文章单篇点击阅读量达到 100 万以上。相关成果也被央视重大题材系列纪录片《正义之剑——战后对日审判档案揭秘》采纳。

学院在 2017 年获批成立的“辽宁省公共阐释与公共语境建设研究基地”，是外国语学院在新时代中国理论建设需求的背景下，服务国家外交战略、文化传播等需求的一个重要研究机构。基地致力于中国话语体系、马克思主义文艺批评理论中国化的建设。

典籍翻译团队紧密围绕着中国传统文化典籍外译这一主线，以汪榕培典籍翻译思想研究中心为依托开展研究，译著《天工开物》曾获得辽宁省哲学社会科学成果奖（省政府奖）；“大中华文库”典籍系列项目《茶经》《续茶经》的翻译曾获得辽宁省哲学社会科学优秀成果二等奖，《史记》《汉书》等典籍在西方的译介与研究也初具规模，成为团队新的增长点。典籍英译团队的研究成果为我国传统文化“走出去”，践行“四个自信”，特别是文化自信做出了突出贡献。与此同时，典籍翻译团队致力于将教育

链、人才链和产业链有机衔接，为企业提供各种语言和翻译服务，相关教育教学改革成果获辽宁省教学改革成果一等奖。

外国语学院智库建设除了服务国家战略之外，还在培养研究型人才方面积极尝试。各研究团队吸收优秀的本科生和研究生参与资料搜集和基础性数据分析等工作，提升学生的科研能力。此外，研究成果中的案例也多被应用于外交学、翻译学的教学之中，智库建设既服务于国家战略，又支撑学院教学和人才培养。

四、结语

大连理工大学外国语学院依据自身特点，确立了学科交叉培养人才、服务国家战略、“入主流、有特色”的发展思路，坚持“高水平、研究型、有特色、国际化”的办学定位，培养德才兼备、具有理工类院校特色的外国语言文学学科领域的高素质精英人才。外国语学院以“4+1”学科方向为主线，使科研、教学、专业发展、师资队伍建设和人才培养有机融合，相辅相成。经过多年实践，逐步形成了学科交叉推动科研、科研服务教学、教学助力人才培养，最终合力推进专业发展的良性循环，为“新文科”建设背景下理工类院校外语学科如何服务国家需求和培养一流人才探索出一条具有特色的道路。

注　释

* 本文系教育部首批新文科研究与改革实践项目“面向高素质涉外人才培养的公共外语课程体系改革与实践”（2021110028）成果。

参考文献

[1] 戴炜栋. 服务国家战略　培养高端人才　推动外语教育发展［J］. 外语教育研究前沿，2019（3）：8－12.

[2] 胡开宝. 新文科视域下外语学科的建设与发展——理念与路径［J］. 中国外语，2020（3）：14－19.

[3] 王宁. 新文科视野下的外语学科建设［J］. 中国外语，2020（3）：4－10.

[4] 王雪梅. 新时代一流外语学科建设：内涵、原则与路径［J］. 外语界，2019（1）：23－30.

[5] 吴岩. 新使命　大格局　新文科　大外语［J］. 外语教育研究前沿，2019（2）：3－7.

外国语言文学学科中心建设的探索与实践
——融合研究生培养与学术科研团队发展*

林正军

提要：高校外国语言文学学科的研究生培养与教师的学术科研相辅相成，但长期以来二者往往脱节，导致研究生培养中学术科研含金量不足，研究生导师的专业发展和学术科研能力也因此受到限制。我们探索出融合研究生培养与学术科研团队的学科建设路径，以研究生培养为抓手，组建实体性的学科中心，行使研究生培养和学术科研团队建设的双重职能。学科中心有效地整合了研究生培养与学术团队的科研力量，促进了研究生人才培养和学术科研水平的全面提升。

关键词：外国语言文学；学科中心；研究生培养；学术科研

作者简介：林正军，北京外国语大学教授、博士生导师，2014—2020 年担任东北师范大学外国语学院院长。

一、引言

国家高度重视研究生教育工作，于 2020 年 7 月 29 日召开了全国研究生工作会议，强调提升教育质量是研究生培养①的核心，把研究作为衡量研究生素养的基本指标，倡导提升研究生的创新能力，服务社会经济发展。随着人类命运共同体和"一带一路"建设步伐的加快，外国语言文学方向研究生教育的地位和功能更加凸显。要提升外国语言文学方向研究生的培养质量和研究能力，教师的科研素养和科研能力是关键。

外国语言文学一级学科传统上按语种、地域或研究方向分为英语语言文学、俄语语言文学、日语语言文学、欧洲语言文学、亚非语言文学、外国语言学及应用语言学、翻译学等 13 个二级学科。2017 年国务院学位委员会将外国语言文学一级学科下设的 13 个二级学科调整为外国文学、外国语言学及应用语言学、比较文学与跨文化研究、翻译学及国别与区域研究五大学科方向，鼓励跨语种、跨专业的学科交叉，拓宽了学术科研视野。事实上，新的学科方向过于宏观，研究生招生和培养难以按新的学科方向实施。大部分高校的外国语言文学学科研究生多按原有的二级学科方向招生和培养，另有少数院校根据新的学科方向及自身优势做出适当调整，如增加国别与区域招生方向。对于不同语种的研究生招生和培养而言，完全按新的五大学科方向实施是不现实的，特别是跨语种的同一方向难以打通进行统一的考查和授课。

如何协调外国语言文学原有二级学科与新的学科方向之间的关系？如何协调研究生培养与学术科研之间的关系？这些问题成为

当下外国语言文学学科建设的难题。在实际的学科建设中，东北师范大学外国语言文学学科融合研究生培养与学术科研，组建学科中心，取得一些进展，下面进行具体阐释。

二、研究生培养现存问题

教学团队缺乏规划和设计，影响导师队伍持续稳定发展。长期以来研究生的课程教学基本上由任课教师个体来完成，每位教师开设一门或多门课程，课程的教学计划和教学内容基本上是由任课教师独自完成，随意性较大。课程与特定教师之间形成了匹配关系，有的教师承担所教课程一直到退休。这些情况不利于调动年轻导师的积极性，不利于以老带新，不利于年轻导师的培养和成长，不利于打造结构合理的研究生教学团队，不利于研究生教学和学术科研的持续发展。随着年轻教师的成长和导师人数的增加，原有授课模式不断暴露弊端，必须打破。教学团队缺乏规划和设计影响导师队伍的梯队建设，常常出现断层现象，随着原有研究生导师退休，后续任课教师的数量和质量难以接续，就会出现较为严峻的新老交替危机。

课程设置有广度，但课程内容往往深度不够。按照东北师范大学外国语学院《外国语言文学一级学科学术学位硕士研究生培养方案（2017 版）》的要求，英语语言文学专业开设的专业课程包括学科基础课、专业主干课、发展方向课和专业方向课，共计34门，大部分为导论课或入门课。王雪梅（2013）指出的“导论性课程占比过高”“宏观性课程偏重”等问题在当今的英语语言文学专业课程设置中依然存在。从课程内容来看，研究成分欠缺，深度缺乏，甚至有些课程与本科生课程内容区别甚微。王雪梅（2009）强调研究生课程应突出学术性、实践性和融合性等特点，既要注重专业理论的系统性和知识性，还要注重语言能力的实践操作性，同时要借助科学的研究方法来培养研究生的科研能力。在研究生课程的授课方式方面，师生之间互动交流较少，课堂讲授仍为主要授课方式（王雪梅，2010）。这样的课程无法训练学生把握国内和国际学术动向，限制了研究生研究能力的培养，不利于任课教师和选课学生学术科研能力的提升。

学位论文过程指导缺失，缺乏集体指导，质量难以保证。研究生的学位论文指导工作基本上由指导教师个体来完成，学生从选题到论文完成，除去开题和答辩由导师小组完成外，其他环节基本上由导师和学生单线联系，研究生导师群体对研究生的学术指导没有形成合力。有些学位论文在选题、论证和方法等方面的严重问题，直到答辩环节才被指出，这种现象产生的原因之一就是导师集体指导的缺失。因此，需要建立一个研究生学位论文指导的长效机制，不断改进和加强导师组对研究生学位论文撰写的过程指导，充分发挥导师组的集体指导功能。

研究生培养管理断层，缺乏效益。研究生培养管理从主管副院长到教务秘书之间缺失中间管理层。主管研究生的副院长直接负责和处理与研究生培养相关的各项事务，包括课程开设、任课教师安排、导师分配、开题、答辩等，事无巨细。这样的管理机制既缺乏效益，也难以保证研究生培养质量。

三、学术科研团队建设现存问题

学术科研团队结构松散，凝聚力缺乏。学校或学院设立的外国语言文学各类非实体性研究中心基本上是空壳机构，没有固定人员，也不承担具体的教学和科研任务。学术科研团队也只是填表时落在纸面上的组织，没有科研目标导向引领，没有发展规划制约，没有科研活动维系，没有对团队成员的培养意识。这些问题直接影响学术科研水平的提升，制约教师队伍的成长和发展。学术科研队伍的断层问题、新老交替问题不断涌现。出现这些问题的主要原因是团队建设没有落到实处，建立实体性的学科中心是解决这些问题的必由之路。

教师的整体学术科研水平普遍较弱，高层次的研究成果不足。真正从事学术科研且有较好成果的教师人数一般不超过教师总数的六分之一。中青年教师的学术生命力本应该处于最活跃的阶段，但是实际情况却不尽人意。有些中青年教师已经担任硕士生导师多年，甚至开始指导博士生，但高层次的学术科研成果严重不足，特别是在学术论文撰写与发表方面，大量的中青年教师要么“论而不文”，要么“重数量轻质量”，并没有真正进入学术科研之门。更糟糕的是，迫于各种评聘产生的科研压力，教师对学术科研本身的意义认识不足，甚至产生抵触情绪。

从事学术科研的教师各自为政，团队集体攻关能力弱。具备独立学术科研能力的教师各自为战，不具备独立学术科研能力的教师则处于游离状态，造成学术科研难以形成合力，集体攻关能力缺失。从短期发展来看，问题表现在项目论证和项目申报难。申报项目的教师苦于闭门造车，部分教师对项目论证缺乏常识，却又难以获得团队的帮助。从长期发展来看，这样的局面难以确立可持续的优势学科发展战略。团队攻关能力是建设和发展优势学科的关键，靠个人的单打独斗难以实现。

中间管理层缺失，定期的、制度性的学术活动难以展开。主管科研的副院长直接对接从事科研工作的教师和组织具体的学术活动。由于没有固定的实体化的中间管理层，学术活动往往随意性较大，缺少规划，缺乏连续性的学科发展考虑。学术活动还仅限于分散的校外专家讲学，本校按学科方向的学术活动少之又少，甚至是空白。

四、学科中心的组建

组建实体性的学科中心能够协调外国语言文学原有二级学科与新的学科方向的矛盾，协调研究生培养与学术科研之间的关系，从而有效解决或缓解以上研究生培养和学术科研方面存在的问题。组建学科中心是改变原有二级学科分类过细和新的二级学科方向分类过粗状况的有效途径，是融合研究生培养与学术科研的重要抓手。林正军（2018）认为研究生教育与学术科研之间存在必然的联系，研究生教育离不开科研，没有科研作为支撑，研究生教育很难有深度。通过研究中心和团队等平台可以有效地汇聚专家队伍和研究资源，开展更加深入的研究、合作和交流，为研究生教育的改革和发展提供更加有力的智力支撑（洪大用，2020）。研究生导师队伍是学术科研的主力军，也是组建学术科研团队的骨干力量；将相同或相关研究方向的导师个体有力地维系在一起，可形成有向心力和凝聚力的学术科研团队。在学科中心内部按学科次方向或研究方向组建研究生培养和学术团队，由团队负责安排相关研究方向研究生的具体培养，由团队安排相关研究方向的学术活动，可有效解决中间管理层缺失的情况。

组织形式上，按学科层级设置管理机

构，每个层级都有相应的负责人。外国语言文学一级学科由院长统管，相关副院长主管。学科方向由学科中心负责管理，学科中心建设成为实体性的基层研究生培养和科研单位，相当于负责本科教学的系级单位，每个学科中心分别设立主任1名，副主任2—3名。学科方向按次方向设学术团队，由学科带头人负责管理。学科团队可根据需要按研究方向设立研究组，由学术带头人任组长，负责相应的管理（见表1）。这样可以实现学科的层级和垂直管理，提升研究生培养和学术科研的管理效果。学科中心的核心成员由研究生导师组成，其他教师根据自己的研究方向和兴趣加入合适的学术团队。由此，主管副院长的职责是统筹管理各个中心，既保证学院整体上研究生培养和学术科研的步调一致，又能给各个研究方向足够的发展空间。

表1　学科管理体系

学科层级	管理机构	负责人
外国语言文学一级学科	学　院	院长、主管副院长
学科方向	学科中心	主任、副主任
学科次方向	学术团队	学科带头人
研究方向	研究组	学术带头人

学科中心的设立可参照新的学科方向划分，各院校应根据自身的实际情况调整学科方向和次方向，设置学科和管理层级。东北师范大学外国语学院根据自身的学科情况，已组建或拟组建的学科中心包括：（外语）学科教学与研究中心（对应学科教学［论］方向，为自设的特色学科方向）、翻译教学与研究中心（对应翻译学方向）、语言学与应用语言学研究中心（对应外国语言学及应用语言学方向）、外国文学与文化研究中心（对应外国文学方向和比较文学与跨文化研究方向）②。每个学科中心（学科方向）可参照原有二级学科方向（学科次方向）设立学术团队，如外国语言学及应用语言学方向可分为英语语言学、日语语言学、俄语语言学以及应用语言学等。学术团队按具体研究方向还可以进一步细化为研究组，如英语语言学方向细化为功能语言学、语用学和认知语言学等研究方向。学科层级框架如图1所示：

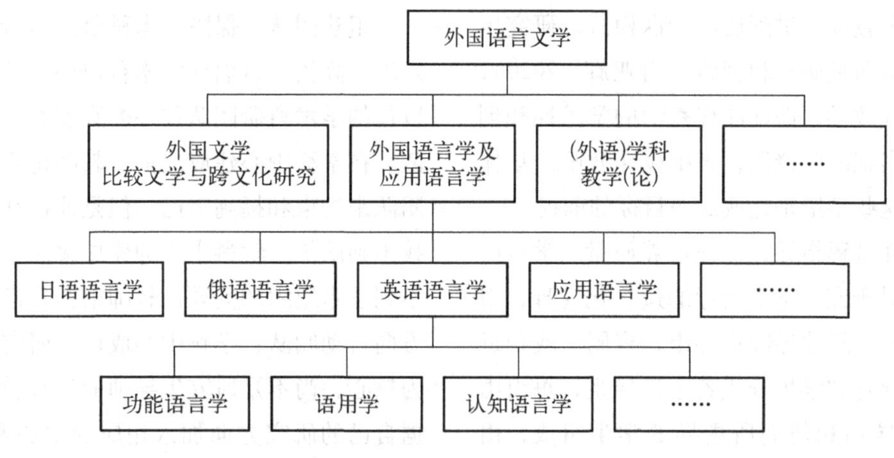

图1　外国语言文学层级框架图

五、学科中心的职能

学科中心的优势在于有效地把研究生培养与教师的学术科研统合起来，负责相应研究方向的研究生培养和学术科研工作。学科中心是跨语种的，兼顾原有二级学科方向和新的学科方向划分。学科中心通盘考虑和设计研究生培养方案，组织跨语种的研究生通识教育。在涉及外国语言文学重大学术活动或项目申报时，由学科中心来组织和实施跨语种的研讨和申报。学科中心成为实体单位，既有了组织，又有事可做，兼顾研究生培养和学术科研。

1. 人才培养

优化课程教学，组建教学团队。学科中心统筹安排本学科方向的研究生课程，优化课程设置，由具体的学术团队和授课组组织实施。同一研究方向的教师组建课程教学授课组，授课组既可以由老教师授课，小组成员参与设计课程计划、研讨教学内容、随堂听课等，实现以老带新；也可以由多位教师讲授同一门课程，充分发挥授课教师的研究专长，促进授课教师之间的交流和研讨，保证课程教学的多样性和学术性，打破原有课程由一位教师一讲到底的授课模式。研究生教育的指向是研究和创新（冉亚辉，2020），优化课程教学，保证课程教学的学术性和创新性，实施团队授课，集中授课教师的集体智慧，这些举措是达成这一目标的前提。

加强过程指导，保证培养质量。学科中心负责对研究生学术指导的过程化管理，根据研究方向组建导师指导组，将同一或相近方向的导师和学生分成若干指导组，每组由3—5名导师和他们所指导的学生组成，由其中一位导师担任组长，负责安排学生的论文选题、开题、进展汇报、预答辩和答辩等活动，要求论文在开题和预答辩之间必须有三次以上的论文进展汇报，真正实现研究生导师对研究生学术科研的集体指导，加强过程化管理，确保研究生的培养质量。

提升导师素养，保证导师队伍持续稳定发展。在导师素养方面，不仅要强调导师的专业发展和自律，不断提升专业能力（王雪梅，2010），而且更要强调对导师的培养，导师的素养可以通过有意识的培养得以提升。有了不同层级的组织，各级组织可以根据需要组织范围可大可小的导师培训活动。学院层面可以组织宏观的适合不同学科方向的导师培训和研讨，加强对导师指导能力、学术规范、质量意识、科研素养等方面的提升，加强对导师师德师风的引领。导师培养的重心应该落在学科中心层面，这个层面导师的研究方向、研究理念、研究方法等趋于一致，相互借鉴和学习的共性内容多。研究方向组负责对导师具体业务能力的提升，让年轻教师参与授课组和研究生的过程指导，特别是要有意识地加强对尚不是导师的年轻教师的培养，保证导师队伍的持续和稳定发展。

2. 学术科研

组建团队，保障学术科研队伍持续稳定发展。高校一直倡导学术科研团队建设，但以往的学术科研团队往往名存实亡，组织松散。在学科中心建成之前，教师也希望通过团队来约束和提高自己，但是他们往往苦于找不到队伍。学科中心的建成解决了教师找不到学术组织的问题，教师根据自己的研究方向自动归队，学科中心成员以研究生导师为核心，尚不是研究生导师的年轻教师可根据自己的研究方向加入相应的中心和团队。这些年轻教师是未来的导师和学术新秀，学科中心为他们的学术成长导航。

发挥团队力量，组织学术科研攻关。学科中心的重要职能是凝聚教师的科研力量，按学科次方向组建学术团队。学科中心的成立以及学科团队的组建有利于团体和个体学术能力和水平的提高，充分发挥团队的集体力量，组织申报重大项目，组织对申报项目的集体研讨和论证；团队助力个体的科研成长，为个体在论文撰写和项目申报等方面提供帮助。

灵活多样，有效开展学术活动。学术交流和学术活动由学院统筹、相应的学科中心负责，中心根据研究生培养和科研需要制定学术活动计划，安排相关学术活动。比如，组织学术会议，从会议申请、邀请专家、会议安排等凡是与学术相关的事务都由中心负责。再如，学科中心负责安排学术讲座、学术沙龙等活动，从专家接待到会议主持到座谈交流都由中心安排相关教师负责。学科中心制定对成员的约束和考评机制，要求成员参加相应的学术活动，提升学术活动的质量和效果。只有这样才能保证学术活动的“学术性”，不断提升自身的学科建设水平、扩大学科影响。

六、结语

以新的外国语言文学一级学科方向为基础，成立相应的学科中心，在学科中心内按学科次方向组建学术团队，有效地调和了新的学科方向与原有二级学科划分的矛盾，对研究生培养和学术科研的开展都大有裨益。学科中心突破了研究生培养与学术科研的壁垒，以研究生培养促进学术科研水平的提升，以学术科研保证研究生培养质量的提高，是解决研究生人才培养和学术科研存在问题的根本出路。学科中心既是一个研究生培养团队，也是一个学术科研团队，二者相得益彰，为研究生培养和学术科研保驾护航。在未来的外国语言文学专业和学科建设中，要明晰系和中心的职能划分，以系为单位组织本科教学，由学科中心负责研究生人才培养和学术科研团队建设，全面提高人才培养质量。

注　释

* 感谢东北师范大学外国语学院高国翠、曲英梅两位副院长对本文的建议和修改。

① 研究生培养是研究生教育的重要方面，指对学生从入学到毕业的教学和指导过程。

② 学院正在努力使现有的语言学与应用语言学研究中心和文学与文化两个空壳研究中心实体化，前者负责语言学方向的研究生培养和学术科研，后者负责外国文学方向的研究生培养和学术科研。

参考文献

[1] 洪大用. 为新时代研究生教育发展提供更好的智力支撑 [J]. 学位与研究生教育，2020 (1)：1-5.

[2] 林正军. 外国语言文学学科研究生教育与科研团队的整合 [J]. 中国外语，2018 (3)：18.

[3] 冉亚辉. 中国研究生教育基本理论论纲 [J]. 研究生教育研究，2020 (4)：6-13.

[4] 王雪梅. 英语专业研究生课程设置与学术能力发展 [J]. 外语界，2009 (1)：44-50.

[5] 王雪梅. 从学术能力的需求分析角度反思我国英语专业研究生教育 [J]. 外语界，2010 (5)：67-73，95.

[6] 王雪梅. 中加语言学专业研究生核心课程设置比较研究 [J]. 外语与外语教学，2013 (5)：30-33.

信息技术赋能外语学科建设：思路和实践*

秦洪武　孔　蕾

提要： 教育信息化是新时代国家教育现代化重点任务之一，也是当代外语学科发展的重要方向。本研究介绍外语学科与当代信息技术融合的基本思路，结合学科建设实践，探索跨学科融合、团队建设和学科优势与特色的凝练问题。本文认为，信息技术为新时期外语学科开辟新疆域、研究新问题提供了源源不断的动能，亟需发挥大数据分析技术、人工智能、自然语言处理在外语教学与研究中的作用，促进新范式、新理念的产生与应用，为外语学科未来发展寻求更大的空间。

关键词： 信息技术；外国语言文学学科；学科建设

作者简介： 秦洪武，曲阜师范大学外国语学院院长，教授，博士生导师；
孔蕾，曲阜师范大学外国语学院教授，博士生导师。

一、引言

近年来，随着"双万计划"实施、交叉学科增设和学科研究领域调整，学科建设回应国家战略和发展需求的能力持续增强，在传统的人才培养、师资队伍建设和科学研究之外添增了社会服务和文化传承与创新两项内容。外语学科也顺应潮流，在传统研究领域之外明确将比较文学与跨文化研究和国别与区域研究列入外语学科的主要研究领域。大数据和人工智能时代，新文科建设正从设想变为蓝图，创新能力和对国家发展的支撑能力业已成为定义学科价值的主要依据，寻求信息技术和跨学科研究赋能外语学科已是势所必然。

一般认为，新文科建设旨在突破单一学科局限，通过学科融合促动创新，培养创新型、复合型人才（马骁、李雪，2020；黄启兵、田晓明，2020）。从宏观角度看，新文科建设关系民族复兴和国家话语权，"是文科教育的创新发展"（吴岩，2021），是在培养堪当民族复兴大任的文科人才。新文科包括文科内部或文科与非文科间的交叉，前者如外国语言文学研究与历史学研究交叉的"国别与区域研究"，后者如数字技术与人文研究交叉的"数字人文研究"。新文科背景下的外语学科建设要发挥信息化优势（王雪梅、邓世平，2021；胡开宝，2020），促进信息技术与外语人才培养、学术研究、师资队伍建设以及学科管理融合（胡开宝，2020；王雪梅，2019）。

外语界把信息化视为新时期外语学科建设的重要途径，本文聚焦当代信息技术与外语学科融合，探索数字技术融入外语学科建设的思路和实施方案。文章首先介绍曲阜师范大学外语学科概况和优势，分析信息技术融入我校外语学科建设的基本思路，然后通过两个案例展示信息技术赋能外语学科建设的可行方案，最后介绍如何依托数据资源和数据分析技术进行科研团队建设。

二、信息技术赋能外语学科建设：思路

得益于数字技术的强大支持，教育信息化呈现出加速深化趋势。2019 年 2 月 23 日中共中央办公厅、国务院办公厅印发的《加快推进教育现代化实施方案（2018—2022 年）》（简称《实施方案》）明确将信息化建设列入教育现代化十大重点任务，指出要大力促进信息技术与教育教学深度融合，逐步实现信息化教与学应用师生全覆盖。这说明，信息化已成为提升高校教育质量不可或缺的技术保障。

信息技术和外语学科关系密切。信息可以通俗地理解为用于传递和交流的有意义的数据，从这个角度看，外语学科的特点是使用外语处理、传递和交流有意义的数据。存储、读取、传送和管理信息（主要以语言为载体）的计算机技术和外语学科共享一个关键词“communication”（通信/交流/传播），与“communication”关联的知识和行为就是外语学科和当代数字技术交融的节点。

在数字化时代，文本处理技术日新月异，语言研究、文学研究和翻译研究已在大数据和人工智能文本数据分析技术的强力支持下悄然发生变化，观察范围、研究方法和研究范式处于兴替之中。语言标注技术（词性标注、句法分析、语义标注）和话语分析技术已得到广泛应用，机器学习、人工智能正在为“读懂”话语提供无限可能；此外，数字人文正在模糊文科内外的边界，各学科都借助数字化从学科融合中寻求多样的拓展可能，外语学科也努力从学科融合中挖掘发展的潜能。

我校外语学科依托语料库语言学研究基础，长期致力于数据库建设，建有英汉翻译历时语料库、国际媒体话语分析平台、儒学海外传播数据库等 10 余种数据库，规模超 200 亿字词。这些数据库为学科教学与研究提供了充分的基础数据支持。在新文科时代，我们在分析自身优势和不足基础上，科学布局学科发展，既遵循外语学科发展的一般规律，又体现自身的师范教育特点，将外国语言学和外国文学视为基础研究领域，将翻译学和外语教学研究视为应用研究领域，并以此配置学科资源，建设研究团队，努力保持学科建设与时代发展共频，与国家发展和社会需求共频。另外，根据师范教育特点和地处儒学思想发源地的区位特征，我们将外语教学评估数字化和中国文化海外传播研究确定为现阶段学科交叉研究的两个重点领域。利用大数据和人工智能深化本科教学改革，实现外语教学全过程的信息采集和分类，建设覆盖外语教学全过程的数据库，为外语教学过程监测和教学模式智能化积累基础性数据，保证外语教学和教育决策的科学性，推动教学质量和人才培养质量实质性提升。另外，积极回应国家对外战略和社会发展需求，拓展跨学科研究疆域，推动信息技术，尤其是数字人文技术在跨文化研究以及中国政治话语对外传播研究中的应用。

三、信息技术赋能外语学科建设：实践案例

近年来，我校外语学科突出信息技术对学科建设的支持作用，整合外语学科和软件工程学科资源，同时展开外语教学过程性数据库和中国文化海外传播数据库两个教学和

研究平台的建设。在建设这两个数据库过程中，我们强调科学规划，应用导向，及时发挥建设效益并在应用中不断完善。

案例1：外语教学过程评估的数字化

教学数据是教育管理的主要依据，是课程设计、教学设计的基础性参考数据，也是课堂教学质量提升的物质保障。教学过程性数据数字化是新时期教学管理发展的方向，也是实现教学监测和建设教学质量保障体系不可或缺的工具（孔蕾、秦洪武，2021；孔蕾等，2022）。

教学过程性数据主要来自教学各阶段的评价数据。国内外学者对形成性评估的促学效果、教师角色、评估过程和效度验证等均有所讨论，但尚未形成广为接受的理论模式和研究体系（金艳、孙杭，2020）。近年来，形成性评价数据的采集日益受到重视，不少研究探讨数据记录的电子化问题，如使用电子档案袋记录学生的学业表现（王慧君、马岩岩，2019；王卫军、徐建利，2014；黄纪针，2012）。从实施效果看，目前的数据采集大都只是为了满足研究需求，范围较窄，只涉及某门课程或某项语言能力（王慧文、刘芹，2018；丁明杰，2016；陈旭红，2009）；数据采集时间跨度也较小，一般只有一学期或一学年。另外，教学过程中自然产生的，涉及多层面（学生端、教师端、反馈、反思）、多类型（等级、数字、文本）的海量教学数据均未被系统列入考察和研究的范围。

为改变这一状况，我们设计建设了“外语教学数据数字化平台”[①]，通过数字化手段大规模收集和存储监测性数据，旨在建立连续的、可供共时和历时比较的数据资源库，发挥科学评测对高等教育的助推作用。该平台具有以下特征：

（1）过程性评估数据具有结构化和连续性特征。借助数字化技术分层、分类连续收集教学数据，将带有时间、班级、课程、学习表现等类别的元数据信息以结构化或半结构化方式存储，为教学管理和教学研究提供便于提取和分析的数据资源。

（2）过程性评估数据具有一致性和可比性。保证教学单位内同类型课程之间数据的可比性，累积的教学数据能够反映专业、年级、班级和个体发展变化情况。

数据的收集遵循以下原则：全覆盖（1—4年，课堂内外）、延续性（年级之间的连续性）、多元性（包括等级型、数字型和文本型等不同类型的多元数据）和关联性（平台数据能够把学生学习数据、教师反馈数据和学生反思数据以关联的方式存取，使外语专业信息化建设覆盖教学过程和教学管理过程，便于教师根据评价信息调控教学过程，学生也可通过评价反馈实时跟踪调整学习过程）。

“外语教学数据数字化平台”设有管理员、教师和学生界面，身份不同，平台使用的权限也不同。管理员界面包含系统管理和教学资源管理两大板块。系统管理用于设置用户权限，实施平台的管理和维护。教学资源管理包括班级信息管理、班级学生管理、课程管理、评价指标管理、课程评价指标权重分配。教师界面包括教师信息管理和学生成绩管理，用于设置个人用户信息、提供课程信息（包括课程简介、课程教材和配套资源）、设置课程评价指标、建设题库、记录学生成绩、在线布置作业以及实施课堂即时性评价等。学生界面可以查看/提交在线作业、查看成绩以及上传个人日志。利用平台，学生还可及时查看教师评价和反馈、同伴优秀作业、知识点掌握情况等学习统计信息。

平台使用两年多来，已收集了30余门课程两个学年的教学数据，这些数据已在促学、促教、促研方面发挥作用。在促学方面，平台的即时性评价功能激发了学生课堂参与的主动性，提升了课堂参与质量。为了更好的学业表现，学生有更强的动力进行充分的课前准备，自主学习意识和能力得到提升。在促教方面，教师可通过平台数据实时监测学生特定时段的学习状况。基于这些数据，教师可以有针对性地展开个性化学习指导，还可根据学生在特定评价指标（如课堂表现数据、写作成绩、测验成绩）上的表现反思和调整教学。另外，平台数据为教学质量调控和过程管理提供直接的参考数据，为教师及时提供教学质量反馈信息。

平台还支持教学研究。教学过程性数据反映教与学的渐变过程，产生的历时数据是教学研究的宝贵资源。比如，通过相关性分析观察课程形成性评价指标与期末考试成绩间的关系，为不断完善评价体系提供数据支持。随着教学过程数据不断累积，高质量过程评估数据还将有助于构建更为可靠的过程性评价模式和人工智能学习诊断模型，推动智慧教学环境建设。

案例2：中国文化海外传播研究

为描述和分析儒学海外传播和中国政治话语海外传播状况，服务中外人文交流，我们建设了“儒学海外传播数据库”“论语多译本库”“当代媒体儒学报道数据库”“国际媒体话语分析平台”等多个专用数据库，运用文本数据挖掘技术描述、分析儒学核心概念和中国智慧、中国方案在海外的受纳情况，探索中国文化海外传播的话语模式和传播效应，为中国文化走向世界提供可靠的数据支持。

在该领域，充分运用数据挖掘技术开展探索性研究，捕捉文化海外传播研究中经由其他手段无法获得的有价值的研究问题。通过文本分类和赋码便于分类提取数据。频率数据可视化便于直观呈现中国文化在另一文化中的主要传播方式和受纳过程，观察海外受众对中国文化的偏好和态度，等等（秦洪武、孔蕾，2018，2019；孔蕾、秦洪武，2018，2019；尹春荣等，2020）。探索性的数据挖掘并不基于推测，也不基于特定假设，而是基于数据比较得到的差异度锁定有价值的研究问题（秦洪武、孔蕾，2016）。对信息的充分描述是充分解释的前提，数据挖掘可为充分描写提供更大的可能性。有了可靠的描写手段和工具，就有望基于可靠的数据，有针对性地制定文化走出去战略，增强文化传播效应。

该方向的研究重视对接国家战略和对外传播需求，提高社会服务能力。近年来以委托研究项目形式，我们与国家外文局中国翻译研究院、当代中国与世界研究院联合推出“英语媒体涉华政治话语报道分析”与“中国核心政治话语国家传播情况调查”两项成果，提交研究报告三次，向国家决策部门提交专报两次。另外，教师积极申报国家级课题，为研究提供资金保障，获得的项目包括国家社科重点项目“儒学海外传播文本数据库建设及传播话语研究”、国家社科基金一般项目“儒学英译的海外认知与接受研究”、国家社科重大项目“中国特色大国外交的话语构建、翻译与传播研究”和“中国特色对外话语体系在英语世界的译介与传播研究（1949—2019）”子课题，在《外语教学与研究》《外语教学》《中国外语》等核心期刊发表论文10余篇，发表报刊文章50余篇。

四、信息技术赋能外语学科建设：目标和成效

根据学科特点，把学科融合的近期目标设定为依托数据资源和数据分析技术，创新人文社科研究范式，将外语学科建设成为高素质外语人才培养基地和高水平科研成果孵化与创新基地，为本省乃至全国的外语研究和外语教学提供强有力的人才和技术支持。为实现这一目标，我们围绕团队建设和资源建设展开以下工作：

1. 建设交叉学科研究团队。按照“学科交叉、协同发展”的原则组建团队，将现有的外语学科研究资源（外国语言学、外国文学、文化传播/国别区域研究、外语教学）与当代信息技术（机器学习、大数据、人工智能）交叉融合，发挥外语学科多语优势，组建了多支跨学科、多语种新型数字人文教学与研究团队，涉及的研究领域有外语教学数字化研究、大数据与中国话语对外传播研究、语料库语言学研究以及数字人文与外国文学研究。重视示范引领与协作探究相结合，实现“以点带面、重点突破、全面提升”，近年来获批建设山东省高等学校“数字人文与外语研究”（项目经费110万元）和“儒学对外传播研究”两个青年创新团队，形成了以数字人文为特色的团队研究优势。

2. 打造一流教学团队。按照“语言+思维+文化”的立体外语人才培养理念，探究实现语言、思维和跨文化能力协同发展的培养体系。以本科生和硕士生培养为基础，扩大博士研究生联合培养的渠道和数量，全方位开展人工智能时代高层次外语人才培养模式探索，获批国家一流本科专业和一流课程“双万计划”，培养了一批善于运用信息技术从事外语教学与研究的卓越外语人才，不断为山东省乃至全国基础外语教育和语言服务提供人才支持。

3. 加大数字资源库建设力度。有效利用数字技术推动外语教育变革，实现外语教学全过程数据的收集和数据库建设，为外语教学和研究提供强大数据支持；将数字人文技术运用于文学和非文学话语研究，拓展话语研究的新领域；探索知识图谱在语言理解和翻译中的可能用途。

4. 提升社会服务能力。外语教学数据数字化平台已在国内多所高校外语专业推广使用，加速推进外语教学信息化和外语教学改革；中国话语对外传播研究为国家对外传播决策提供数据支持，服务国家参与全球治理战略；深度机器学习语言分析模型开始从训练到应用，用于文本分析和语言问题诊断。

五、结语

学科建设需要综合考虑学科属性、历史承继、办学定位、学科布局、区位特征、师资状况和生源特点等要素，在此基础上制定学科建设规划。我们以师范教育为中心，跨学科、多语种协同发展，将中国文化海外传播和教学过程数据数字化作为学科建设的阶段性重点。创建有利环境，鼓励青年创新团队协作攻关，突出新文科研究特色和本学科信息技术及数据资源优势，形成具有数字人文特色的研究体系。

当代信息技术与外语教学研究融合赋能外语教育，促进外语学科未来发展，为教学管理、人才培养、科学研究和社会服务拓展出新的疆界，激发多样的发展潜能，更好回应国家经济和社会发展需求，提高外语人才培养质量。

注　释

* 本研究受山东省本科教学改革研究项目（重点项目）“信息技术赋能英语一流专业建设：实践与探索”（Z2021268）和山东省青年创新团队“数字人文与外语研究”项目资助。

① 平台网址：http://47.93.180.41:8888/。

参考文献

[1] 陈旭红. 形成性评估应用于大学英语课程口语测试的实证研究［J］. 外语与外语教学，2009（7）：22－25.

[2] 丁明杰. 电子档案应用于英语翻转课堂教学满意度研究［J］. 中国教育信息化，2016（10）：9－10，15.

[3] 胡开宝. 新文科视域下外语学科的建设与发展——理念与路径［J］. 中国外语，2020（3）：14－19.

[4] 黄纪针. 国外档案袋评价应用和研究述评［J］. 解放军外国语学院学报，2012（6）：46－52.

[5] 黄启兵，田晓明. “新文科”的来源、特性及建设路径［J］. 苏州大学学报（教育科学版），2020（2）：75－83.

[6] 金艳，孙杭. 外语课堂评估研究（2007—2018）：回顾与展望［J］. 东北师大学报（哲学社会科学版），2020（5）：166－173.

[7] 孔蕾，秦洪武. 儒学海外传播话语模式研究［J］. 外语教学，2018（3）：78－83.

[8] 孔蕾，秦洪武. 媒介话语构建：埃及媒体“中非关系”报道分析［J］. 现代传播（中国传媒大学学报），2019（12）：78－83.

[9] 孔蕾，秦洪武. 新文科背景下外语教学过程性数据数字化建设：设计与实践［J］. 外语电化教学，2021（2）：57－64.

[10] 孔蕾，秦洪武，孔艳艳. 信息技术驱动的外语一流课程质量保障体系建设［J］. 外语教学与研究，2022（4）：569－579.

[11] 马骁，李雪. 创新与融合：学科视野中的“新文科”建设［J］. 中国大学教学，2020（6）：31－33.

[12] 秦洪武，孔蕾. 儒学海外传播的探索性数据分析［J］. 当代外语研究，2016（6）：23－29，109.

[13] 秦洪武，孔蕾. 当代英语媒体儒学传播话语分析［J］. 中国外语，2018（1）：51－61.

[14] 秦洪武，孔蕾. 中国政治话语海外传播总体状况分析［J］. 山东外语教学，2019（4）：21－34.

[15] 王慧君，马岩岩. 美国博伊西州立大学“电子档案袋”课程的设计、实施及启示［J］. 电化教育研究，2019（1）：121－128.

[16] 王慧文，刘芹. 理工科大学生学术英语听说课程电子档案袋评价模式探索［J］. 外语测试与教学，2018（1）：1－11.

[17] 王卫军，徐建利. E-portfolio 国际研究进展与发展动向——基于 ERIC（2007－2014年）文献的分析［J］. 中国电化教育，2014（12）：14－21.

[18] 王雪梅. 新时代一流外语学科建设：内涵、原则与路径［J］. 外语界，2019（1）：23－30，60.

[19] 王雪梅，邓世平. 基于概念辨析的“一流外语学科”与“一流外语专业”建设［J］. 外语教学，2021（1）：5－9.

[20] 吴岩. 积势蓄势谋势，识变应变求变，全面推进新文科建设［J］. 中国高等教育，2021（1）：4－7.

[21] 尹春荣，秦洪武，孔蕾. 法语国家主流媒体对“中国梦”的解读［J］. 法国研究，2020（3）：36－48.

[22] 中共中央办公厅，国务院办公厅. 加快推进教育现代化实施方案（2018－2022年）［Z］. 2019－2－23.

坚守师范教育底色，实现外语学科可持续发展

顾世民　王晓丹

提要：新文科建设背景下，师范类院校外语学科发展面临前所未有的机遇与挑战。本文以哈尔滨师范大学为例，分析师范类院校外语专业和外语学科发展建设面临的困难与问题，基于本校管理实践经验和对部分师范类高校的调研，提出解决问题的思路，期待与外语同行共同努力，实现外语学科可持续发展。

关键词：外语学科；外语专业建设；外语学科建设；外语教师教育

作者简介：顾世民，哈尔滨师范大学西语学院院长，教授，博士生导师；

王晓丹，哈尔滨师范大学西语学院副院长，教授，硕士生导师。

一、引言

为适应国际局势、国内形势、产业结构和学科发展的新变化、新趋势，全国教育大会和新时代全国高等学校本科教育工作会议都特别强调对学科建设范式和人才培养模式进行战略性调整，实现根本性变革。“新文科”就是对新时代新形势的适应与对接，也是实施“六卓越一拔尖”计划的目标所在。吴岩司长从“加快建设社会主义文化强国，增强文化软实力，提高国际话语权，提出能够体现中国立场、中国智慧、中国价值的理念、主张和方案。要让中华文化走出去”等方面论述了外语教育的重要作用，主张外语学科要主动识变、应变、求变，主动适应新时代，承担新使命，构建大外语的发展格局。如何在新文科建设背景下构建外语学科建设新范式，提高外语人才培养质量是当下的研究热点。

为适应新文科建设需要，张天伟（2021）回顾了我国外语教育政策制定过程中的主要问题并提出相应建议，宁琦（2021）阐述了新时期外语教育的定位与任务。胡开宝（2020）、戴炜栋等（2020）讨论了新文科背景下的语言学跨学科发展的相关议题。石琳霏等（2020）、修刚（2021）、胡安江（2021）等就新时代外语专业教育面临的新形势、新使命阐述了各自的观点。2019年12月上海外国语大学举办“新文科背景下的‘多语种+’卓越国际化人才培养论坛”，姜智彬等（2019）、韩晓蕙等（2020）、何莲珍（2021）分别阐述了外语专业院校、理工类院校和综合性院校在新文科建设中在外语学科建设、专业建设和人才培养方面所做的思考和改革实践。本文拟以哈尔滨师范大学为例，与学界分享师范类院校在新文科建设背景下有关外语学科建设与发展的思考。

二、师范类院校外语学科面临的困难与挑战

哈尔滨师范大学成立于1951年，是黑龙江省教育、艺术、人文社会科学和自然科学的重要人才培养基地和科学研究基地，是省属重点建设的高水平大学。学校坚持教育教学工作中心地位，突出教师教育特色，不断深化教育教学改革，三次入选教育部“卓越教师培养计划”改革项目，是全国教育硕士专业学位研究生联合培养示范基地。建校以来，学校先后为社会输送了40余万名各类优秀人才，为国家和黑龙江省经济社会发展提供了重要的人才保障。

外语专业是学校设立最早的专业之一，1952年俄语专业成立，1956年外语系设立，开展英语教学，1972年英语专业和日语专业设立。进入21世纪，为满足社会经济发展和“一带一路”倡议的需要，学校陆续开设法语（2008）、葡萄牙语（2008）、西班牙语（2009）专业。英语专业为国家级特色专业，英语专业、俄语专业、日语专业入选国家级一流专业建设点，翻译专业入选省级一流专业建设点，英语专业在2021年软科“中国大学专业排名”中处于A级。

1998年英语语言文学学科取得硕士学位授予权，2011年外国语言文学一级学科取得硕士学位授予权。除培养学术型硕士，还设有翻译硕士（2011）和学科教学（2009）两个专业硕士学位点，学科教学主要为基础教育培养卓越英语和日语师资。2018年，外国语言文学学科获批博士学位授权点，2019年开始正式招收博士研究生，建立了完备的学士、硕士、博士学位授予体系。外语学科在第四轮学科评估中位于前25%。

哈尔滨师范大学外语专业兴于师范教育，长于师范教育，坚守师范教育，突出教师教育特色，为国家培养了大批外语人才和优秀外语教育师资。根据学校发展战略安排，我们一直在努力提升传统师范教育专业的人才培养能力和人才培养质量，非师范教育各专业的办学条件也不断得到改善，教育教学水平持续提升，社会效益逐步显现。我国高等教育正处于从规模扩张转向内涵式发展的转型期，特别是在新文科建设的时代背景下外语学科在专业建设、学科发展、教师发展等方面遇到很多问题和挑战，我们在学校领导下积极采取措施，努力适应新时代的发展要求。师范教育面临的问题与挑战主要体现在以下六个方面：

1. 基础教育对外语师资专业素质要求越来越高，毕业生就业压力大幅提升

小学三年级普遍开设外语课，学前儿童学习外语已是普遍现象，学生外语基础越来越好；基础教育各学段把培养语言使用能力和综合素质养成作为核心目标，而追求成绩的应试教育传统和诉求根深蒂固，教师面临的工作任务越来越复杂；人民对优质教育的需求不断增加和有限供给之间的矛盾日益凸显。在诸多因素推动下，基础教育对外语师资专业素质的要求越来越高。另一方面，毕业生就业压力越来越大。目前，我国从事基础教育的外语教师约1 371 099人，学生178 026 770（2019年统计数据，教育部网站），生师比约为130∶1，按照每名教师承担2—3个班教学计算，基础教育外语师资趋于饱和，需求有限，而每年都有大量外语专业毕业生需要就业。此外，免费师范生就业有国家政策保证；教师资格认证向全社会开放，非师范类毕业生可以通过考试获得从

业资格，师范类毕业生失去了原有的优势；待遇好的学校也比较倾向于选择北大、清华等名牌大学毕业生或者海归留学生；二孩生育制度放开后，人口没有明显增长，2020年全国新生儿刚刚超过1 000万，为近年最低；城市化进程只是调整了教师的空间区域分布，不会根本改变教师需求总量——这些因素叠加使得师范专业就业压力陡增。

2. 高等教育已转向内涵式发展，教师教学观念和教学行为仍有很强惯性

经过十余年的规模扩张，高等教育逐渐转向内涵式发展，特别是近几年随着新文科、课程思政、混合式教学等新理念、新形态的出现，高校外语教育已逐步进入新常态，赋予外语教师专业发展以新的内涵，同时也对外语教师认知、教师知识、教师能力、教师情感等提出新挑战（王雪梅，2020）。自2018年，教育部先后发布《教育部关于加快建设高水平本科教育全面提高人才培养能力的意见》《教育部关于狠抓新时代全国高等学校本科教育工作会议精神落实的通知》《教育部关于一流本科课程建设的实施意见》《教育部办公厅关于实施一流本科专业建设“双万计划”的通知》等系列文件，2020年7月召开全国研究生教育大会，这些举措意在强化以提高人才培养质量为核心的内涵式发展战略。相当一部分教师仍然停留在高校扩招的光影里，“粗放式”教学思维惯性很强，精细化程度不够，无论是学校和学院在管理层面还是教师在实践层面对教学和教学研究重视不够，培育不够，其深层原因是质量意识还不强。经历本科教学工作水平评估和教学审核评估等各种大考后，情况有所好转，但仍有提升空间。重科研轻教学是比较普遍的存在，科研与教学的关系在认识层面上常处于对立状态，行为选择上自然弱化了对教学的投入。

3. 外语学科研究范式演进，教师普遍对实证研究不适应

人文社会科学研究发轫于基于反思与经验的哲学思辨研究，后逐渐转向技术理性统领的实证研究。大部分教师出身文科教育背景，难以适应实证研究方法和工具，甚至感到恐惧与不安。外语学科发表成果本来就很难，面对研究方法和研究工具壁垒，相当一部分教师失去了学术信心，放弃了学术追求，这是客观原因。主观上，管理层和教师也有很多值得反思与改进之处，管理层做好“管、帮、扶”工作，教师也应该主动积极而为，共同努力，补齐短板，更好适应研究范式的转变。

4. 新文科背景下，教师知识结构和能力结构不适应

面对专业融合与新专业建设、学科交叉与新课程建设、理论创新与重构，绝大部分教师的教育背景和知识结构确实难以适应新时代发展需要。虽然国外新文科建设经验可为我们提供一定参考，但因为国情不同、创新机制不同、评价体系不同等原因，我们在新文科建设中尚须进行自我探索。目前，就我们对新文科的理解，其本质是学科知识、理论与方法的融合、重构与创新，目的是生产新知识，关键因素是智力资源和人力资源的组合与利用。单一学科背景的个体若要经过改造升级发展成为具有跨学科创新能力的复合型人才，成本高，可行性差，短时间内难以实现。我们建议学校通过制度创新鼓励学科间的交叉与融合。比如，在实质性跨学科合作研究成果认定上，给予主持人和部分参加人、第一署名人和其他署名人同等贡献

度认定。2018 年国家自然基金增设“教育信息科学与技术”代码，鼓励信息技术与教育的融合研究，但申报并不踊跃，其中一个重要原因是没有人愿意做“配角”。此外，绝大多数学校在聘任教师时都有一个默认的规则，要求应聘者本、硕、博为同一专业或学科，师资学历结构、职称结构、学缘结构、年龄结构一直是师资队伍建设质量的重要观测点。新文科背景下，学科与专业结构是否应该成为重要考察指标是值得思考的。

5. 外语学科范围不断拓展，教师知识结构和能力结构不适应

主要以语种为依托设置的二级学科，与外国语言学及应用语言学共同构成外国语言文学一级学科，这是外语学科的传统内涵。目前，外国语言文学一级学科下设五个学科方向：外国文学、外国语言学及应用语言学、翻译学、比较文学与跨文化研究、区域与国别研究。这不单单是表述的区别，在学科范围上也发生了很大变化，特别是区域与国别研究的加入极大拓展了外语学科的范围，模糊了传统外语学科与其他学科间的边界，这对于外语学科而言既是机遇也是挑战。对于多数院校而言，面临“有所为与有所不为”的选择，关键还是要立足现有师资的数量、知识与能力结构，冷静判断外语学科在区域与国别研究中有没有优势、优势是什么、如何切入这块既熟悉又陌生的“新领地”，这也是我们的困惑。

6. 学科发展面临的其他问题

一是不同语种对于学科发展的贡献存在很大差异，总体看，英语、俄语、日语仍然是主力军，人才培养能力、科研成果产出能力都较强，贡献比较大，其他语种贡献率整体不高。可喜的是，法语等新建语种陆续开始产出高质量科研成果，师资队伍不断发展，人才培养能力持续提高。二是从五个学科方向看，科研力量分布不均衡，存在短板。外国文学、外国语言学及应用语言学、翻译学等传统学科方向有较好积累。区域与国别研究应该是上海外国语大学、北京外国语大学等外语类高校的优势，但对于绝大多数高校可能都是短板，至少我们还不足以形成有力量的研究团队，且区域与国别研究的内容和领域还有待进一步探索和明晰。三是经常性从事科学研究的教师占比不是很高，约占教师总数的 25%左右，科研成果人均贡献率不高。四是外语教师在职业发展过程中确实面临很大压力。外语教师教学工作任务繁重，这是全国高校的普遍现象，在一定程度上挤压了科研工作时间和精力；外语专业教师中女性占绝大多数，在传统的社会角色和家庭角色选择中，子女教育、家务等责任占据了很多时间和精力，尤其是子女教育耗费了很多时间和心神；外语教师可能是整体学历水平比较低的，大部分是硕士研究生，还有部分教师是本科毕业后从事教学工作的，接受的科研训练相对有限，科研能力和科研产出能力自然受限；国内外语类核心期刊能刊发的论文数量有限，以 2020 年为例，17 种常用外语类核心期刊[①]共刊发论文约 1 611 篇。学术发表需求与学术发表途径之间存在巨大矛盾，同绝大多数学科相比，外语教师刊发核心期刊论文的机会特别少，职称晋升压力非常大，这也是很多高校外语学科高级职称占比低的主要原因之一；此外，国内外语一级学科博士点仅 49 家（不含军队院校和港澳台高校），教师提高学历的机会不多。

综合考量相关因素，学校充分理解外语

学科和外语教师队伍的特点，在职称晋升上对外语学科给予一定政策倾斜和扶持，促进了学科发展。学院除了在学术交流、攻读学位、进修访学、教学能力提升等方面提供支持外，还经过不断探索逐渐形成了教学科研团队建设的政策保证和运行机制，效果逐渐显现。2020年10月，《中共中央国务院印发深化新时代教育评价改革总体方案》公布，要求“根据不同学科、不同岗位特点，坚持分类评价”，可望为外语教师提供更多发展和选择机会。

三、新时代师范类院校外语学科建设的思路与对策

1. 为缓解就业压力，应该优化课程设置，提高学生职业竞争力

面对外语教育专业面临的现实变化和挑战，增强学生教育教学的核心素养和教师职业能力成为师范教育专业建设的核心目标。专业建设水平最终取决于课程建设质量，“围绕外语专业人才培养目标，基于学科知识的逻辑性、系统性设立课程体系”（王雪梅、赵双花，2019）。我们对标社会需求适时修订人才培养方案，根据外语教学生态的新变化，构建基于大数据和学习资源驱动的外语教学新范式（陈坚林，2017），不断优化课程体系，推动信息技术和外语课程的深度融合，改革教学模式和教学方法，健全质量监控体系，不断完善课程与教学评价方法。学校适度缩减招生数量，稳定规模，追求社会效益与经济效益的平衡，持续加大办学投入，不断改善教学设施和条件，在职称评定、绩效分配等制度安排上向教学倾斜，鼓励教学投入，奖励高水平教学业绩。通过校院共同努力，综合施策，调动内生动力，改善外部条件，教学质量和人才培养能力得到持续提升，学生满意度和社会评价良好。课程建设成效明显，近三年，获批一门国家级一流课程，三门省级一流课程；主持国家级和省级精品视频课、慕课、国际化课程、案例课程、研究生教材及基地建设等教改项目31项；获国家教学成果二等奖、省优秀教学成果一等奖各一项。我们将继续发挥好“俄语教育研究中心”“英语教育教学研究中心”“乡村英语教育研究基地”的研究、服务和引领功能。作为中国高校外语学科发展联盟师范类院校委员会副理事长单位，我们会在委员会的领导下积极开展工作，为我国的基础外语教育尽绵薄之力。

2. 面对“质量为先、内涵发展”的新形势、新使命，必须转变观念，树立三个意识

一是课程意识。教师应该更通透理解课程目标、课程开发、课程实施与课程评价的内在逻辑，切实提高课程设计中各要素的统一性与协调性，有效实施整体化教学，优化学生学习体验，提高课程实效，尤其要提高教学评价素养，提高形成性评价和总结性评价能力，有效促进学生学习和发展，提高课程目标达成度。自2018年开始，我们就在为接受师范专业认证做准备。OBE（Outcome-based education，成果导向教育）理念与课程设计“目标模式”基本原理相通，我们以此为契机，多途径多方式开展教师教学理论素养和实践能力提升项目，进一步提高教师对课程的理解和课程与教学设计能力。2020年，我们参照《普通高等学校本科专业类教学质量国家标准（外国语言文学类）》和《普通高等学校本科外国语言文学类专业教学指南》，基本遵循OBE理念重新修订人才

培养方案，进一步提升人才培养方案和课程体系的科学性和适切性。

二是质量意识。全社会对教育的期盼和要求越来越高，提供高质量的教育服务不仅是社会责任和道义责任的要求，也是影响高校和专业存在与发展的重要因素。皮之不存，毛将焉附？教师确实需要自觉树立与专业同呼吸、共命运的共同体意识，合理规划职业发展，提高教书育人能力。国家对专业和学科的评价焦点已然发生明显变化，以第五轮学科评估和专业学位评估为例，相较于第四轮学科评估，关于在校生和毕业生成长和发展的数据占比大幅提升，考察重心从考察“教师水平”转向考察“学生发展”。教师不仅要发展好自己，也要发展好学生。教学水平、科研贡献、社会服务能力是传统高等教育功能在教师职业上的投射，最终体现在教师为学校发展和学生成才所提供的服务质量上。质量决定高校的发展和教师的未来。教师的思想状态和认知水平不尽相同，除了思想和服务引领，学校需要在制度安排上有明确要求和具体考核奖惩制度，从固定的人事编制身份逐渐向基于雇佣合同的动态管理机制过渡，《教育部等六部门关于加强新时代高校教师队伍建设改革的指导意见》赋予高校更多人事自主权，“非升即走”将成为越来越多高校的政策选择，教师也必须有危机意识。

三是研究意识。没有学科本体知识和研究成果的丰厚积累，教学内容就不大可能有高度和广度，也很难体现课程的高阶性、创新性和挑战度。如果不重视学科教学知识的积累和学科教学研究能力的提升，广博精深的学科知识也很可能得不到充分有效的呈现，教学效果会受影响。2020 年上半年疫情期间开展的线上教学给了我们很多省思和启示。我们支持学科本体研究，同样主张开展以问题为导向的学科教学研究，特别是信息技术与外语课程的融合程度不断深化，外语教学的外部环境与学生的学习方式都发生了巨大变化，传统课堂教学经验可能不足以应对新环境、新范式带来的变化（顾世民等，2017）。卓有成效的研究成果不仅能反哺教学，也能促进教师专业发展，提高人才培养质量（王雪梅，2020）。现实中既致力于制“器”又钻研传“道”的教师占比不是很高。职业操守和价值取向自然是决定行为选择的重要因素，宁可耽误自己也不能耽误学生的教师并不少见。如何不让“老实人”吃亏是管理上需要回答的重要问题，这既是公平的需要，也是风气的引领，我们做了一些努力，取得一定效果，也欣喜地看到有些学校开始重奖“一心为学生发展”宁愿做“一秉烛火”的教师。同时，我们也承认人的能力有高下，能力发展也不平衡，分类评价是教师评价的关键，鼓励自主发展，发挥专长，也是人事管理应有之义。新近中共中央国务院印发《深化新时代教育评价改革总体方案》和《教育部等六部门关于加强新时代高校教师队伍建设改革的指导意见》等文件已经就此提出明确要求。

面对实证研究范式带来的挑战，管理层和教师都应主动作为，共渡难关，在管理层面上，不仅要提出合理的科研业绩考核要求，更应该摸清底数，制定切实可行的科研基础能力提升计划，做好“帮”与“扶”，有助于实现管理目标。从教师层面上看，主观上有三个方面需要主动作为：

一是树立职业发展意识。知识更新迭代是社会发展的必然，也是知识经济社会的新常态，每个人都必须终身学习、不断发展。很多文科背景的同行自我调节很好，转型发展很顺利，这是令人鼓舞的，也是值得反思的。我们在学校层面上有教师发展中心，负责制定教师发展规划和实施具体项目，学院层面也有相应的制度安排，根据教学、科研发展需要和教师实际情况给予相应支持，实证研究方法和工具使用系列培训不间断进行，“引智与交流工程”取得良好效果。

二是明确职业发展主体。缺少各种职业发展支持和机会是教师较为普遍的“抱怨”，教学任务重、家庭责任多，哪怕是出差开会都要克服很多困难，遑论离开一段时间进修访学、攻读学位，这是现实困难。有种现象也不是很容易理解：常抱怨“缺少学术交流机会”的教师经常不参加来校专家学者的学术讲座，市区内的学术会议也未必积极参加；疫情中和疫情后线上学术讲座、学术会议提供了丰富的学术资源和选择，但实际效果并不是很理想。凡此种种，说明教师普遍把自身发展寄希望于学校和学院，职业发展主体意识不足。高校管理不同于企业和机关，以“共识政治”和“自主发展”为主要管理哲学，学校和学院主要是提供服务和支持，能“强迫教师做的事”不多。“读书是自家读书，为学是自家为学，不干别人一线事，别人助自家不得”（《朱子语类》卷119）。经验和实践反复证明一个简单道理：自我驱动是促进职业发展最直接、最有力、最持久的力量。

三是筑牢积累意识。千里之行始于足下，不积跬步无以至千里。教师往往急于求成，忽视了学术积累的重要性和不可跨越性。做学术犹如炮制中药，不经慢火煎熬，难有功效，没有充分的学术积累，很难厚积薄发。“急功近利”是人性使然，也是当下时弊，管理层能做的很少，更多靠教师的自省——人人都需要明白：学术成就都是勤耕不辍、点滴积累的结果。我们要耐下心神，愿意躬身拾起一粒沙，舍得积累“一桶水”。

3. 面对新文科的新要求和不断拓展的学科范围，我们主张理性分析，谋定而后动

从远处着眼，“出口”常常决定“入口”，如果通过专业融合、学科交叉培养的人才没有良好的就业机会，势必会影响人才培养方式的转变。上海外国语大学是先行先试的探路者，是引导外语专业建设与学科发展的重要引擎，复合型专业建设的经历能为我们提供足够的经验，它所积累的经验和智慧有助于新文科指导下的专业建设，开始招收“语言数据科学与应用”交叉学科博士研究生标志着上外开始了新的尝试和探索。就眼下而言，很多学校在人才招聘中非常强调本硕博阶段的专业要一致或相近，这与新文科建设的理念是背离的，面对新形势，恐怕“不拘一格降人才”应该有新时代的解读。中国语境下新文科的内涵、范围、实现路径等关键因素还没有形成重要共识，也不是每个学校、每个学科都具备建设新文科的条件和能力，我们应该立足现实逐步探索，不宜一哄而上，避免不必要的浪费。学科门类齐全、专业类别丰富的学校自然占据先机。我们立足本校现有学科和专业资源，建立心理学与外语学科融合发展的新文科实验室，也在积极探索外语教学与计算机信息技术的融合发展、学科发展史研究与地理科学领域GIS的融合发展之路。

四、结语

自汉朝起，我国就开始了真正意义上的

国际交往，外语和外语教育的意义就已深入人心，近代同文馆的设立标志着外语教育进入一个新的发展阶段。随着改革开放、特别是“一带一路”倡议实施以来，外语教育进入蓬勃发展时期，外语学科也迎来巨大机遇和挑战。站在新的历史节点，笔者以一所传统的师范大学为例，结合多年来与学界同仁交流和调研所得，力图客观陈述师范院校外语学科所面临的问题和挑战，基于对当下形势的思考与国内同行交流，以求教于先学。其中部分内容恐非师范院校独有，可能也是外语学科面临的共同课题，期待外语界同仁共同努力，“超前识变、积极应变、主动求变”，深刻“分析学科发展基础、优势特色、发展潜力、机遇挑战，明确总体目标和阶段性目标，确定建设路径、建设内容和保障举措”（王雪梅，2019），以仰望星空的智慧、脚踏实地的作风、改革进取的勇气继续努力前行，实现外语学科的可持续发展。

注　释

① 这 17 种期刊是：《外语教学理论与实践》《中国俄语教学》《日语学习与研究》《上海翻译》《外语教学与研究》《外语界》《现代外语》《外国语》《中国外语》《中国翻译》《外语电化教学》《外语教学》《外语学刊》《外语与外语教学》《解放军外国语学院学报》《外语研究》《外国语文》（CSSCI 期刊，CSSCI 期刊扩展版期刊，全国中文核心期刊）。

参考文献

[1] 陈坚林. 重构大数据时代的外语教学新范式 [N]. 社会科学报，2017-10-12（005）.

[2] 戴炜栋，胡壮麟，王初明，李宇明，文秋芳，黄国文，王文斌. 新文科背景下的语言学跨学科发展 [J]. 外语界，2020（4）：2-9，27.

[3] 樊丽明. “新文科”：时代需求与建设重点 [J]. 中国大学教学，2020（5）：4-8.

[4] 顾世民，臧淑梅. 国内语言学习策略研究：回顾、思考和展望 [J]. 外语电化教学，2017（2）：84-90.

[5] 韩晓蕙，刘克东，张瑾，傅利. “一流专业”背景下理工类高校英语专业新文科建设的思考 [J]. 外语教育研究，2020（2）：1-6.

[6] 何莲珍. 新文科与外语学科建设——综合性大学的探索与实践 [J]. 中国外语，2021（1）：8-9.

[7] 胡安江. 翻译专业教学管理与人才培养：新趋势、新变局与新思路 [J]. 中国翻译，2021（1）：68-74，191.

[8] 胡开宝. 新文科视域下外语学科的建设与发展——理念与路径 [J]. 中国外语，2020（3）：14-19.

[9] 姜智彬，王会花. 新文科背景下中国外语人才培养的战略创新——基于上海外国语大学的实践探索 [J]. 外语电化教学，2019（5）：3-6.

[10] 宁琦. 新时期外语教育的定位与任务 [J]. 中国外语，2021（1）：16-17.

[11] 石琳霏，姜亚军. 中国英语教育四十年反思及其对新文科背景下英语专业建设的启示 [J]. 外语教学，2020（3）：61-66.

[12] 王雪梅. 新时代一流外语学科建设：内涵、原则与路径 [J]. 外语界，2019（1）：23-30，60.

[13] 王雪梅. 高校外语教育新常态下的教师专业发展：内涵与路径 [J]. 山东外语教学，2020（4）：11-18.

[14] 王雪梅，赵双花. “一带一路”沿线一流高

校外语专业/课程设置研究［J］. 外语界，2019（6）：53－61.

［15］吴岩. 新使命　大格局　新文科　大外语［J］. 外语教育研究前沿，2019（2）：3－7，90.

［16］修刚. 新时代外语专业教育的新转变［J］. 中国外语，2021（1）：21－22.

［17］张天伟. 我国外语教育政策的主要问题和思考［J］. 外语与外语教学，2021（1）：13－20，144.

大学英语课程体系建设新议

陈新仁

提要： 大学英语课程体系建设是实施大学英语教学或教育的前提。现有文献从时代背景、学科视角、理论框架、目标导向、需求分析、特色取向、学校定位等角度就相关问题开展了探讨，但在观点方面还存在较大分歧。因此，如何增进共识、弥合分歧是推动大学英语课程体系建设与改革的关键。本文提出，大学英语课程体系建设，需要面向大学英语教育的立德树人宗旨，最大限度地保障大学英语教育既能满足服务国家战略、社会经济发展、学校学科发展的需求，又能达成促进学生个体发展的多重目标。

关键词： 大学英语；大学英语课程体系；大学英语教育；《大学英语教学指南》

作者简介： 陈新仁，南京大学外国语言学研究所所长，中国语言战略研究中心副主任，教授，博士生导师。

一、引言

社会上似乎一直存在一种质疑声，那就是中国人到底有没有必要学十几年的英语。质疑的人中不乏社会贤达。有些人不只是质疑，甚至是谴责，认为中国英语教育“误国误民”“害人不浅”。甚至有人提出，将大学英语教学承包给英语培训机构，也甚至有学校就这样部分地实施了。这些杂音、乱象的产生有着复杂的根源，比如一些高校单一的大学英语课程设置、面向语言知识及技能本身的教学内容、应试性教学方式导致“费时低效”的教学效果让人诟病，致使局外人甚至不少圈内人自身都误以为大学英语的目标就是在中小学阶段所学基础上，进一步拓展英语语言知识，强化英语语言技能。显然，这种简单、直接的“拓展”“强化”不是、也不应是大学英语教育的初衷。

我们欣喜地看到，《大学英语教学指南》(2020 版）（以下简称《指南》）站在英语的世界地位角度和中国日渐重要的国际地位高度，在前言中专门说明大学英语课程的价值，这可以看作对上述关于高校开设大学英语课程质疑的强力回应（王守仁，2016）①。《指南》指出：

> 高校开设大学英语课程，一方面是满足国家战略需求，为国家改革开放和经济社会发展服务，另一方面，是满足学生专业学习、国际交流、继续深造、工作就业等方面的需要。大学英语课程对大学生的未来发展具有现实意义和长远影响，学习英语有助于学生树立世界眼光，培养国际意识，提高人文素养，同时为知识创新、潜能发挥和全面发展提供一个基本工具，为迎应全球化时代

> 的挑战和机遇做好准备。（教育部高等学校大学外语教学指导委员会，2020：2）

随之而来的问题是，如何才能实现《指南》赋予大学英语课程的上述价值？[②]笔者认为，关键问题之一，甚至前提是，应该构建一个什么样的大学英语课程体系？这个问题很重要，其答案关乎每个学校的大学英语课程设置与改革，关乎大学英语教师在课程体系中的自我定位与发展方向，关乎大学生对于大学英语课程的满意度与获得感，当然也关乎社会各界以及学校决策者对大学英语教育的认识与态度。

笔者2021年1月10日尝试先以“大学英语”“课程体系”为检索词，在CNKI学术期刊网中使用高级搜索功能，在北大核心期刊中精确查询篇名中同时包含这两个检索词的研究文献，共获得29篇。纵观这些关于大学英语课程体系建设或改革的研究文献，可以发现，学界或从业者主要聚焦时代背景、学科视角、理论框架、目标导向、需求分析、特色取向、学校定位等，提出了一系列的课程体系建设思路或改革设想。可以看出，不同研究者或英语教育者尽管在一些问题的看法上不谋而合，但在另外一些问题上却大相径庭。笔者认为，大学英语界有必要进一步自上到下增进共识，弥合分歧，共同推动大学英语课程体系建设与改革。为此，本文拟回答下列三个问题：为什么要构筑大学英语课程体系？基于什么构筑大学英语课程体系？建立什么样的大学英语课程体系？

二、构筑大学英语课程体系的必要性

首先来回答第一个问题：为什么要构筑大学英语课程体系？也许很多人会质疑这个问题的必要性，一是这样的问题似乎预设了现有大学英语教学没有课程体系，二是这样的问题也似乎预设有人怀疑构筑大学英语课程体系的必要性。如果现实不是如此，这个问题还要回答吗？

笔者之所以抛出这样的问题，其实是基于下列考虑或认识：

其一，随着《指南》对大学英语课程价值或本质的进一步明确，我们应该实现从大学英语教学到大学英语教育的根本转变（如此，《指南》也许冠名为《大学英语教育指南》更为妥帖），凸显大学英语教育在立德树人方面的重要作用。《指南》明确指出：

> 大学英语课程是普通高等学校通识教育的一个重要组成部分，兼具工具性和人文性。其工具性主要体现在两个方面：第一，大学英语课程是基础教育阶段英语教学的提升和拓展，主要目的是在高中英语教学的基础上进一步提高学生英语听、说、读、写、译的能力。第二，大学英语课程可通过专门用途英语教学让学生学习与专业有关的学术英语或职业英语，获得在学术或职业领域进行国际交流的相关能力。其人文性也主要体现在两个方面：第一，大学英语课程的重要任务之一是进行跨文化教育。语言是文化的载体，同时也是文化的组成部分。学生可通过英语学习了解国外的社会与文化，增进对不同文化的理解，加强对中外文化异同的认识，培养跨文化交际能力。第二，大学英语课程可培养学生对中国文化的理解和阐释能力，服务中国文化对外传播。人文性的

> 核心是以人为本，弘扬人的价值，注重人的综合素质培养和全面发展。社会主义核心价值观应有机融入大学英语教学内容。（教育部高等学校大学外语教学指导委员会，2020：3）

笔者认为，要“实现工具性和人文性的有机统一”，核心问题在于要实现对大学英语课程教育功能的定位。诚如何莲珍指出的那样：

> 《国家中长期教育改革和发展规划纲要（2010—2020年）》指出，要“适应国家经济社会对外开放的要求，培养大批具有国际视野、通晓国际规则、能够参与国际事务和国际竞争的国际化人才”。随着全球经济一体化进程加快、我国改革开放纵深发展和“走出去”战略稳步推进，国家对外语人才的需求越来越大，对外语教育的要求也越来越高。大学外语教育首要的是明确定位，回答“培养什么人”的问题，阐述大学外语教育的两个重要问题，即“培养什么人、怎样培养人”。（2019：8）

结合我们自身，更为具体的问题是：大学英语教育应该培养出什么样的公共英语人才（须有别于英语专业人才）？或者可以问：大学英语课程在各类专业人才培养中应该并可以发挥什么作用？唯有回应、回答好这样的问题，大学英语“无益论”“有害论”“无效论”等质疑声才会自然散去。对此，《指南》明确指出，大学英语教育是高校通识教育的一个重要组成部分（何莲珍，2020b），对学生发展具有现实作用和长远影响，有助于学生树立世界眼光，增强国际意识，提升国际胜任力与竞争力，同时掌握知识创新、潜能发挥和全面发展的基本工具，为迎应全球化时代的机遇和挑战做好准备。当然，需要进一步强调的是，大学英语教育同样可以在立德树人方面做出贡献，通过课程承载的中外文化对比教育，帮助学生坚定“四个自信”。不可否认的是，“帮助学生塑造正确的世界观、人生观、价值观，这是大学英语教育教学的应有之义，也是大学英语教育教学的必备内容”（何莲珍，2020a：13）。

其二，从现实角度看，很多高校的大学英语课程体系建设存在各种问题，一个显著的问题表现为“英语一、英语二、英语三”之类的同质课程。大学英语也不应是由“大学英语阅读、写作、听力、口语”等构成的一套课程，而应是一整套目标明确、内容多样、层级分明的多元化、个性化课程体系（具体原因及内容详后），要实现从大学英语教学到大学英语教育的根本转变，那些存在问题的课程体系是无法履行大学英语教育使命的。

其三，大学英语课程的课时数、学分数见降不见涨。这与一些主管大学英语教学的领导在大学英语课程的认识上相对比较滞后甚至落后有关，具体来说，他们持有的关于英语的认识属于纯工具观。因而，归根结底，回到第一点，这与大学英语课程的价值没有得到充分认识及认可有关。当然，他们的认识也与一些学校的大学英语课程教学确实还或多或少停留在他们认识的那个阶段有关，或者，与我们的大学英语课程体系有关，与我们的教学工作本身没能充分体现大学英语课程价值有关。毫无疑问，改变这些人，包括我们的一些教师，对大学英语课程价值的认识，帮助他们认识到大学英语是“必修的公共基础课程的课程定位”且具有“通识教育的功能”（何莲珍，2020b：4）比什么都重要。

大学英语教育作为高校通识教育的一部分，承担着服务国家战略与促进学生个体发展的双重任务。从国家层面上看，大学英语教育可以满足国家战略需求，为国家的改革开放和经济社会发展服务。随着中国在国际政治、经济、文化舞台上的作用与地位不断提升，随着“走出去”战略的稳步推进，我国对国际化人才的需求越来越大。鉴于英语目前仍然是主要的国际通用语，熟练掌握英语是国际化人才的基本条件，而国际化人才的英语能力主要通过大学英语课程来培养和提高。通过学习和使用英语，学生可以直接学习国外前沿的科技进展、管理经验和思想理念，了解世界优秀的文化。同时，大学英语课程对中国的未来发展、参与全球治理和构建人类命运共同体具有重要意义，有助于增强国家语言实力，传播中华文化，促进与各国人民的广泛交往。从个人层面上看，熟练掌握英语，拥有家国情怀、全球视野和世界眼光，可以满足学生专业学习、国际交流、进修深造、工作就业等的需求，是学生个人素质发展、职业发展的关键支撑。大学英语课程可以提供这一切，因而对学生个人发展同样具有重要意义。此外，大学英语教育还可以为学校学科发展提供支撑，为专业类双语课程开设、学生甚至教师成果国际化、学科方面的国际会议组织等提供外语服务。

基于上述认识，笔者认为，仅仅开设一两个学期的大学英语课程，仅仅开设面向英语语言知识传授与英语语言技能训练的通用英语课程，是远远不能够实现大学英语课程的上述价值的，难以满足国家战略需求，难以做到“使用外语传播中国思想、学术和文化，开拓世界市场”，“提升国家软实力”（王守仁，2016：4），也难以促进学生的个人发展。因而，构筑齐备、合理的大学英语课程体系的必要性就不言而喻了。相应地，大学英语课程体系建设已成为我国大学英语教育工作者的使命（向明友，2016）。

要完成上述使命，须准确表达、充分宣传大学英语课程的价值，同时将该价值内化为每个大学英语课程负责人和施教者的共识，并有效地影响学校决策者。此外，还须构筑并执行科学、合理的大学英语课程体系。这些都至关重要。韩宝成（2012）指出，大学英语作为高等教育的一个有机组成部分，对培养高素质、创新型、复合型国际化人才起着重要的作用，确立合理的教学目标，设计科学的课程体系是实现上述目标的重要保障。何莲珍（2019）也指出，课程是人才培养的核心要素，课程设置必须为教育目标服务。

三、大学英语课程体系构筑的依据

接着回答第二个问题：科学、合理的大学英语课程体系依据什么来构筑呢？答案首先是《大学英语教学指南》。诚如向明友（2016）指出，《指南》对大学英语课程工具性和人文性内涵的进一步明确，无疑帮助我们化解了大学英语课程要教什么、教多少、如何教等一系列老问题，为大学英语课程体系建设提供了坚实依据。具体说来，所制定的大学英语课程体系应该能够对接、保障《指南》中所确定的大学英语教育的价值（见第一部分），能够有助于实现《指南》

中所确定的大学英语教学与教育的目标，那就是：

> 大学英语在注重发展学生通用语言能力的同时，应进一步增强其学术英语或职业英语交流能力和跨文化交际能力，以使学生在日常生活、专业学习和职业岗位等不同领域或语境中能够用英语恰当有效地进行交流。（教育部高等学校大学外语教学指导委员会，2020：4）

可见，《指南》在阐述大学英语教育的价值时本质上是立足于需求理论。换言之，我们可以从需求角度来确定大学英语课程体系的构筑依据。这些需求可以区分为国家、社会、学校和个人四个层次的发展需求。之前也有学者从需求角度探讨大学英语课程体系的建设问题，如张丽丽（2016）基于学习需求，余云峰、周光明、彭灵芝（2014）基于学生发展和社会变革需求，探索大学英语课程体系改革，而蔡基刚（2013，2014）则基于专业人才的研究或工作需求，呼吁我国大学英语教学必须实现从通用英语向学术英语的转型。宋海英（2015）同样提议构建以学术英语为导向的大学英语课程体系，以学术英语教学模式取代通用英语教学模式，培养大学生学术英语能力。王守仁、姚成贺（2013）同样强调大学英语课程开设要注重需求分析，但同时指出，学术英语作为专门用途英语不能满足各种需求，因此不能覆盖大学英语教学应该覆盖的全部内容。胡开宝、谢丽欣（2014）基于复合型人才培养的实际需求以及我国大学英语教学的属性，提出大学英语教学应该以通用英语和通识英语教学为主、学术英语教学为辅的观点。相比之下，《指南》对于大学英语教学需要满足的需求维度与层次更为全面。

当然，并非所有学者都是基于需求理论来探讨大学英语的课程体系建构。一些学者基于教育国际化的总体趋势或背景探讨大学英语课程体系的构建问题。例如，李科（2015）基于中国高等教育国际化背景，提出“EGP+ESP”模式的大学英语课程体系；束定芳（2012）也提出大学英语首先应该为中国的高等教育国际化服务，为培养高素质的国际化人才服务。还有学者基于语言本质来讨论大学英语课程的设计，例如，韩宝成（2012）指出，大学英语是一门语言课程，其目标取决于课程设计者采取什么样的语言观，而不是所谓的需求分析。此外，李耕砚（2012）基于通识教育观，提出构建立体化大学英语课程体系；吴鼎民、韩雅君（2010）认为大学外语教学应该兼顾“工具性”和“人文性”，建议把大学英语改造成英语学习和技能训练、跨文化交际以及获取多学科基础知识的一门综合性、多功能课程。此外，张莉（2013）、韦雪华（2017）、唐琳（2018）等提出了以ESP为导向的大学英语课程体系建构。王文宇、王海啸、陈桦（2018）则基于南京大学的改革实践，强调构建具有校本特色的个性化大学英语课程体系。

观点差异的背后是关于大学英语课程价值的认识差异，也是对大学英语课程体系构筑依据的认识差异。可见，由于采用不同的依据，不同学者会提出不同的课程体系建设思路或改革设想。不同研究者或英语教育者尽管在一些问题的看法上观点相似，但在另外一些问题上却看法相左。因此，如何增进共识、弥合分歧是推动大学英语课程体系构筑与改革的关键。笔者认为，不同依据之间不是冲突关系，更不是取代关系，而是互补关系。各个观点都有道理，综合在一起才是最有道理的。

笔者认为，大学英语课程体系建设，需要面向大学英语教育的立德树人宗旨，充分考虑到学校定位差异、学校类型差异、生源差异、学科差异等，在全国总体层面上而非在单一学校层面上同时满足国家战略、社会经济发展、学校学科发展和学生个人综合发展的多层次需求，不应要求全国所有高校大学英语课程无论在类型、内容还是难度上是相同的。换言之，由于不同层次的学校在满足国家战略需求、社会经济发展需求、学科发展需求等方面存在目标上的差异，因此，所谓因校制宜，其实就是因学校的目标定位而异，构建具有校本特色的课程体系（王文宇、王海啸、陈桦，2018）。对于学生英语水平起点高的学校，尤其是"双一流"高校，大学英语课程体系需要也应该能同时服务国家战略、社会经济发展、学校学科发展以及学生个体综合发展的多重目标；对于没有硕士学位点、学生英语水平起点低的高校而言，大学英语课程体系应该更多面向学生个体人文发展以及运用英语获取信息、进行跨文化交流等的需要，而不应过于强调学术英语能力发展的需要；对于拥有硕士甚至博士学位点、学生英语水平起点趋中的学校而言，大学英语课程体系在类型、内容方面更应参考第一类学校，难度要求可以略低，但是在满足学校学科发展需求以及学生个体的学术英语能力发展需求方面则应趋近。

四、大学英语课程体系的构成

最后，回答第三个问题：建立什么样的大学英语课程体系？《指南》明确要求，"各高校应根据学校类型、层次、生源、办学定位、人才培养目标等，遵循语言教学和学习规律，合理安排相应的教学内容和课时，形成反映本校特色、动态开放、科学合理的大学英语课程体系"（教育部高等学校大学外语教学指导委员会，2020：9）。鉴于大学英语教育的使命或价值定位，大学英语课程不同于某一专业中的单一学科知识课程，而更像是政治或体育类基础课程，是在立德树人的思想指导下，兼顾工具性与人文性，由多个具有不同目标定位、不同课型、不同课程性质、不同教育层次的课程模块构成的一个体系或系统。大学英语课程体系是实现大学英语教育价值与目标的载体，是保障和提高大学英语教育质量的关键。

关于大学英语的课程模块③，学界有不同的提议。例如，王守仁（2011）提出建立由通用英语（English for General Purposes，EGP）、专门用途英语（English for Specific Purposes，ESP）和通识教育英语（English for General Education，EGE）组成的大学英语课程体系④。韩宝成（2012）提出的大学英语课程体系则包括以培养学生的人文素养和批判性思维能力为目标的通识英语（English for Liberal Education）、侧重专业学术交流的学术英语（English for Academic Purposes）和与行业、工作相关的职业英语（English for Professional Purposes）。《指南》则提出，大学英语教学的主要内容可分为通用英语、专门用途英语和跨文化交际三个部分⑤，各个部分有相应的课程。同样值得注意的是，《指南》将大学英语教学目标细分为基础、提高和发展三个等级，三个大类课程依照教学目标要求分为三个层级，安排难易有序的内容。如此，大学英语课程以三大类三层次的“三三”制为总体框架，从而形成一个内部关联、系统多元、动态开放的课程体系。

基于上一节关于大学英语课程体系建设依据的讨论，笔者认为，上述课程模块的划分适合全国大学英语教育的整体需要，但不能以同样的方式和程度适用于所有高校。对于学生英语水平起点高的学校，除少量特殊学生群体，通用英语模块基本不需要，否则会影响学生的获得感⑥。一个也许更受欢迎的做法是，引入 CBI（Content-based Instruction，内容型教学法，参见蔡基刚，2011；陈剑波、叶瑞娟，2013）和 CLIL（Content and Language Integrated Learning，内容语言相结合教学法，参见常俊跃，2014；常俊跃、刘兆浩，2020；赵丹婷、王丹，2014）教学理念，开设诸如跨文化旅游英语、跨文化休闲英语、跨文化职场英语、跨文化教育英语、跨文化媒体英语、跨文化文学英语、跨文化思想英语、跨文化学术英语等课程，尽可能地凸显大学英语与中学英语的差异⑦，尽可能同时凸显大学英语教育的工具性和人文性，进行语言训练与通识教育的整合、语言训练与跨文化教育的整合、语言训练与学术交流训练的整合，提升大学英语课程的内涵与效率。即使是对于学生英语水平起点趋中的学生，通用英语的语言学习难度也应该充分控制，要避免外语教学的认识误区，英语单词不是教得越多越好，在信息技术高度发达的今天，没有必要教很多日常交流用不上的单词。真正要提高的是学生（在跨文化交际语境下）的英语应用能力，因而要尽早基于 CBI 和 CLIL 教学理念兼顾英语基本功和通识或学科知识发展，避免单纯的、过多的英语语言知识输入或英语技能训练。最后，对于学生英语水平起点低的学校，通用英语教学仍然必不可少，且不应追求过高的语言难度，而是要更多关注英语应用能力的提升和跨文化交际能力的培养，至于学术用途的英语课程则一般是不需要的。表 1 概括了上述关于不同层次高校的大学英语课程体系设想：

表 1　不同层次学校的大学英语课程体系设想

学校层次	学生英语水平起点低	学生英语水平起点趋中	学生英语水平起点高
课程模块	通用英语（一、二） 跨文化交际英语#（一） 专门用途英语（一）	通用英语*（一、二） 跨文化交际英语*（一、二） 专门用途英语&（一、二）	通用英语*（二、三） 跨文化交际英语*（二、三） 专门用途英语&（二、三）

说明：表 1 内课程后的数字一、二、三分别对应基础级、提高级和发展级。对于学生英语水平起点高和趋中的高校来说，“通用英语”之所以加上了＊，是要表明它们需要采用 CBI 或 CLIL 的教学理念，而非单纯的语言教学，更多带有普适性通识教育英语的色彩。对于学生英语水平起点低的学校来说，“跨文化交际英语”之所以加#，是要表明它们要采用 CBI 或 CLIL 的教学理念，而非单纯的语言教学。对于学生英语水平起点高或趋中的学校来说，“跨文化交际英语”之所以加＊，是要表明它们要更多带有跨文化通识教育英语色彩。对于学生英语水平起点高的学校来说，“专门用途英语”之所以加&，是要表明其学术英语的比重要更大，而对于学生英语水平起点低的学校，“专门用途英语”主要为职场英语，学生英语水平起点趋中的学校处于二者之间。

全国各高校大学英语课程设置应该呈现多样性、差异性和灵活性，设计出具有学校特点的大学英语课程体系，避免“‘千校一面’的同质化发展”（王守仁，2016：3）。

例如，理工类高校对具有学科特色的大学英语课程都有更大的期盼；研究型高校的学术英语教学比重应高于研究与应用并重型高校，后者又应高于应用型高校。就院系专业需要而言，服务于强势或特色学科专业的定制式大学英语课程应有很高的比重。以学生需求为例，继续深造的学生越多，学术英语的比重就应越大；反之，面向跨文化职场需求的英语课程比重则应越大。诚如向明友（2016：5）指出的那样，“各高校应根据学校类型、层次、生源、办学定位、人才培养目标等，遵循语言教学和学习规律，合理安排相应的教学内容和课时，形成反映本校特色、动态开放、科学合理的大学英语课程体系。课程设置要注意处理好通用英语与专门用途英语、跨文化交际教学的关系，处理好必修课程与选修课程的关系。课程设置还要充分考虑语言学习的渐进性和持续性，在大学本科学习的不同阶段开设相应的英语课程。”

五、结语

本文在整理、归纳、反思相关文献的基础上，在《指南》的指导下，尝试就新时代我国大学英语教育目标赖以实现的课程体系建设与改革进行了粗浅的探讨。总体来看，《指南》十分全面、深刻地诠释了大学英语教育在满足国家、社会、学校和学生四个层面需求方面的作用。忽略或轻视其中任何一个层面上的价值和作用，都会带来对大学英语教育价值认识上的偏差以及实践上的偏差。笔者认为，要实现大学英语教育的重要价值，前提是要制定并执行科学合理的大学英语课程体系。构筑良好的大学英语课程体系有利于英语教育家的倍出与辈出，提升英语课程给大学生带来的满意度和获得感，而非产出一拨又一拨、一茬又一茬的语言培训教师。

笔者提出，大学英语课程体系首先需要凸显大学英语教育在立德树人方面的作用，其次，需要区分大学英语课程作为我国大学英语教育的整体考虑与大学英语课程作为特定学校的具体安排，充分考虑不同层次学校的实际需求。再次，要尽可能凸显大学英语课程与中学英语课程的差异，加强基于 CBI 和 CLIL 理念的课程设置与教学，在英语课程设置与教学中加强普适性和跨文化性的通识教育，弱化面向纯语言教学的英语课程设置，提升学生的获得感；最后，要考虑到学校、院系、学生的多元化需求，应该容许多元化的大学英语课程，鼓励建构校本化、个性化的大学英语课程体系。

未来研究可以开展广泛而多样的调研，针对现有各类高校大学英语课程体系在实现大学英语课程价值方面的充分性和有效性，了解广大学生、学科乃至用人单位对大学英语课程的满意度，为大学英语课程体系改革的进一步深化和优化提供更为坚实的依据。

注　释

① 王守仁（2016）指出，作为目前全球使用最广泛的语言，英语是英美文化的重要组成部分和载体，是国际交往和科技、文化交流的重要工具。我国从 1978 年改革开放初期逐渐向世界开放，到 21 世纪参与共建世界秩序，从世界边缘走向世界舞台中央。当年学习外语，主要是为了学习国外先进的科学技术。今天学习外语，除了当初的目的，还要使用外语传播中国思想、学术和文化，开拓世界市场。

② 笔者认为，上述关于大学英语课程价值的表述其实并不完整，未提及大学英语教育对于学校学科发展可能发挥的支撑作用。理由是，《指南》中另一处中讲到，大学英语教学与教育目标是“满足国家、社会、学校和个人发展的需要”，这里提及大学英语课程要能满足“学校”的需要，可以说是对上述价值表述的补充。所谓“满足学校的需要”，指的是“服务于学校办学目标、院系人才培养目标”（教育部高等学校大学外语教学指导委员会，2020：2）。

③ 一些学者（如王守仁，2011；韩宝成，2012）对课程模块与课程体系不加区分，还有学者直接使用“课程设置”的说法（如何莲珍，2019）。本文将课程模块看作课程体系的一部分，前者只侧重指教学内容，后者还包括教学进程、课程性质等。

④《指南》把个人、社会语域使用的英语称为“通用英语”，把学术、职业语域使用的英语称为“专门用途英语”（王守仁，2016）。

⑤ 其实，通用英语与专门用途英语中都带有或者都可以纳入跨文化交际元素，将二者分置有人为之嫌。《指南》中也提出，除了与通用英语课程平行开设跨文化交际课程外，“也可在通用英语课程中融入跨文化交际的内容”（教育部高等学校大学外语教学指导委员会，2020：10）。考虑到大学英语总课时数的限制、大学英语课程的通识性质以及与英语专业课程要求的区别，笔者更倾向于后者。诚如何莲珍（2019：9）所言，“通用外语课程是大学外语课程的基本组成部分，其目的是培养学生听、说、读、写、译等语言技能，同时教授社会、文化、科学等基本知识，拓宽学生的国际视野，提升学生的综合文化素养。”

⑥ 韩宝成（2012）认为，大学阶段没有必要继续开设以打基础为目的的普通英语或通用英语课程，而是必须构建以培养思维能力为核心、以文化知识和学科知识为载体，具有中国特色的大学英语课程体系，以实现我国高等教育的使命和满足国家发展的需求。当然，这一看法对于学生英语水平起点低的学校学生未必完全合适。

⑦ 中学英语学习的总体特点是语言知识点学习。相应地，中学英语教育对职场或学术交流所需的英语应用能力、跨文化交际能力、运用英语开展通识教育等方面关注不够。王守仁（2016：3）指出，“大学英语课程必须准确定位教学目标，明确内涵，合理构建课程体系，体现高等教育特点，加强与中学英语教学的衔接，增进与各学科专业教学的结合。”这些无疑都是正确的。当然，除了与中学英语教学的衔接外，还需要体现大学英语教学和教育的自身定位与特点。

参考文献

[1] 蔡基刚. CBI 理论框架下的分科英语教学［J］. 外语教学，2011（9）：35－38.

[2] 蔡基刚. 大学英语生存危机及其学科地位研究［J］. 中国大学教学，2013（2）：10－14.

[3] 蔡基刚. 从通用英语到学术英语——回归大学英语教学本位［J］. 外语与外语教学，2014（1）：9－14.

[4] 常俊跃. 英语专业内容依托课程体系改革的影响及其启示［J］. 解放军外国语学院学报，2014（5）：23－31，15.

[5] 常俊跃，刘兆浩. 内容语言融合教育理念的理论支撑［J］. 外语与外语教学，2020（6）：85－95，150.

[6] 陈剑波，叶瑞娟. CBI 连续谱理论框架下的大学英语课程体系建设［J］. 扬州大学学报，2013（5）：92－96.

[7] 韩宝成. 重构大学英语教学目标，完善大学英语课程体系［J］. 东北师大学报，2012（1）：89－92.

[8] 何莲珍. 新时代大学外语教育的历史使命

[J]. 外语界，2019 (1): 8-12.

[9] 何莲珍. 新时代大学英语教学的新要求——《大学英语教学指南》修订依据与要点[J]. 外语界，2020a (4): 13-18.

[10] 何莲珍. 准确识变，科学应变 变局中的大学英语教学 [J]. 外国语，2020b (5): 2-7.

[11] 胡开宝，谢丽欣. 我国大学英语教学的未来发展方向研究 [J]. 外语界，2014 (3): 12-19, 36.

[12] 教育部高等学校大学外语教学指导委员会. 大学英语教学指南 [M]. 北京：高等教育出版社，2020.

[13] 李耕砚. 基于通识教育观的立体化大学英语课程体系构建 [J]. 湖北经济学院学报，2012 (11): 188-189.

[14] 李科. 浅谈高等教育国际化背景下大学英语课程体系的构建 [J]. 英语教师，2015 (21): 27-30.

[15] 束定芳. 大学英语教学改革之目标与方向[J]. 东北师大学报，2012 (1): 87-89.

[16] 宋海英. 以EAP为导向的大学英语课程体系构建 [J]. 湖北经济学院学报，2015 (2): 210-211.

[17] 唐琳. ESP视角下大学英语课程体系改革的优化策略 [J]. 高教学刊，2018 (17): 125-126, 129.

[18] 王守仁. 关于高校大学英语教学的几点思考[J]. 外语教学理论与实践，2011 (1): 1-5.

[19] 王守仁.《大学英语教学指南》要点解读[J]. 外语界，2016 (3): 2-10.

[20] 王守仁，姚成贺. 关于学术英语教学的几点思考 [J]. 中国外语，2013 (5): 4-10.

[21] 王文宇，王海啸，陈桦. 构建具有校本特色的个性化大学英语课程体系 [J]. 中国外语，2018 (4): 18-26.

[22] 韦雪华. ESP导向的大学英语课程体系建构研究 [J]. 湖北函授大学学报，2017 (11): 149-150.

[23] 吴鼎民，韩雅君. 通识教育视角下的大学英语"三套车"框架构建 [J]. 外语电化教学，2010 (5): 9-13.

[24] 向明友. 试论大学英语课程体系建设 [J]. 中国外语，2016 (1): 4-9.

[25] 余云峰，周光明，彭灵芝. 基于学生发展和社会变革需求的大学英语课程体系改革探索 [J]. 湖北师范大学学报，2014 (2): 139-143.

[26] 张丽丽. 基于学习需求的大学英语课程体系研究 [J]. 黑河学院学报，2016 (5): 111-112.

[27] 张莉. 基于ESP的大学英语课程体系研究[J]. 黑龙江教育（高教研究与评估），2013 (7): 46-50.

[28] 赵丹婷，王丹. CLIL观照下的大学英语课程体系建设 [J]. 现代教育科学，2014 (3): 48-52.

外语专业课程知识多样性辨析

严轶伦

提要：本研究从时间、空间概念和新知识生产模式三个角度分析了外语专业课程知识的多样性，并从知识合法化、知识价值化和释放“想象力”三个方面探讨了外语专业课程知识多样化的路径，提出外语专业课程应紧密围绕科学训练、思辨精神和整合能力来确立和发展课程知识多样性。

关键词：外语专业课程知识；多样性；多样化路径

作者简介：南京理工大学外国语学院副教授，博士，硕士生导师。

一、引言

课程与知识向来是交织在一起的，即不存在没有知识的课程。近代，选择什么样的知识作为课程内容一直围绕着“什么知识最有价值”问题而展开。同时，因权力和意识形态因素的介入，“谁的知识最有价值”问题又成为课程知识选择上另一衡量标准。受上述因素的制约，外语专业课程知识的选择受到极大的限制。长期以来，我国大学的外语专业课程因其自身认知滞后性，输入低层次、重复性而在知识选择问题上异常复杂。虽历经多轮改革，然由于对课程知识认识不充分，自身学科与他学科界限和关系尚未厘清，知识体系问题仍然处在“定位”“复合”等基础问题的讨论中。

本研究认为“课程知识”基于学科内容知识但又超越其内涵。外语课程知识教育属性可以从知识多样性、开放性和生存性等方面进行系列探讨。本文依托德勒兹的时空概念，结合新知识生产模式来探讨知识多样性。

二、课程知识多样性阐释

1. 德勒兹时空概念下的课程知识多样性

德勒兹是创造概念的哲学大师，他的一系列概念突破和颠覆了自柏拉图以来的二元论所蕴含的传统等级制与中心主义传统，强调差异性、流变性、开放性，装配性、碎片性。他的理论体系中诸多概念，如块茎、游牧、千高原、褶子、横截线、去辖域化—再辖域化、逃逸线等都与空间概念有关。德勒兹通过游牧式阅读柏格森，提出了基于时间和空间的多样性。在他看来，事物的状态不是单一性，也不是整体性，而是多样性（multiplicitiy）。然而，多样性的重点不在状态，既不指事物种类，也不指事物本身，而在于万事万物包含一系列无法化约的线和面（line and dimension）。多样性不考虑项（term）和元素（element），而是“居间”（in-between），即一系列相互缠结的关系（Deleuze，1988：27）。

德勒兹认为，柏格森区分了两种不同的多样性：一是时间的多样性，一是空间的多样性。德勒兹为时间和空间下过明确的定义：空间是“一种外在性、同时性、并置排列、秩序、数量差异、程度差异的多样性，是一种数的、非连续性和现实的多样性”；时间则是“在纯粹的绵延中呈现。这是一种连续、融合、构成、差异性、性质差异和本质差异的内在多样性，是一种拟真而连续的、不能还原为数目的多样性”（Deleuze，1988：38）。基于此，时间的内在纯粹性是无法保持的。只有借助把时间空间化的“辅助空间”，我们才有可能把不同的时间瞬间进行排列。时间的多样性是“绵延”（duration），它是所有性质差异的总和。由于时间包含了所有的性质差异，所以空间的多样性不能是性质差异的多样性，而只能是“程度”差异的多样性。课程知识多样性往往混淆时间和空间两种不同的多样性。这种混淆往往以“多少”“有无”等程度的差异掩盖了真正的性质差异。时间是一种连续的绵延，它也是可分的。它属于拟真的领域，需要经历现实化的过程。课程知识的空间便是共时下学科与学科的差异，时间便是历时下学科自身的演变——性质的变化。课程知识的学科定位是现实的，而课程知识的自我演变定位是拟真的，需要通过现实化，从拟真走向实在。在每一个瞬间，绵延分为两个同时的倾向，一是走向未来，另一个是回到过去（德勒兹，2002：209）。这也就是德勒兹所说的“双重的时间”（two-fold time）的意思。过去的课程知识是存在者（being），课程外显的知识也是存在者，虽然它们无用、不活跃和僵固，却是存在者。而现在的课程知识和学生内化了的、再生产的知识虽是现存（being present），却非一种存有，而是纯粹的生成，在自身体系之外。课程知识的过去、现在和将来无法分割，因为过去是绵延的，现在和过去是同时的。现在的知识携带着有待通过它而现实化的拟真的过去知识。

在德勒兹看来，时间和空间这两种倾向间不存在性质差异，但是符合某一倾向的诸种性质差异和符合另一倾向的诸种程度差异间存在差异（Deleuze，1988：92－93）。这两种多样性之间的差异没有使它们产生对立或矛盾，也没有妨碍它们共存。这就是“各种不同的绵延的共存性”，意味着课程知识学科定位和自身演变之间不存在性质差异，但是属于不同范畴的学科定位中产生的程度差异和自身演变过程产生的性质差异间存在差异。然而这些差异在学科定位这一空间的统领和整合下能够共存。过去生成的课程知识若要在现在现实化，其终点只能是空间，即空间是看待和解决课程知识多样性的关键，学科定位使课程知识现实化，回答从量到序列的问题。课程知识要继承，更要立足当下完成现实化的过程。课程知识的性质差异由程度差异来统领，它的多样性更多地彰显客体，即外在事物的影响。

我们借鉴德勒兹与加塔利的“块茎”思想，从空间入手来审视课程知识的多样性。块茎是“反中心系统”的象征，体现“无结构”之结构，构成“多元性的入口、出口和自己的逃逸线”。德勒兹注意的不是辖域之间的边界，而是强调消解边界的“逃逸线”“解辖域化”，强调“居间”。因此，它的构架依靠连词“and ... and ... and ...”，建立的是一种链接的逻辑（麦永雄，2013）。课程知识没有所谓的“中心”和所谓的“结构”，因为它是多元的、多样的。它既没有中心，也没有稳定的边界，因为它的边界被不断地消解，辖域被不断解构。课程知识不是明明白白的“to be”，而是通过无止境的“and”串联而成。它在解辖域的同时，也在再辖域化。课程知识划分为三个层次：浅层次的课程知识划分造成二元对立，形成学科与学科间的鸿沟；第二层次的课程知识跨越传统的学科界限，在学科间流动、整合与重组；第三层次课程知识没有既定目标，却能达到意想不到的目的和效果，形成突变和量的飞跃，在程度差异上有了质的改变。

2. 新知识生产模式下课程知识的空间变化和知识生产的多样性

相对于学术（学科）或者“以文化为核心的知识”，吉本斯等（Gibbons et al., 1994）提出了以工作为基础的，或者“社会弥散性知识”（socially distributed knowledge）。他们区分了传统模式Ⅰ和知识经济时代背景下的模式Ⅱ，认为模式Ⅰ关注学术兴趣和学科语境，而模式Ⅱ则关注应用语境和跨学科语境。由于知识生产更多地源于实际问题，因而具有天然的跨学科性质，这些知识有独特的理论结构、研究方法和实践模式。诺沃特尼等（Nowotny et al., 2001）对知识发展的新模式做了再阐述和完善。他们提出新的认识论主题，并将之确定为模式Ⅱ的核心；模式Ⅱ基于那个时代的后现代框架审视科学，强调科学在异质的社会和经济语境中、在跨学科潮流中解决问题。它进一步明确了社会决定知识的性质和内容，知识生产者接受并随从之的事实。知识是与社会相关的学习，并且通过国家、市场和工业之间流动的关系得到继承，知识生产是传递的工具。模式Ⅱ知识生产是“在应用语境下”通过“超学科”合作而完成的。诺沃特尼等人还引入“情境化”概念来突出模式Ⅱ中国家、机构和研究客体所处的地位，认为在高度情境化之下，大学可以创造出更具“社会关涉性”的知识。

从空间来看，学术/学科知识是“有界的”和“非弹性的”，而社会弥散的、基于工作的知识是“无界的”和“弹性的”。确切来说，社会弥散的知识并不是无边界，只是边界不同而已；它更具流动性，包含不同性质的规则、主体和学科。大学一贯保持着特定学科知识主要生产者角色和相应领域的知识生产能力证明者的垄断地位。但是现在它却目睹其身份的削弱和蜕变。知识愈来愈多地与操演性相连接，知识的生产开始转移出象牙塔，走向市场。大学日益成为更加广阔的全球化知识市场的一部分，被迫不断与兰德这样的公司、咨询机构和智囊团进行竞争。大学的课程知识从传统的学院、文本走向社会弥漫和渗透，它强调“边界流动化”“情境化”，在普遍知识和特殊知识间自由转化，以问题为中心不断跨学科整合。课程知识在新知识生产模式的空间拓展过程中，以社会需求、国计民生和生存作为出发点和支撑，并不放弃传统知识的生成路径，而是给予知识多样性和知识生产模式变革的合法性。

三、外语专业课程知识的多样性分析

1. 外语课程知识的时空差异分析

外语专业课程知识没有中心。传统的以语法为中心的课程知识体系应该被打破。外语课程正在走向无边界、无结构的视域，一切知识都是居间。历史文化、语言本体学、语言哲学、承载他学科的语言表达、交际与修辞等学科化知识，连同具备国际化视野和全球公民素养，能够在国际舞台进行自如沟通、学术交流和商贸往来以及适应多元文化背景等非学科化知识，都让外语课程愈加弥散、无结构和在知识上无止境链加。传统的语言课程知识辖域为语言文学，在新的知识生产模式下，原辖域被解构，更多的应用语境和跨学科语境进入了再辖域的过程，于是近年来我们看到了专门用途英语（ESP）。然而 ESP 强调了跨学科语境，却忽略了应用语境中社会的影响和问题意识，使得知识被束之高阁，丧失了再生产的原动力。

外语学科长期处于边缘化境地，不被人文学科认同，更与科学对立。我们力求打破这样的学科二元对立，让外语学科也成为科学，或者成为科学知识的来源和支撑。这里包含两层意思：一是让语言自身成为可以证实和推理的学科，并发挥其基础构造作用，为信息科学等提供科学依据和理论基础；二是让语言和语言逻辑、语言修辞成为推动其他显性科学学科（如物理、化学等）科学化、提高其社会接受度和交流度的工具。语言课程需要进一步流动重组，即让推理和证明成为知识科学化的转化机制。语言课程还将通过社会机构，如外事机构、翻译公司、科技公司和出版社等的参与，使知识的传递与生产并行不悖。最终，语言课程的知识要游牧化，让它们在计算机学科、人工智能、信息科学和神经科学等领域里找到暂时的落脚点，再构知识的“高原”。

语言课程承载着目标语的历史和文化，同时蕴含了逻辑和修辞的方式。外语学科蕴含着西方逻辑学和修辞学延伸出的论辩知识。很长一段时期里，国内的外语课程承袭了苏联将技能进行划分的传统，一味强调了知识的分项、元素，一定程度上忽略了各分项和元素间纷繁复杂的关系。这不仅没有凸显知识的多样性，而且也没有关注对综合知识的建构和再生产。从学科视角看（如果学科定位是清晰的），外语课程知识强调能够用数量和技能程度差异来衡量的外在显性知识水平，如单词、句型、文化知识点、听力和写作能力等。空间意义上的多样性通常反映现实的差异和序列性，并能够反映客体的影响，即学科和所处社会架构的影响。这种意义上的空间多样性却没能在外语课程知识中得到较好的体现。它没有反映主体的现实差异，比如信息的、阅图的 00 后一代与阅读纸质文字书一代的差别；没有反映后现代社会的知识架构和生产模式；更没有反映跨学科语境和应用语境下外语课程知识的越界和管理。外语教育在中国大约有 150 年的历史，课程知识在这 150 年里历经不同时代、政策和文化思潮的洗礼，在时间的绵延中调试、扬弃、整合和完善自身。由于时间是连续的，我们只能借助空间才能将它的演变发展过程加以划分。因为时间的多样性是拟真的现实，它的过去和现在是一致的，继承和发展传统的课程知识必须以当下为中心才能使其现实化。换言之，为外语课程知识定位必须立足现实社会，立足现实人群，立足现实技术，方能完成和彰显其多样性。

2. 外语课程知识的传递与生产分析

外语课程强调叙事性知识的传递。叙事自身接纳了多种多样的语言游戏：指示性陈述、道义性陈述、疑问性陈述和评价性陈述等。外语技能性质的课程内容携带着大量的陈述。这些陈述的记忆和习得还包含了操练、应用和举一反三的能力。它也许是规定性陈述，也许是评价性陈述或者认知性陈述。这些能力在叙事的紧密组织中相互结合，形成有序的排列，即外语课程中既有规定性的语法知识和话语建构模式，也包含了习得者的认知方式和评价过程。各种陈述和能力相互交织，互不排斥，在外语课程中促成主体的知识建构。

为了保证叙事的传递，外语课程知识的叙述往往要遵守规则，就是叙事语用学。叙事是转述的，而且历来是转述的。这种叙事的能力在于转换和接力。因此，叙述传递的知识不仅仅涉及陈述，还要确定陈述的内容、倾听和接受的内容以及习得者行动的内容。教授者确定了陈述的内容，知识才能被习得者听见；习得者确定倾听的内容，才能获得主动权，知识的再陈述和再生产才会成为可能；确定教与学的操作内容，教师和习得者就能成为叙事的对象，成为叙事过程的一部分，成为知识的主体。这三个环节中，外语课程更多地关注了第一个确定，即从教授者出发确定了语言点、语法、文化背景等内容。因此，这种确定并非出于对习得者“听见”的考虑。

四、外语专业课程知识的多样性路径分析

1. 外语专业课程知识在合法化过程中建构多样性

当知识社会来临时，“知识不是简单地自我生产，而是在社会和文化的环境中产生的；它是一个与社会相关联的体系，是文化本身的理解与交融”（德兰迪，2010：22）。知识的生产必须有契合的文化形式和制度结构做支撑，没有后两者做环境，知识的生产也不可能取得合法性。因而，一方面，外语课程需要系统地表达社会的需要；另一方面，它需要顺应学生身心发展的基本规律。外语专业课程的社会要求和目标是外语课程建设和发展过程中重塑知识观的前提。知识和技能与外语课程的关系是源与流的关系，人类所积累的极其丰富的语言知识和技能是外语课程的重要源泉。同时，外语课程所提供的知识和技能是学生外语学习的载体和条件。外语课程所提供的知识技能必须是一个结构系统。传统的观点认为，外语课程所关涉的是语言知识技能。然而，外语课程知识技能不仅涵盖语言知识技能，也涵盖主题知识。知识不再被视为凝固起来的供人掌握和存储的东西，这样就合理地承认了知识的不确定性，即在合法化过程中知识的越界、自身嬗变和习得者的应用与创新。

思辨精神是外语课程知识合法化的路径，尽管叙事知识有其不可替代的功能，思辨精神却是唯一推动知识语境化、知识自省化的动力。通过思辨精神，外语课程知识才能在自身找到合法性，而不依赖于科学的需要。思辨是思考时不使用经验材料的纯概念推导，聚焦于抽象思维，是整个逻辑思维过程中接近完成的阶段。同时它和理性密不可分，因为知识来源并不依赖于感官经验，只有理性才能提供具有普遍性和必然性的可靠知识。思辨精神最初来源于西方哲学的萌芽，一是对普通人习以为常的事情感到“诧异”（即好奇心），从而发现问题；二是拥有闲暇，从而有时间和精力来进行思辨活动。拥有这两个条件，并不断实践，久而久之便形成静观和思辨的性格。思辨精神是思辨活动的原动力，也是思辨活动的结果。在长期思辨精神的推动下，思辨能力得到提高

和巩固。外语专业课程不仅要让学生获得用于交换的生存知识，更应该给学生的知识合法化提供“诧异”和“闲暇”的机会，提供展现逻辑思维全过程的机会。大学要履行的伟大职责是“展现全部知识，既展开原理，也展现基础”，因为“没有思辨精神，就不存在科学创造力”，在这里，思辨是关于科学话语合法化的话语所具有的名称（利奥塔尔，2011：120）。如果与大学的发展动力和当代知识发展动力不相匹配，外语专业是无法在大学生存的。外语专业课程的知识不再是关于称谓（语法、社会、目的语国家等）的实证知识，而成为关于这些知识的知识，即成为思辨的知识。

外语课程长期以来被界定为集中了记忆和操练的课程，学习者缺乏思辨精神，思辨力更是低下。文秋芳等（2010）发现英语专业学生与其他人文学科学生相比并非与生俱来的思辨力低下，而是到高年级逐渐下降的。后来文秋芳等（2018）发现不同教育环境对学生思辨能力发展起到的促进作用有所不同。但目前为止，如何能够从实践意义上予以改善和提高，学界尚未有较为可行、具有成效的改革思路。本研究从课程知识合法化的视角出发，认为外语专业课程唯有通过抓住社会认知、创新培养、逻辑与思辨等知识合法化路径，达成知识多样化，才能让学科获得牢固确立地位和发展的机会。思辨的发展通常经历逻辑阶段、自然阶段和精神阶段，外语专业课程应以逻辑培养为起点，让思辨能够在课程教学中生成；进行以知识创新及再生产为目标的课程规划，让思辨发展；最终，让思辨精神渗入课程体系，渗入学习者的生活学习，解释心灵思考，回归思辨的本源。

2. 外语专业课程知识在价值化过程中建构多样性

在知识的两个主要功能——研究和传递受到科技手段的影响后，知识只有被转译为信息量才能进入新的渠道，成为可操作的对象。不论现在还是将来，知识的生产者和使用者都必须具备把他们试图发明或试图学习的东西转译到这些语言中去的手段（利奥塔尔，2011：13）。出于知识的转译需求，外语专业课程在一定程度上承担了知识外在化的工作。外语课程中要区分知识的供应者和使用者与知识的关系，即不同的价值形式。例如，翻译产生的知识是为了出售而被生产，然后为了在新的生产中增值而被消费。也就是说，知识的根本性在于交换的目的。大学外语课程的知识不再以自身为目的，它失去了自己的“使用价值”，成为“用于支付的知识”和“用于投资的知识”，即一方面是为了生存而用于交换的知识，另一方面是为了优化社会性能而用于信贷的知识。然而现状却是外语专业的纯技能课程比重过大，且一直无法摆脱记忆和重复操练的单一技能培养范畴。课程体系中的知识课程缺乏宏大思想统领，无本无源。这样，外语专业课程中虽然“用于支付的知识”成为焦点，但实际支付能力却不强。它忽略了“用于投资的知识”，错失了未来。外语专业的学科发展必须优先考虑建构一个课程知识价值化体系，包括课程知识价值定位、课程知识价值形态演变和课程知识价值化路径等。

3. 外语专业课程知识在释放“想象力”过程中建构多样性

“想象力”是将分散的东西连接为整体的能力，即整合能力（利奥塔尔，2011：179）。在能力相等的情况下，在知识的生产中（不是在知识的获取中），性能的增加最终取决于这种“想象力”。当社会还处在信息不全的阶段时，优势属于那个可以获得补充信息的人。外语专业课程的目标似乎就是针对这一社会特征的。但是当信息终端越来越丰富和易于获得，外语专业课程知识的传递效应便大大降低了。外语专业应该培养当下社会系统所需要的能力：首先知识的传递不应该限于传递信息，而应该包括学习所有的程序，这些程序可以改善那种连接不同领域的能力；其次，外语专业课程并不局限于知识的传递，即不局限于职业能力的选择和复制，而是强调知识的研究和再生产，致力于“想象”精神的提升和“冲动”。

外语专业的职业技能垄断已被打破，随着英语学习的普遍化和高水平化，小语种的增设遍地开花，外语技能并非一家独有。虽然机器翻译和机辅翻译系统尚未成熟，但正在逐渐发展并被应用。知识信息的单纯占有成为外语专业发展的绊脚石。外语专业课程只有转向信息接受能力和整合能力，把知识研究和再生产放在课程知识的首位，才能让知识的传递和研究融合发展，扭转与社会系统需求不符的现状。外语专业课程需要规划一个逐步释放“想象力”的知识体系，需要打破传统的技能课程和知识课程分野，恢复外语专业的人文学科属性，逐步增强其科学属性，引入大数据分析、仿真手段、机器实验等，在人工智能、数据挖掘、医疗领域找到自己的一席之地。未来外语专业必然循序渐进地增加知识研究范畴的课程，跨学科的范畴将远远超出我们的想象。戴炜栋、胡壮麟（2020）指出外语教学除了调动和培养“语言智能”外，还应融合培养其他智能：逻辑智能、空间智能、音乐智能、人际智能、内省智能等。以多元化智能为目标突破传统人才培养格局，在面对实际问题时，应对能力将会大大提升，从而摆脱知识边缘化、无用化的尴尬境地。

五、结语

要定位外语专业，只能从其课程设置着手，从课程知识出发，而界定的依据便是社会发展新时期知识的内涵演变和社会需求。本研究从时间、空间概念和新知识生产模式分析了外语专业课程知识的多样性，并从知识合法化、知识价值化和释放“想象力”三个方面探讨了外语专业课程知识多样化的路径，提出外语专业课程紧密围绕科学训练、思辨精神和整合能力来确立和发展课程知识多样性，希望能够对外语专业课程体系的思考有所裨益。

参考文献

[1] Deleuze, G. *Bergsonism* [M]. trans. Hugh Tomlinson and Barbara Habberjam. New York: Zone Books, 1988.

[2] Gibbons, M., et al. *The New Production of Knowledge: The Dynamics of Science and Research in Contemporary Societies* [M]. London: Sage, 1994.

[3] Nowotny, H., et al. *Rethinking Science: Knowledge and the Public Age of Uncertainty* [M]. Cambridge: Polity Press, 2001.

[4] 戴炜栋，胡壮麟等. 新文科背景下的语言学跨学科发展 [J]. 外语界，2020（4）：2－9，27.

[5] 吉尔·德勒兹著. 康德与柏格森解读 [M]. 张宇凌，关群德译. 北京：社会科学文献出版社，2002.

[6] 杰勒德·德兰迪著. 知识社会中的大学 [M]. 黄建如译. 北京：北京大学出版社，2010.

[7] 麦永雄. 德勒兹差异哲学与后马克思主义文化观念举隅 [J]. 江南大学学报（人文社会科学版），2013（5）：50-56.

[8] 让·弗朗索瓦·利奥塔尔著. 后现代状态 [M]. 车槿山译. 南京：南京大学出版社，2011.

[9] 文秋芳等. 中国英语专业与其他文科类大学生思辨能力的对比研究 [J]. 外语教学与研究，2010（5）：350-355.

[10] 文秋芳等. 外语专业大学生思辨技能发展趋势跟踪研究 [J]. 外语界，2018（6）：12-19.

新时代背景下理工类院校大学英语“金课”建设*

于涵静　戴炜栋

提要： 教育部提出建设具有高阶性、创新性和挑战度的“金课”。作为大学课程的重要组成部分，理工类院校大学英语金课建设必须对接新时代国家发展需求，服务于国家、社会和学科发展。本文基于理工类院校大学英语课程现状及困惑，对新时代理工类院校大学英语金课建设提出了思考和建议。

关键词： 新时代；理工类院校大学英语；“金课”建设

作者简介： 于涵静，大连理工大学副教授，博士，硕士生导师；
戴炜栋，上海外国语大学教授，博士生导师。

一、引言

2020年，中共中央、国务院印发了《深化新时代教育评价改革总体方案》，在“改革教师评价，推进践行教书育人使命”中明确指出要突出教育教学实绩。2018年教育部印发了《关于狠抓新时代全国高等学校本科教育工作会议精神落实的通知》，提出淘汰“水课”，打造“金课”。2018年8月，中办和国办联合下发了《关于以习近平新时代中国特色社会主义思想统领教育工作的指导意见》明确提出要发展新工科、新医科、新农科、新文科。吴岩（2018）也提出金课建设要在文、理、工、农、医类全面精准发力，特别是要在“新工科、新医科、新农科、新文科”建设中率先发力。理工类院校大学英语课程建设一直以来是高校外语界学者们所关注的重要问题。不同于外语类院校，理工类院校因其自身建校特色和人才培养目标的差异性，决定了大学英语教学具有校本特色，即学科专业多样、学生水平多级、专业需求多元、学生自身需求多样。王守仁、王海啸（2019）指出如何提高大学外语教学质量，特别是如何把大学外语课程建设成大学生真心喜爱、终身受益的优质课程，是大学外语教师面临的重要课题。此外，线上教学已被推到了教学前线，如何以学生发展为中心，以线上形式重新组织教学，是各大高校教师面临的一个重大课题（郭英剑，2020）。因此，理工类院校建设具有校本特色的大学英语金课势在必行。

二、理工类院校大学英语课程现状及困惑

Stern等（1983：19）提出语言教学由六大基本要素所构成，分别是教师、大纲、课

程、教材、教学方法和反馈（教学测试和评估）。其中，课程是教育过程的基础，也是教育改革的关键（高宁、张梦，2018），因为课程承载了最根本的问题即人才培养，这也是教育、学校职责之所在。

1. 现状

语言课程建设包含课程设计、课程内容整合、课程内容实施以及对课程项目评估四维度（Richards，2001：2）。大学外语不仅是一门课程，更是一个课程体系（王守仁、王海啸，2019）。课程体系由教学目标、学科知识和学生学习能力的发展组成。教育部高等学校大学外语教学指导委员会（以下简称"教指委"）提出构建大学外语课程体系，具体包含课程内容设计、课程内容执行和课程效果评估三方面。

按照《大学英语教学指南》（2020），理工类院校大学英语课程体系涵盖通用英语、专门用途英语和跨文化交际。通用英语课程夯实语言基础，旨在培养学生英语听、说、读、写、译能力；专门用途英语课程凸显大学英语的工具性特征，旨在提高学生的语言运用能力，即学生具备使用英语进行学术交流、从事专业工作的能力；跨文化交际课程则体现大学英语的人文性特征，旨在培养学生的跨文化意识，提高学生语言能力和跨文化交际能力。通过调查，笔者发现全国多所理工类院校大学英语课程实行了分级教学模式，如清华大学、中国科学技术大学、哈尔滨工业大学、大连理工大学等。其中，以大连理工大学为例，该校一流大学建设方案（2017）提出大学英语课程实行一级、二级、三级和四级分级教学模式。大学一年级新生入学后参加英语分级考试，根据成绩选择不同级别课程。一级、二级旨在巩固并提高学生英语听、说、读能力，夯实语言基本功，具体开设视听说和阅读课程；三级、四级旨在培养学生人文素养、加强语言实践能力，使学生能够充分利用"英语"这一工具汲取专业前沿发展动态或更好的服务未来发展需求，提升国际竞争力，具体开设通识课（中国文化传统文化、欧美社会历史文化等），以及演讲和写作等课程。不同于大连理工大学，北京科技大学则采用动态分级机制，学生根据每学期期末考试成绩升级或降级（张敬源，2017）。

笔者选取 10 名东北某理工类院校非英语专业的大一、大二学生进行半结构式访谈，考查学生对英语分级教学模式的态度（积极和消极）。8 名学生表示分级教学具有针对性，授课内容更具有效性。结合分级考试成绩和英语学习需求、兴趣，他们选择不同等级的英语课程，有针对性地提高外语水平，提升人文素养，拓展国际化视野。此外，这种分级教学模式一定程度上避免了课上语言知识"炒冷饭"现象，切实提高了大学英语课程的有效性。

2. 问题

上述大学英语分级教学模式取得了一定的成效，但也存在如下问题。

（1）课程建设的培养目标有待明确

虽然理工类院校自身专业特色较明确，但大学英语课程体系建设目标性尚有不足，未能有效地体现其校本特色和人才培养目标、对接新时代国家发展人才培养需求。其次，课程建设缺乏体系性和科学性，不同级别的英语课程衔接存在问题，未能切实提高学生的语言应用能力，教学效果差强人意。访谈中，学生 A 表示："一级二级多为基础性课程，三级四级多为欧美文化课程，不同级别课程内容的承接稍显突兀，对于缺乏欧美文化背景知识的学生而言，学习三级和四级课程有些吃力。”学生 B 表示：“四级课程难度较大，需要更多的时间进行英语学习。此外，英语学习与专业课学习有所冲突，为完成专业课作业，有时不得不放弃英语的学习，导致逐渐对英语学习产生了抵触心理。”因而，有学生提出希望学校能更多地开设一些有助于提高其英语应用能力的课程，如提高口语交际能力和写作能力等。

(2) 教学实践的有效性和创新性有待提升

教学有效性（teaching effectiveness）指教师能够有效地帮助学生学习，从而推动其不断进步（Dunne & Wragg，2005；Devlin & Samarawickrema，2010），提升学生的“学习使命感”（Shernoff，2013：31）。传统大学英语教学存在低效教学、被动学习的现象。由于教学目标不明确，教师机械地向学生灌输知识，未能实现“以学生发展为中心”。此外，教学内容重考试，缺乏对学生实际语言应用能力的培养，学生机械地上课、完成作业，“缺乏生动、真实、持续、全面学习英语的热情，也缺少了对英语学习的动机”（黄国君、夏纪梅，2013）。再次，采取分级教学模式之后，大学英语课时量被大幅度削减，学生每学期只须选择一门公共英语课程，即 32 学时。例如，华中科技大学 2009 年本科生培养方案中大学英语课程总学分为 14 学分，2019 年大学英语课程总学分削减至 7 学分。大连理工大学也将大学英语课程总学分由 12 学分削减至 10 学分。教指委在 2009—2010 年对全国 530 所高校大学英语教学进行考察，发现有越来越多的学校在逐步减少大学英语必修课的学分，而且这种倾向在层次越高的学校越明显（王守仁、王海啸，2011）。高层次高校大学英语学分设置较少，一方面因为生源英语水平可能较高，另一方面更注重通过非常规课程手段提高学生的英语应用能力（王海啸，2018）。然而是否大部分高校都已建构较为完整的线上教学体系，能够满足学生英语学习的实际需求、培养自主学习能力均有待于进一步考证。笔者通过对学生的访谈了解到，部分大一学生为了获得高绩点，有意选择低一级英语课程，一定程度上降低了分级教学的有效性。提升教育质量的变革最终要落实到实际课堂教学之中（任庆梅，2018），未来如何逐步实现由“以教师为中心”向“以学生发展为中心”转变，以学生为主体鼓励和引导其主动参与课堂教学的知识建构活动，同时借助线上教学手段，打造金课，提升教学有效性和创新性还需更多研究进行论证。

(3) 教师发展的多样性和自主性有待强化

教学的有效性来自教师的“实践性知识”（Freeman，2016），这种实践性知识是教师对理论知识的不断探索和长期的实践所获得的。对于外语教师而言，实践性知识是外语教学生产力的基础。迄今为止，与外语学习有关的大量理论研究成果并未转化为实际的外语课堂生产力，很多一线教师仍然处于盲人摸象的阶段（邹为诚，2019）。大学英语教师除承载着为社会源源不断地输出人才之外，还担负着专业领域内的科研工作，其工作的复杂性决定了教师发展的多样性。然而，作为高校中的特殊群体教师，大学英语教师因教授具有公共基础课性质的大学英语课程而未能获得高校管理层应有的重视（蒋晓艳，2019），因而造成大学英语教师队伍的性别、职称、学历结构不平衡（王守仁、王海啸，2011），他们在发表论文、申报课题等方面遇到困难，这种低成就感让越来越多的高校英语教师出现了职业倦态现象（范琳、杨杰瑛，2015），继而在现行考评机制下被逐渐边缘化（王守仁，2016），导致部分教师缺乏主动性、积极性和奉献精神，不利于自身发展。此外，在“互联网+”时代，部分高校教师的自我危机意识有所欠缺，学习、掌握最新教学技术手段有所滞后，这在一定程度会影响理工类大学英语金课建设的顺利进行，进而阻碍教育改革的成效。因此，如何推进教师发展，优化教师生存空间，有效地促进教学工作和科研工作平衡发展，鼓励教师进行自主学习，掌握先进的技术手段，推动教学改革及金课建设值得深思。

（4）课程评估的系统性和全面性有待提高

建构课程评估体系对于确保课程质量、提升人才培养效果具有重要性。评估不是课程设计的最终产物，而应贯穿于制定教学计划的全部过程（Nunan，1988：123）。因此，课程评估的持续性和系统性对于促进课程建设和保证课程质量具有重要作用（Nation & Macalister，2010）。课程评估包含对教师课程开发实施、对学生课业以及对英语校本课程的评价，这种三位一体的评价方式可以有效地推动课程建设和长期发展（冯瑗、陈坚林，2016）。

大学英语课程受众面广，全国各地区学生水平、教学资源以及师资资源存在一定的差异。目前大学英语课程评估体系缺乏科学性，或盲目照搬国外课程评估理论进行思辨研究，仅有少数实证研究提出了有效的课程评价标准。其次，大学英语课程评估体系缺乏全面性，未能结合新时代理工类院校具体人才培养目标和实际教学需求。有些院校依赖于全国统一考试（如四、六级），没有制定校本测试或形成性测试，无法为学生提供个性化的反馈（金艳、何莲珍，2015）。因此，如何有机结合教师和学生在课程评估中的作用，建立一套科学性、学科化的理工类院校大学英语课程评估体系，是未来需要思考的重要问题。

（5）课堂研究的过程性和长期性有待加强

大学英语课程旨在培养具有国际视野的复合型人才，提升学生的语言实际应用能力。实现这一目标的主要途径是通过课堂教学。随着大学英语教学改革的不断深化，越来越多的研究者投身于大学英语课堂教学的研究中，旨在为提高教学效果、实现教学目标而提供相应的理论和实践支撑。朱文宣（2019）利用 CiteSpace 对近十年大学英语教学研究进行可视化分析，结果表明大学英语教学研究有如下特点：一是重点聚焦宏观改革和模式建构，忽视考察具体的教学过程或结果；二是实证研究数量较少，且多为“静态”研究关注课程结果，忽视教学过程及学生的个体差异。这种以结果为导向的研究无法有效揭示英语教学过程中出现的变异性以及学生存在的差异性。课程结果取决于过程，忽视教学过程及过程中所存在的问题，不利于深化教师对其教学实践的认识和理解。此外，研究方法缺乏多样性和交叉性，未能有机结合量化研究和质化研究。

三、打造理工类院校大学英语金课的思考

面对大学英语教学改革新要求，笔者对未来打造理工类院校大学英语金课提出一点思考和建议。

1. 明确定位人才培养目标，打造具有校本特色的理工类院校金课

《教育规划纲要》《教育部关于全面提高高等教育质量的若干意见》和《国务院关于印发统筹推进世界一流大学和一流学科建设总体方案的通知》先后提出高校应该培养具有综合素质、创造能力和国际视野的人才。此外，《外国语言文学类教学质量国家标准》和《大学英语教学指南》提出了新时期培养复合型外语人才。从以上文件可以看出，新时期，我国外语教育重点在于人才培养，即培养国际化、复合型外语人才。外语教育一直与国家战略密切融合，服务于国家经济文化外事外交等发展需求。无论是外语学科布局、语种分布，还是人才培养、科学研究，以及社会服务、国际合作等，均对接国家战略，呈现动态发展趋势（戴炜栋，2019a）。《教学指南》也明确指出，高校开设大学英语课程，一方面是满足国家战略需求，为国家改革开放和社会经济发展服务；另一方面是满足学生专业学习、国际交流、继续深造、工作就业等方面的需要。理工类院校旨在培养具有复合型知识结构的高级人才，不仅精通本学科专业知识和相关理论，还应了解其他相关专业学科，即自然科学和人文社会科学相融通。因此，理工类院校大学英语金课建设应结合其建校自身特色和本校一流人才培养目标，充分分析理工科学生英语学习需求和未来发展方向，注重创新性和实用性培养特色。学生通过学习和使用英语，可以直接了解国外前沿的科技进展、管理经验和思想理念，学习和了解世界优秀的文化和文明，同时也有助于增强国际语言实力，传播中华文化，促进与各国人民的广泛交往，提升国家软实力（王守仁，2016）。

2. 提升教学实践的有效性和创新性

为提升教学实践的有效性和创新性，理工科院校的外语教师要明晰教学目标，在备课和讲课的过程中投入时间、精力、情感，充分利用好课堂教学主阵地，努力营造良好课堂教学氛围，获得学生信任。打造多样化、立体化，兼具工具性和人文性的理工类院校大学英语金课。

其次，信息化时代，师生角色发生了变化，教师从信息和知识的提供者转变为帮助学生理解知识、利用技术进行创新的促进者。教育部《2014 年教育信息化工作要点》强调要“有效促进信息技术与教育教学深度融合”，2016 年 6 月发布的《教育信息化“十三五”规划》也明确提出“要依托信息技术营造信息化教学环境，促进教学理念、教学模式和教学内容改革”。“互联网+”教育的深度融合将成为一种不可逆转的新的外语教学常态（陈坚林、王静，2016）。因此，探究如何在互联网大时代背景下升级传统大学英语课程体系、最大程度发挥教师对学生自主学习的促进作用，有效开展大学英语教学已成为我们面前的突出问题。此外，线上线下混合式教学如火如荼地进行着，这是大学英语金课建设所面临的挑战，同时也是巨大的发展契机。理工类院校外语教师应以现代网络技术为支撑，开辟“智能+教育”的新途径，依托线上教学平台（如 MOOC、SPOC 等），借助金课建设的热浪，以此次疫

情为契机，转换教学理念，升级教学模式，实现以学生发展为中心，建构线上课程（云课程）或线上线下校本化混合式教学模式，打造符合理工类院校学生特点和人才培养目标的大学英语金课。在信息技术与教育教学深度融合上有所作为，拓展教学发展的新空间（王守仁，2018），提升学生语言交际能力、应用能力和自主学习能力，使学生能够充分利用“英语”这一工具汲取专业前沿发展动态或更好的服务工作需求，提升国际竞争力。已有研究者构建了混合式教学流程或结构（杨芳、魏兴、张文霞，2017；赵嵬、姚海莹，2013），也有少数研究者将混合式教学模式应用于实际教学中，教学效果良好，且对学生的学习动机也产生积极的影响（Thai et al.，2017）。同时，还应注重思政内容与大英金课课程的融合，在大英课程中渗透思政教育，揣摩大学生需求和心理特征，巧妙地将思政内容贯穿于英语教育课程中，达到思政教育内化于心、外化于行（何明霞，2019）。

除此之外，理工类院校大学英语金课可开设一些特色课程，将外语学科，尤其是具有传统优势的学科方向如外国语言学、外国文学、翻译学等与理工类院校学科优势相结合，实现跨学科的合作与发展。如将语言学与计算机课程（如计算机网络、数据结构预算法等）、与医药学课程（如医学语言学、临床语言学、神经语言学等）有机结合，实现理工类院校大学英语课程的跨学科性，推动传统学科与理工类院校优势学科共同发展。与此同时，理工类院校所拥有一流的自然科学学科可以为语言学等传统优势学科提供强大的学科支撑和发展平台（胡开宝、王琴，2019）。

同时，需要指出的是人工智能不能取代人脑，技术归根结底服务于人才培养需求，服务于师生互动交流，服务于教学质量保障，不必为技术而技术（戴炜栋，2019b）。

3. 加强教师发展的多样性和自主性

打造新时代理工类院校大学英语金课，理工类院校应站在我国高等教育人才培养的高度重新认识大学英语教学的重要作用，重新正视大学英语教师的重要性。《教育规划纲要》指出，高校要“适应国家经济社会对外开放的要求，培养大批具有国际视野、通晓国际规则，能够参与国际事务与国际竞争的国际化人才”，大学英语教师是培养国际化人才的重要力量，英语教师的素质、水平、能力和工作状态是影响教学质量以及国家国际化人才培养的关键因素。语言教师研究教师的个人经历、所处环境、教育课程和专业发展项目等对教师的认知与实践及学习发展产生影响（Johnson & Golombek，2011；Roger & Burns，2012）。因此，理工类院校的管理者应提升大学英语教师队伍建设，采用培训、访学和学术交流等方式提高教师的业务能力、教学能力和信息技术能力，未来的教学资源和教学方法势必会受到信息技术革命的影响，也在一定程度上改变学生的学习理念和思维方式（王海啸，2019）。其次，深化教师对于测评的认识和执行能力，能够有效地检测教学质量，切实提高学生的学习质量。再次，提升教师科研创新能力以研促教、研教融合，建设高素质的高校教师队伍。鼓励理工类院校外语教师积极进行科研发表，分享大学外语教学与研究成果，切实将教学与科研有机结合，有力推动理工类院校大学外语金课建设的发展。但同时需要指出的是，我国大学外语教学科研成果现有的发表园地较少，仅有《大学外语教学研究》集刊一本，这是制约教师发展的显著不利因素（王守仁、王海啸，2019）。今后需创办更多的大学外语教学科研成果发表园地，展示高校大学外语研究前瞻性、实践性的成果，不断推动大学外语教学改革的发展，促进金课建设，推动外语学科的不断发展。

此外，不断优化大学英语教师生存环境，尤其关注青年教师成长，为其提供适当的自由发展空间，有更多机会接触教育及学术发展前沿。同时鼓励教师走出“舒适区”，增强危机感和紧迫感，促使教师进行自主学习，掌握新技术，不断提升其业务水平和教学水平。同时，形成以老带新、新老互助的可持续发展金课建设模式，推动理工类大学英语金课稳步发展。

4. 建立大学英语金课评估体系

金课建设要落实到具体观测点上，形成可量化、可检测、可评价的“硬杠杠”和“硬指标”（吴岩，2018）。因此，需建立系统的、适合中国国情的金课评估体系，设立理工类院校大学英语金课建设和评估的具体细则和标准，有效地引导理工类院校和大学英语教师更为规范地进行大学英语金课建设。应有机融合终结性评估体系和形成性评估体系。鉴于目前终结性评估体系在外语教学中所占的主导地位，理工类院校可优化语言学和语言教学的相关研究成果，利用测试如实地体现出教学效果和学生语言应用能力。将语言测试研究的结果更好地应用于语言教学，切实发挥语言测试的功能（杨惠中，2011：39）。

同时，金课建设和评估体系也可有力地监督和评估各理工类院校金课建设的质量，各高校应对所开设的金课，尤其是新开设的课程进行定期检查评估，如存在问题，可提供相应的改进建议，并定期进行回访以确定该课程是否符合标准，切实发挥评估体系的促学作用（王蓓蕾、汪洁，2014），促进理工类院校大学英语金课建设，推动我国高校外语金课建设的可持续发展。

此外，2018 年新一届教育部高等学校教指委成立，与此同时，中国高校外语学科发展联盟在上海外国语大学成立，相信未来在新一届教指委的指导下，在中国高校外语学科发展联盟的推动下，理工类院校大学英语教育实现内涵式发展，金课建设蓄势待发。

5. 深化课程研究的过程性和长期性

未来的大学英语教学研究应重视课堂教学研究，以学生发展为中心，考查学生在学习过程中的实际需求和特质，进行大量的、规范的实证研究，深入分析大学英语课堂教学。鉴于目前理工类院校大学英语课程研究所存在的局限性，未来研究应具有过程性和长期性，即“动态”考察英语课堂的发展情况，聚焦学生的个体差异。此外，有机结合二语习得相关研究理论，深度探究对理工类院校大学英语课程有效性和创新性的影响因素。例如复杂动态系统理论（Complex Dynamic System Theory，CDST），该理论以动态视角追踪复杂系统发展过程中呈现的变异性，以及不同影响因素之间的动态互动模式。将该理论与大学英语课堂研究相结合，利用变异性分析方法使大学英语课堂的动态发展模式可视化，聚焦发展过程中出现的不同程度的变异性，探究影响因素，深化教师对课程发展的认识和理解，优化大学英语教学方法，提出切实可行的理工类院校大学英语金课建设方法和建议，不断推进大学英语课程建设可持续发展，进而推动理工类院校大学英语金课建设，培养更多具有国际化视野的高水平一流人才。

四、结语

新中国成立70多年以来，教育部一直非常重视我国大学英语教学工作，尤其是大学英语课程体系建设。建设中国“金课”，没有旁观者，都是建设者（吴岩，2018）。新时代我们广大外语教师更要积极对接和服务国家发展战略，打造更多的、优质的、让学生满意的大学英语金课，为建设金课、金专，以及一流的大学和学科，为培养更多的复合型外语人才做出更大的贡献。

注 释

* 本文系教育部人文社会科学研究青年基金项目“中国学习者英语口语复杂性、准确性和流利性动态发展模式及影响因素研究”（20YJC740085）和省社科联2023年度辽宁省经济社会发展研究课题（2023lslhzqn－09）的阶段性成果。

参考文献

[1] Devlin, M. & Samarawickrema, G. The criteria of effective teaching in a changing higher education context [J]. *Higher Education Research and Development*, 2010 (2): 111－124.

[2] Dunne, R. & Wragg, T. *Effective Teaching* [M]. New York: Routledge, 2005.

[3] Freeman, D. *Educating Second Language Teachers: The Same Things Done Differently* [M]. Oxford: Oxford University Press, 2016.

[4] Johnson, K. E. & P. R. Golombek. *Research on Second Language Teacher Education* [M]. New York: Rouledge, 2011.

[5] Nation, I. S. P. & J. Macalister. *Language Curriculum Design* [M]. New York & London: Routledge/Taylor & Francis, 2010.

[6] Nunan, D. *The Learner-Centered Curriculum* [M]. Cambridge: Cambridge University Press, 1988.

[7] Richards, J. C. *Curriculum Development in Language Teaching* [M]. Stuttgart: Ernst Klett Sprachen, 2001.

[8] Roger, B. & A. Burns. *Researching Language Teacher Cognition and Practice: International Case Studies* [M]. Bristol, UK: Multilingual Matters, 2012.

[9] Shernoff, D. *Optimal Learning Environments to Promote Student Engagement* [M]. New York: Springer, 2013.

[10] Stern, Hans Heinrich, et al. *Fundamental Concepts of Language Teaching: Historical and Interdisciplinary Perspectives on Applied Linguistic Research* [M]. Oxford: Oxford University Press, 1983.

[11] Thai, N. T. T., De, W. B. & Valcke, M. The impact of a flipped classroom design on learning performance in higher education: Looking for the best “blend” of lectures and guiding question with feedback [J]. *Computer & Education*, 2017 (107): 113－126.

[12] 陈坚林，王静. 外语教育信息化进程中的常态变化与发展——基于信息可视化研究 [J]. 外语电化教学，2016 (2): 3－9.

[13] 戴炜栋. 服务国家战略，培养高端人才，推动外语教育发展 [A]. 民族复兴的强音——中国外语教育70年 [C]. 北京：外语教学与研究出版社，2019a: 8－12, 90.

[14] 戴炜栋. 新时代我国外语专业如何实现可持续发展 [N]. 社会科学报，2019b, 01.17.

[15] 范琳，杨杰瑛. 高校英语教师职业怠倦及应对策略探究——基于教师专业发展的视角［J］. 外语教学，2015（3）：44－49.

[16] 冯瑗，陈坚林. 我国高校大学英语课程校本化现状与影响因素探析［J］. 外语电化教学，2016（1）：17－23.

[17] 高宁，张梦. 对“课程思政”建设若干理论问题的“课程论”分析［J］. 中国大学教学，2018（10）：59－63.

[18] 郭英剑. 如果大规模停课事件发生在美国［N］. 中国科学报，2020－02－25（007）.

[19] 何明霞. 思想政治教育与英语教育的融合［J］. 中国高等教育，2019（23）：58－59.

[20] 胡开宝，王琴. 外语学科核心竞争力要素及其构建研究［J］. 中国外语，2019（4）：4－11.

[21] 黄国君，夏纪梅. 大学英语课堂危机引发的思考及对策研究［J］. 外语教学理论与实践，2013（3）：17－20，75，94.

[22] 蒋晓艳. 我国大学英语教师工作倦怠研究述评与启示［J］. 外语界，2019（3）：76－84.

[23] 金艳. 大学英语课程评价体系的构建［J］. 山东外语教学，2013（5）：56－62.

[24] 金艳，何莲珍. 构建大学英语课程综合评价与多样化测试体系：依据与思路［J］. 中国外语，2015（3）：4－13.

[25] 任庆梅. 大学英语有效课堂环境构建及评价的影响机制［J］. 外语教学与研究，2018（5）：703－714，800.

[26] 王蓓蕾，汪洁. 华东高校本科英语教学评估现状探析［J］. 山东外语教学，2014（6）：8－14.

[27] 王海啸. 具有校本特色的大学英语教学方案探析——以9所高校为例［J］. 外语界，2018（6）：36－43.

[28] 王海啸. “双一流”建设大学英语不可或缺［J］. 中国大学教学，2019（10）：12－18.

[29] 王守仁. 《大学英语教学指南》要点解读［J］. 外语界，2016（3）：2－10.

[30] 王守仁. 关于高校外语教师发展的若干思考［J］. 外语界，2018（4）：13－17.

[31] 王守仁，王海啸. 我国高校大学英语教学现状调查及大学英语教学改革与发展方向［J］. 中国外语，2011（5）：4－11，17.

[32] 王守仁，王海啸. 守正出新，推动大学外语教学内涵式发展［J］. 外语界，2019（2）：7－13.

[33] 吴岩. 建设中国金课［J］. 中国大学教学，2018（12）：4－9.

[34] 杨芳，魏兴，张文霞. 大学英语混合式教学模式探析［J］. 外语电化教学，2017（1）：21－28.

[35] 杨惠中. 我国语言测试学科的发展方向［J］. 外语测试与教学，2011（1）：35－41.

[36] 张敬源. 服务学校　做好支撑——北京科技大学大学英语教学方案［J］. 大学外语教学研究，2017（3）：63－89.

[37] 赵嵬，姚海莹. 混合式学习环境下教师教学行为的建构［J］. 内蒙古师范大学学报（教育科学版），2013（2）：64－66.

[38] 朱文宣. 大学英语研究的应然性转变——基于近十年国内外英语教学研究的比较分析［J］. 外语电化教学，2019（6）：46－52.

[39] 邹为诚. 把握外语教学的发展方向，提升外语教师的教学实践能力［J］. 中国外语，2019（6）：1，10－11.

基于语料库的英语专业教材思政内容分析
——以教材《跨文化交际》为例*

吕春媚　杨诗妍

提要：教材是课程思政实施的重要载体，本文以英语专业教材《跨文化交际》为例，采用语料库分析法考查教材中学科内容的完备程度以及思政内容的分布情况，针对教材编写如何体现全面育人的作用提出相关建议，以期推动英语专业教材思政建设。

关键词：英语专业；教材思政；《跨文化交际》；语料库

作者简介：吕春媚，大连外国语大学英语学院，教授；
杨诗妍，大连外国语大学英语学院，博士。

一、引言

长期以来，课程思政一直是学校教育教学的核心。教育部印发的相关文件进一步明确了课程思政的内涵，强调了学校实施课程思政的重要性及紧迫性。《高校思想政治工作质量提升工程实施纲要》（2017）指出课程思政是课堂教育改革的目标，要将思想政治教育与知识体系教育融为一体。《关于深化新时代学校思想政治理论课改革创新的若干意见》（2019）、《高等学校课程思政建设指导纲要》（2020）等一系列政策文件的印发明确了课程思政的意义和作用，进一步推动了高校教师对课程思政的研究。

课程思政在英语专业学生的培养过程中尤为重要。由于专业需求，英语专业学生"需要直接接触西方学术话语、文化思想和意识形态，所以更容易受其影响，因此更需要加强思政教育，做好意识形态价值观引导和文化自信教育"（杨金才，2020：11）。2018 年颁布的《外国语言文学类教学质量国家标准》将跨文化交际能力作为外语类专业核心能力指标之一，跨文化交际课程也成为英语专业的专业核心课程之一。因此，跨文化交际教学无疑是实践课程思政教育理念的重要阵地。将课程思政融入跨文化交际教学，充分发挥专业课程育人功能，有助于培养具有全球胜任力的国际化人才。

在思政内容融入跨文化交际课程教学过程中，教材是重要的载体。"加强教材建设是全面贯彻党的教育方针，落实立德树人根本任务的基础性工程，也是关系党和国家未来发展的战略性工程"（韩震，2017：06）。因此，如何发挥教材的思想政治教育功能，实现外语教育的社会人文目标是本文探究的重点。本研究采用语料库分析方法，以英语专业教材《跨文化交际》（北京大学出版社，2011）为例，对教材中的课程思政内容进行分析，探讨如何在提升英语专业学生跨文化交际能力的同时，将教材作为搭建课程思政的平台，突出教材育人的目的，发挥教材价值引领的功效。

二、文献综述

1. 课程思政

随着课程思政建设的不断深入和推进，国内对课程思政建设的研究也进入了快速发展阶段，研究领域和研究内容不断拓宽。

首先，部分学者就课程思政的内涵、意义和建设标准进行了研究。黄睿彦等（2021）探讨了“课程思政”和“思政课程”之间的异同，用“顶天”“立地”概括了“课程思政”的内涵要素；杨雪琴（2019）也对“课程思政”和“思政课程”的概念进行了区分，并强调高校要将思想政治教育贯穿于教育全过程；李辉等（2022）认为发挥教师育德能动性，激发课程的育德功能是课程思政建设的基本原则。

其次，学者们将课程思政与学科或非显性的专业课程紧密结合，针对不同学科领域、依托具体课程，挖掘、提炼、整合和加工课程思政元素。常俊跃等（2020）在外语专业教育和思政教育深度融合的现有模式的基础上，提出专业思政教师和外语专业教师合作教学的第三种模式；郭润芳等（2021）将微生物学课程的专业知识与课程思政相融合，通过案例教学实现“三全育人”教育模式的创新。

此外，课程思政建设路径和模式是学者们关注的另一方面。高德毅等（2017）建议高校构建思想政治理论课、综合素养课和专业课三位一体的思政课程体系，发挥360度德育“大熔炉”的教育合力作用；胡洪彬（2019）提出从理念引导制度、责任落实制度、协同配合制度、资源整合制度和动态评估制度五方面建构制度体系，为课程思政建设路径提供借鉴。

教材作为课程思政的重要载体，也是学者们关注的对象。孙有中（2020）认为外语教材可以通过跨文化比较、价值观思辨、中华优秀传统文化表达和体验式语言学习等方式实现外语教材的思政路径；杨祥等（2020）分析了打造新时代中国特色高校课程教材应注意的要素，并提出通过课程思政，实现课程和教材的一体化设计。

2. 跨文化交际相关教材国内研究评述

“跨文化交际”的概念于20世纪80年代初期被首次引入国内，至今已有近40年的发展历史。目前，越来越多的高校开设了跨文化交际课程，注重跨文化交际研究，培养学生跨文化交际能力。在与跨文化交际相关的近百种专著及教材中，以务实能力培养为主的书籍占比最大。例如，《跨文化交际学概论》（胡文仲，1999）、《跨文化交际理论探讨与实践》（贾玉新，2012）、《跨文化交际案例与分析》（朱勇，2018）等教材通过理论介绍和案例分析，帮助读者对跨文化交际产生更加深刻且具体的认识；《跨文化交际口语》（陈晓霞、Michael Allen Nair，2014）、《跨文化大学英语阅读与翻译教程》（王炎、谭跃越，2014）等教材从具体语言技能入手，有针对性地提高读者跨文化交际能力；《跨文化商务交际》（窦卫霖，2011）、《跨文化思维的思想政治工作探究》（李建欣，2017）、《跨文化沟通：国家形象的有效传播》（徐波，2018）等从商务沟通、思想政治、大众传播等维度阐明跨文化交际思维的重要性，培养具体语境下的跨文化交际能力。此外，还有部分跨文化交际教材与教育教学、比较文学及翻译实践紧密相关。

综上所述，近年来国内有关跨文化交际的教材种类及数量大幅增加，然而针对教材中的思政内容进行教材评估的研究尚显不足，因此本研究以北京大学出版社出版的《跨文化交际》教材为例，通过语料库科学评估教材中的思政内容，探索教材编写原则，为开发融入课程思政的教材提供依据，切实发挥教材作为落实立德树人根本任务有效载体的积极作用。

三、研究设计

1. 研究问题

本研究以北京大学出版社出版的《跨文化交际》教材（常俊跃、吕春媚、赵永青，2011）为例，运用语料库评估教材中的课程思政内容。该教材主要针对英语专业一、二年级学生，其特色之一在于遵循内容与语言融合（Contend and Language Integration，CLI）的教学理念，系统涵盖了跨文化交际学知识，充分体现了内容和语言的融合，在语言学习和知识体系建构方面取得了良好的效果，实现了内容和语言双重教学目标的达成。该教材的另一特色是在保证跨文化交际知识体系完备的前提下，教材中设置了多样性的语言实践活动，有助于课堂教学的延伸。目前已有学者专门针对内容语言融合教材进行评估和分析（邓耀臣、杨诗妍，2020），但是在课程思政的背景下，此类教材是否能够满足和实现英语专业课程思政的需求和目标还有待进一步研究。选取该教材进行研究的另一原因是笔者参与了该教材的编写，作为教材编写者，有责任结合教材的编写思路和实践过程，分析总结该教材思政内容编写的特点，为推进教材思政提出建设性的意见和建议。

针对研究目标，本研究采用语料库辅助的实证研究方法，以《高等学校课程思政建设指导纲要》（以下简称《纲要》）为参照，分别从《跨文化交际》教材中课程思政内容含量以及思政内容在教材中的分布情况两方面进行评估分析，旨在准确把握、评价教材中隐含的思政元素。具体研究问题包括：（1）与《跨文化交际》教材语言知识性内容相比，教材中课程思政内容的含量如何？（2）思政内容在《跨文化交际》教材中的分布呈现何种特征？

2. 语料库

本研究以自建语料库《跨文化交际》教材语料库为基础，探讨以上提出的研究问题。该语料库包含教材中所有的课文以及习题（见表1）。

表1 语料库描述性统计信息

语料库	文本个数	形符数	平均长度（形符）
跨文化交际语料库	15	69 347	4 623

3. 研究工具及数据收集

本研究采用自编Python语言程序完成语料处理和数据分析。首先，运用自编程序对语料库中文本进行清洁，词形还原，并统计语料库的形符数。然后，删除停用词，提取《跨文化交际》教材中的术语，考查教材中语言内容知识的完备程度。其次，通过程序挖掘各文本中的思政元素，总结思政元素在教材中的分布特征。本研究还采用了 LancsBox v5.0 语料库处理软件，分别构建了 culture 和 Chinese 相对应的知识网络，并通过可视化手段展示教材中思政内容的分布情况。

四、研究结果与讨论

1. 教材中思政内容含量

课程思政在教材中的含量是高校教育能否在专业教育中实现立德树人目标的关键。在保证学科内容知识完备的基础上，融入课程思政内容是教材编写的重要环节。为了考查《跨文化交际》教材中学科内容知识和课程思政含量的关系，本研究分别统计了教材中的语言学研究类术语、文化研究类以及课程思政类术语，在考查教材中思政内容含量的同时，考查教材中跨文化交际知识的系统性及完备性。

为了探究《跨文化交际》教材中的隐性课程思政元素，本研究删除了教材中的停用词，并根据词汇频数，得到《跨文化交际》教材词表（见表2）。

表2 《跨文化交际》教材词表

排序	词	原始频数	标准化频数（每万词）
1	culture	336	48.5
2	communication	333	48.0
3	people	301	43.4
4	American(s)	277	39.9
5	Chinese	272	39.2
6	cultural	234	33.7
7	different	176	25.4
8	cultures	161	23.2
9	time	152	21.9
10	intercultural	149	21.5
11	friend(s)	146	21.1
12	business	135	19.5
13	language	134	19.3
14	English	119	17.2
15	students	119	17.2

从词表分析可以发现，教材中除含有跨文化交际学科常用词语外（如 cultural、communication、culture、different 等），教材编者还围绕时间（time）、友情（friend[s]）、商业（business）及语言（language、English）等探讨了文化间的差异。从词表来看，教材也涵盖了社会主义核心价值观中的部分内容，如 friend(s)、family、Chinese 等词较高频率出现就具有一定价值观导向的作用。但是《纲要》中的爱国主义、法治教育、劳动教育等要素并未在教材中出现，原因可能在于跨文化交际课程的教学内容具有一定的独特性，“对于语言与文化的关系以及语用方面的问题比较关注”，“主要涉及国与国之间文化差异对于交际的影响”（胡文仲，2006：7）。而对国家制度、政治认同、法治教育等内容呈现不足。

为了探究思政内容含量与学科内容含量的关系，本研究在语料库中提取了与学科内容相关的术语，如图1所示：

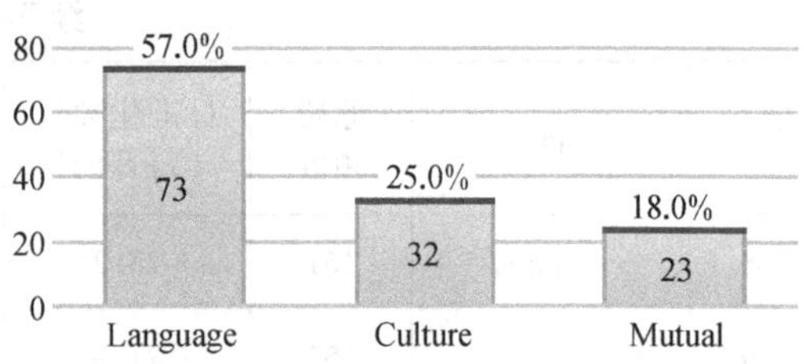

图1 《跨文化交际》教材中术语学科分布

从图1可以看出，语料库中包含的跨文化交际学科术语共128条，其中跨文化交际语言学研究类术语73条（如 nonverbal communication、accent、decoding 等），占总术语的57.0%；跨文化交际文化研究类术语32条（如 cultural boundary、cultural norm 等），占总术语的25%，同时涵盖语言文化的术语23条（如 cultural competency、taboo 等），占总数的18%。综上分析，可以得出该教材包含较多语言类跨文化交际术语，符合“内容语言融合”的教材编写理念，但跨文化交际类术语是否符合学习者对跨文化交际知识的基本需求还有待进一步验证。为进一步探究，本研究以 culture 为例构建了知识网络。

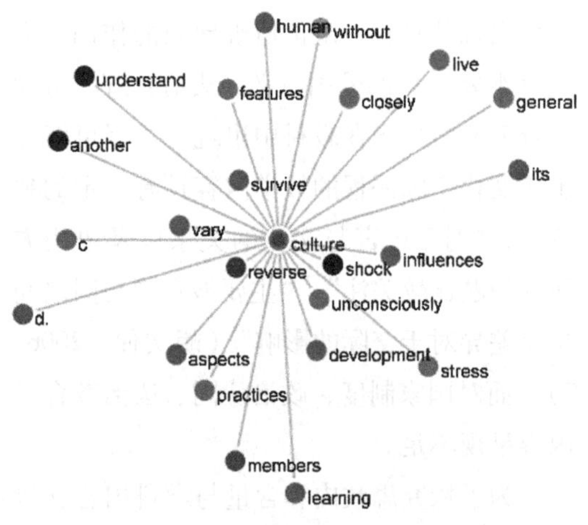

图2 culture 在《跨文化交际》教材中的知识网络

从图2显示的知识网络可以发现，教材中关于文化内容的介绍包括 culture influences、culture shock、reverse culture shock、culture stress、features of culture 等跨文化交际的基本概念，教材也涵盖了跨文化交际的基本方法，如 practices of culture、understand culture、survive culture shock、culture is learned unconsciously 等内容，具有一定的学科内容完备性。

因此，从术语完备程度来看，该教材既包含跨文化交际文化知识，又突出了内容语言融合的特征，能够满足学习者系统学习跨文化交际知识的基本需求，并能实现提升语言能力的目的。教材学科内容的完备性有助于实现教学目标，指导学生有效进行跨文化交际，理解世界文化的多元性，从而提高学生中西方文明互鉴的意识，进而达到课程思政的最终目的。从思政内容含量来看，教材中涵盖了社会主义核心价值观中的部分内容，但对国家制度、政治认同、法治教育等内容呈现不足，有待进一步补充。

2. 教材中思政内容分布情况

为了进一步探究思政内容在《跨文化交际》教材中的具体分布情况，本研究分别以 Chinese、family、friend(s) 为例，进一步考查在讲述与中国相关的内容时，教材中思政元素出现的具体情况。

(1) Chinese

总的来看，American 出现了277次，略高于 Chinese（274次），但二者不具备显著性差异（$p=0.86>0.05$）。这说明在教材编写时，编者并未将重心完全聚焦于对美国文化的介绍上，而是对两种文化都有所侧重。为了进一步探究教材中的中国元素，本研究又以 Chinese 为关键词构建了知识网络。如

图3所示，与 Chinese 联系最为紧密的概念有语言（如 language、word、speaker、translate）和社会风俗（如 compliment、food、friends），而《纲要》中列举的一些典型的思政元素（如爱国、爱党、爱社会主义、宪法法治等）并未出现。

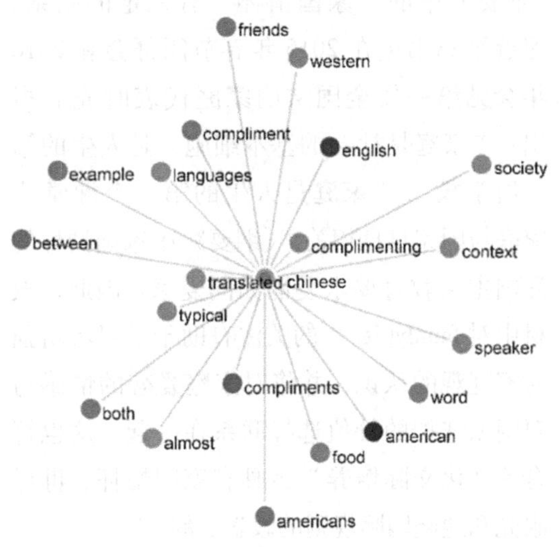

图3　Chinese 在《跨文化交际》教材中的知识网络

为了更为直观地探究中国元素在教材中的具体使用情况，本研究进行了 KWIC 上下文关键词检索分析，统计了各单元 Chinese 出现的频次，并对其是否出现在正文（Text A/B/C）或正文外其他部分（如课前思考 Before You Read、课后习题 After You Read 等综合训练活动部分）进行了判断。研究发现：

Chinese 在各单元的分布有较大差异，如图 4 显示，在 Unit 4 Verbal Communication (Ⅱ)、Unit 3 Verbal Communication (Ⅰ)、Unit 1 An Introduction to Intercultural Communication 和 Unit 10 Cultural Influence on Perception 中非常频繁，而在 Unit 5 Nonverbal Communication 和 Unit 7 Cross-gender Communication 中却鲜有提及。与中国元素相关的教学内容分布不均匀可能会导致师生在某些单元的讲授和学习过程中，忽略课程思政的教学目标和学习目标。

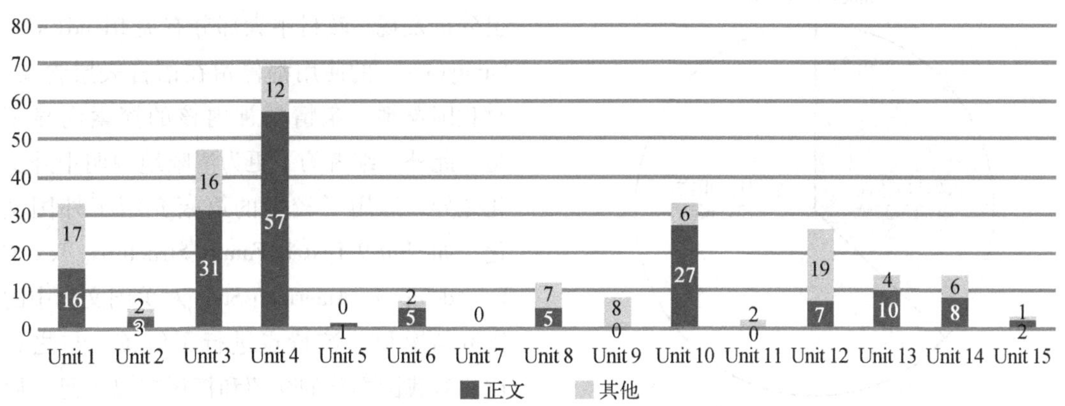

图4　Chinese 一词在《跨文化交际》教材各单元分布

此外，图 5 显示了 Chinese 一词在教材正文内外的分布情况：63%与 Chinese 相关的概念出现在正文中，其余均出现在 Before You Read 和 After You Read 两个模块的习题、案例分析、综合练习等关注语言知识训练和相关跨文化交际知识的综合训练活动中。可以看出，编者在《跨文化交际》教材的练习设计中，一方面将中国元素融入其中，引导学生从多角度重新认识中国文化传统，领会传统文化的精髓；另一方面有意识地通过设计鲜活的案例以启发式的方式引导学生进行批判性思考和判断。例如，在 Unit 1 An Introduction to Intercultural Communication 的 Before You Read 模块中，编者将苏轼的《题西林壁》作为课前导入练习，引导学习者以跨文化视角解读该首诗的含义。学习者在进行中西方文化对比的过程中，从文明互鉴的角度感受中国传统文化的魅力，加深对中国文化的理解和认知，这是《纲要》中关于思想政治教育的重要内容。

Chinese 一词在教材文本的分布情况还说明编者在课文选材时参阅了大量国外的资料，选取了国外原版的语言材料，以保证高质量的语言输入。而在正文外综合训练等内容的编写中考虑到了教材的受众，适时设计、补充了与中国元素相关的训练活动，体现了教材育人的理念。

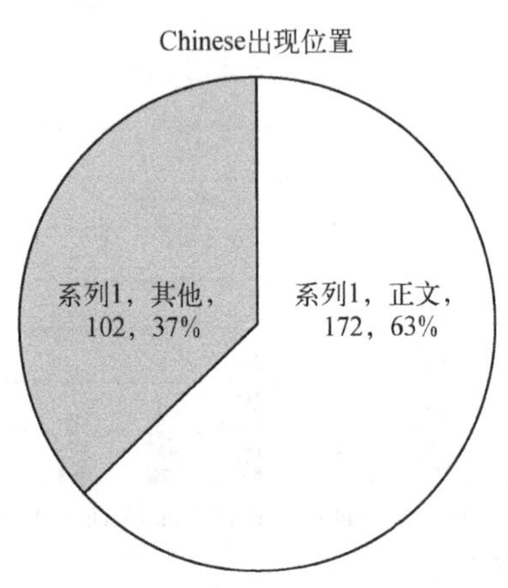

图5 Chinese 一词在《跨文化交际》教材文本位置分布情况

（2）friend(s) / family(ies)

据统计，《跨文化交际》教材中 friend(s) 出现了 146 次，family(ies) 出现了 80 次。“友善”是社会主义核心价值观中关于公民基本道德修养层面的内容之一，教材中对于中美友谊观异同等方面的介绍有助于学习者全面认识不同文化的友谊观，引导学生树立正确的友谊观，确立正向的价值目标和价值准则。此外，family(ies) 一词在教材中出现的频次也比较多。家庭以及家庭观念都与《纲要》中的“家国情怀”有一定的联系。习近平总书记在 2015 年春节团拜会和 2016 年会见第一届全国文明家庭代表时先后指出：“家庭是社会的基本细胞，是人生的第一所学校”，“家庭是人生的第一个课堂。”家庭与国家息息相关，《纲要》中家国情怀的爱国主义教育要求爱国如同爱家。因此，教材中对 family(ies) 的关注有助于学习者增强对家庭观的认识，并将对家庭爱恋的情感与对国家守护的价值选择联系在一起，这也符合跨文化交际培养学生具有家国情怀、世界眼光和通晓国际规则的教学目的。

虽然教材中 friend(s) /family(ies) 出现的频次较多，但是通过 KWIC 上下文关键词索引分析发现，教材中大部分有关 friend(s) / family(ies) 的使用都停留在语言表层含义，对我国友情、亲情精神内核的探索尚显不足。此外，编者为了更为清晰地说明中外文化差异，运用了较多的篇幅介绍了外国文化，如 Unit 9 Text B Family Structure，Text C Friendships of American Style 对美国文化中的家庭结构和友谊特点进行了解读。与之相比，对我国文化的介绍和探讨略显不足，原因可能在于编者认为中国学生对中国文化内涵比较了解，因此将侧重点放置在对外国文化的探讨上。

3. 教材优化的建议

从对《跨文化交际》教材的考查结果来看，该教材具备学科知识的完备性，内容能够满足学习者对跨文化交际学科知识学习的需求，且注重语言能力的培养，符合内容语言融合教育理念的教材编写原则，也为深入开展课程思政提供了坚实基础。此外，教材内容涵盖课程思政的部分元素，尤其是编者在练习编写设计中加强了对思政内容的呈现，教材发挥了一定的思政教育功效。但是，目前教材中包含的思政内容还不够丰富，通过对 Chinese、family、friends 等词的考查发现，思政元素在教材中分布不均衡，内容深度不够，教材中还出现了中外文化介绍不对等的现象。“教材是关系国家事权的特殊文化产品，内蕴民族文化和国家意志，是学生形成国家认同的重要媒介”（李太平、王俊琳，2019）。基于以上研究，对英语专业教材编写提出以下几点建议：

（1）注重学科内容的完备性。英语专业教材应凸显学科的基本特征和规律，满足学科专业发展需求，助力学生提高语言能力和知识水平，参与国际话语交流。《纲要》提出，要寓价值观引导于知识传授和能力培养过程中，学科知识完备性的教材为语言教学和课程思政相结合提供了有效路径，有助于实现思政内容、专业知识和语言技能三者的有机融合，形成以育人目标为统领、富含思政元素的英语专业教材。

（2）提高思政素材的时效性。在教材编写中选取符合时代特征、反映时事热点问题的素材，既可以激发学生的学习动机，帮助他们了解世界发展局势，成为具有开阔视野的国际化人才，也有助于提高学生的公民意识、责任意识和职业精神。蕴含思政元素的教材也能使教材更具备吸引力和时代性。

（3）增强思政内容的指向性。英语专业教材主要以英语国家文化为主，因此在教材编写时要注重语篇内容对学生价值观和意识形态的影响，应将英语国家文化和中国文化的精髓融入教材之中，既可以有效融通中西文化，提升跨文化交际能力，增强文化自信和文化认同，也能够培养学生对文化差异的敏感性和包容性，打造具有外语特色的课程思政教材。在教材素材选择和内容编排上要选取反映中华优秀传统文化和社会主义核心价值观的内容，充分发挥教材的双向文化导向和思政引领的作用。在教材练习的设计方面，应围绕思政元素进行深度嵌入性的处理和高度指向性的编排，将价值取向等元素隐含其中，帮助学生在发现问题、分析问题和解决问题的过程中塑造价值观，有意识地将中西文化进行有意义的比较，从而引导学生正确看待中西方差异，从不同角度理解中国文化，深入了解中国文化，实现文化自信。

（4）形成思政元素的系统性。教材除满足知识目标和能力目标外，也应设置明确的价值目标，将三种目标有机结合，充分发挥教材的育人功能。在思政元素分布上，要力争使思政内容覆盖教材每一单元并形成内在的逻辑性。编者在教材编写过程中，可借助语料库，通过词汇检索，将体现课程思政元素的语料作为教材内容合理安排在各个单元中，使教材成为授课教师在课堂上开展课程思政的有力抓手。

五、结语

教材是开展课程思政有效的工具。本文基于语料库，通过分析和评估《跨文化交际》教材中的思政内容，探讨英语专业教材的改革路径，探索英语专业教材思政的途径。希望能够为促进教材研究，提高教材编写质量提供有益的参考和借鉴。

注　释

* 本文系2018年国家社科基金项目“基于语料库的中国传统语言学术语的整理、英译及双语术语知识库建设”（18BYY126）、2020年度辽宁省高等学校创新人才支持计划、2021年度辽宁省普通高等教育本科教学改革研究项目“商务英语专业国际化人才培养模式的研究与实践”的阶段性成果。

参考文献

[1] 常俊跃，李辰超. 发挥外语专业自身特殊优势，促进思政与专业教育深度融合［J］. 外语电化教学，2020（6）：17－22.

[2] 邓耀臣，杨诗妍，辛敏裕. 基于语料库的内容语言融合教材分析［J］. 中国外语，2020（5）：77－90.

[3] 高德毅，宗爱东. 从思政课程到课程思政：从战略高度构建高校思想政治教育课程体系［J］. 中国高等教育，2017（1）：43－46.

[4] 郭润芳，裴家伟，林杨. 高校专业基础课程“微生物学”思政案例设计［J］. 微生物学通报，2021（5）：1810－1814.

[5] 韩震. 怎样当好教材委员会委员［N］. 光明日报，2017－07－14.

[6] 胡洪彬. 课程思政：从理论基础到制度构建［J］. 重庆高教研究，2019（1）：112－120.

[7] 胡文仲. 跨文化交际课教学内容与方法之探讨［J］. 中国外语，2006（6）：4－8.

[8] 黄睿彦，沈瑞林等. “课程思政”的多维度内涵与执行路径探析［J］. 南京医科大学学报（社会科学版），2021（1）：89－92.

[9] 教育部高等学校外国语言文学类专业教学指导委员会. 普通高等学校本科外国语言文学类专业教学指南［Z］. 北京：外语教学与研究出版社，2020.

[10] 教育部关于印发《高等学校课程思政建设指导纲要》的通知［EB/OL］. Retrieved from http://www.moe.gov.cn/srcsite/A08/s7056/202006/t20200603_462437.html, 2020－06－01.

[11] 李辉，王丹. 内生育德：课程思政建设的基本遵循［J］. 新疆师范大学学报（哲学社会科学版），2022（2）：30－37.

[12] 李太平，王俊琳. 教材建设与国家认同［J］. 国家教育行政学院学报，2019（5）：23－30.

[13] 孙有中. 课程思政视角下的高校外语教材设计［J］. 外语电化教学，2020（6）：46－51.

[14] 王湛，顾海良，韩震. 我国大中小教材建设步入新的历史阶段——三位专家谈国家教材委员会成立［N］. 中国教育报，2017－07－14.

[15] 杨金才. 新时代外语教育课程思政建设的几点思考［J］. 外语教学，2020（6）：11－14.

[16] 杨祥，王强，高建. 课程思政是方法不是“加法”——金课、一流课程及课程教材的认识和实践［J］. 中国高等教育，2020（8）：4－5.

[17] 杨雪琴. 对高职院校“课程思政”改革路径的若干思考［J］. 学校党建与思想教育，2019（2）：41－43.

中国文化，世界表达
——大学英语口语课程思政示范课教学设计*

聂慧 聂智

提要：为深入挖掘大学英语“课程思政”在立德树人方面的时代价值，本课程思政案例以大学英语 *Customs and Traditions* 口语话题示范课为例，采用“混合式三段六步”设计思路，包含案例主题、案例意义、学情分析、教学目标、教学实施过程、教学评估及教学反思，实现语言教学的“三性四化”。本案例精选素材，通过文化对比、价值思辨，实现显性文化表征到隐性价值升华、中国文化的时代传承与中国故事的国际阐释。

关键词：课程思政；大学英语；教学案例；传统文化；价值理念

作者简介：聂慧，上海工程技术大学外国语学院讲师；
聂智，上海大学悉尼工商学院讲师。

一、引言

为深入贯彻习近平总书记关于教育的重要论述和全国教育大会精神，落实教育部《高等学校课程思政建设指导纲要》（教高［2020］3 号）等文件精神，把思想政治教育贯穿人才培养全过程，在所有高校、所有学科专业推进课程思政建设，发挥每门课程的思政育人作用，提高高校人才培养质量，各高校纷纷进行课程思政专题培训活动。如上海工程技术大学于 2020 年 6 月始进行线下“课程思政”专题报告、线上“课程思政”理论学习、“课程思政十佳示范课”案例学习及团队研讨等。

大学英语教学作为高校本科教育阶段必修的公共基础与核心通识课程（何莲珍，2020），是开展课程思政教育的重要阵地（陈雪贞，2019）。《大学英语教学指南》（2020 版）明确指出：大学英语教学课程兼具工具性与人文性，应主动融入学校课程思政教学体系，落实立德树人根本任务。大学英语如何实现“课程思政”在立德树人方面的时代价值？如何在大学英语课程中融入思政元素，使之与思政课程同向同行？针对大学英语课程思政的研究与探索，目前学界围绕“学科建设、课程设置、科学研究、教材建设、人才培养”等方面已展开了深度思考，多集中于大学英语教学的思政价值论证、路径探讨与建议等方面。孙有中（2020）认为外语教材设计是外语教学的根本依托，大学外语教材编写应通过跨文化比较与互鉴、价值观思辨等提升学生文化自信与人文素养，培养人类命运共同体意识。刘建达（2020）就新时代大学外语课程改革在教学内容、教学过程和教学评价等方面如何实施课程思政提出建议。梁书轩（2021）认为大学英语课程融入思政元素的具体路径为：完善课程思政设计框架、对比教学弘扬中华优秀传统文化和拓展第二课堂，丰富教学形式等。石坚、王欣（2020）从教师素养、课程设计、课程内涵提升与育人效果评价等四方面提出思考。夏文红、何芳（2019）阐述了大学英语课程思政在立德树人、增强民族文化自信方面的重要意义。陈雪贞（2019）探索在最优化理论指导下大学英语课程思政的教学实现。梅强（2018）则提出大学英语课堂要以现实问题引领课堂，运用思辨式讨论默化思政教育。

较之宏观的思辨与探讨，大学英语课程思政落地的具体案例设计与研究相对缺乏，可借鉴的典型经验与特色案例还有待进一步开发与推广。本文以上海工程技术大学遴选出的“课程思政”十佳示范巡展案例之一为例，从课堂案例设计与教学实施过程等具体操作层面与同行共同探讨如何利用大学英语口语课程中的不同话题/主题开展显性教育与隐性教育，努力实现英语语言教学的人文性、学术性与时代性。

二、教学案例

1. 案例主题

本话题选自外教社《Let's Talk 大学英语基础口语教程》第3册第7单元 Customs and Traditions（习俗与传统），教材编写的内容主要引导学生探寻国外风俗礼仪。笔者基于此话题，避开英语教学中常涉及的国外文化与习俗，精心选取素材，聚焦中国四大法定传统节日（中国新年、清明节、端午节与中秋节），通过文化对比、价值观思辨探寻植根民族的价值理念与精神品质。案例以课堂为阵地，以英语语言为载体，开展一次中国传统文化之旅，以传承、发扬中国优秀经典文化。案例从显性知识呈现到隐性价值转化与升华，较好实现知识迁移。本案例授课时长为90分钟。

2. 案例意义

1）中华文化，国际表达：选取中国四大法定传统节日，基于国外著名文化洋葱模型（Culture Onion Model，参见 Hofstede，1993）帮助工科学生逐层温故，在文化意趣的分享中以海外受众易接受的方式阐释中国传统节日习俗与礼仪，挖掘文化蕴含的民族伦理品质与内在情愫。

2）情感共鸣，串联全球：分析春节文化、中国元素走向全球的根本原因，即：中华传统文化习俗串联起了世界人民心中共有的情愫与祈望（美好生活、合家团圆、健康共享），尤其在 Covid-19 全球蔓延局势下，人们内心的这份祈望更为强烈。由此增强学习者的人类命运共同体意识。

3）尊重生命，和谐发展：中西对比探讨清明节涉及的禁忌话题——生死观，思考在 Covid-19 疫情中死亡给人类带来的教训，对生命的启示，培养工科学生思辨能力，引导学生摈弃误解、尊重生命、珍惜所有，实现全球和谐发展。

4）价值引领，家国情怀：阐发中华优秀传统文化的时代价值，使传统节日富有文化味和时代气息，成为讲好中国故事的最佳素材、有效策略，进而培养学生的全球意识与家国情怀。

5）文化传承，历久弥新：国家自2017年实施中国传统节日振兴工程以来，逐步丰富春节等传统节日文化内涵，形成新的节日习俗，这是国家最基本、最深沉和最持久的力量。

3. 学情分析

学校大学英语口语课程对各专业学生开放，学生主要来自各工程学科大二学生，是00后（Z世代）数字原住民，班级规模较大（50—60人），学生群体主要呈现以下特点：重“工程”，轻“人文”，在中国传统文化以及全球文化了解与积累方面有待提升；重“技术”，轻“伦理/价值”，在工程伦理与社会责任感方面有待进一步增强。

4. 教学目标

基于课程思政“三位一体”培养目标，借鉴布鲁姆教学目标分类法，从认知（知识传授）、技能（能力培养）、情感与价值引领（价值塑造）层次设定具体教学目标（见表1）：

表1 具体教学目标

层次	目标	
情感/价值引领（价值塑造）⇧	■ 激发工科学生对中国传统文化热情，深化对中国核心价值观理解 ■ 增强民族文化认同与自信、培养人类命运共同体意识 ■ 探讨Covid－19疫情带来的对生命与死亡的重新思考 ■ 探讨新时代如何有效讲好中国故事及相关策略，培育全球意识与家国情怀	
技能/思辨（能力培养）⇧	（技能层面） ■ 运用文化洋葱模型进行传统节日英文讲述的实操练习	（思维层面） ■ 传统文化在新时代是否会过时？ ■ 春节文化、中国元素在全球流行的原因是什么？Covid－19如何强化春节文化内蕴的精神品质与价值追求？ ■ 探讨清明节中涉及的禁忌话题及生死观，Covid－19对生命与死亡带来什么启示？
认知（知识传授）	■ 学习中国四大传统节日风俗与礼仪 ■ 领会文化洋葱模型四个层面的不同含义	

5. 教学设计思路

本单元话题“风俗与传统”，涉及中外各类节日与礼仪，而传统节日又是一个国家/民族的历史、文化长期积淀而形成的情感内蕴深厚的庆典过程，教学实践中为充分融入课程思政、全人教育元素，笔者认为中国四大法定传统节日能充分代表中国经典的文化现象、文化标志和民族文化情感的皈依。基于此，教学设计围绕四大节日设置各类开放性问题与活动，展示四大传统节日“之最”，从已知到未知，开启传统文化之旅。鉴于“文化”这一抽象概念，教学中引入文化洋葱模型将其可视化、直观化。学生基于模型，由表及里，从外向内逐层挖掘节日中丰富多彩的习俗、传统及文化元素，通过显性文化表征，发掘隐性文化内涵与底蕴；通过文化节日活动，探索并非为人所领会的文化内核，即：节日背后所代表的核心价值，人文精神与价值追求。教学以问题为导向，通过设置高阶性、挑战度的任务活动层层递进，不断激发学生的探知欲望与自信。学生在交互协作中提升经典文化的鉴赏力与民族文化认同感。为此，课程采取翻转教学方式，教学设计采用“混合式三段六步”设计思路（表2、表3），体现语言教学的“三性四化”。此外，为实现形式与内容统一，笔者在PPT设计上专门选用中国风素材予以展示，详见表3。

1）教学模式

混合式即线上、线下混合模式。《大学英语教学指南》（2020版）倡导高校“充分利用信息技术，积极创建多元教学与学习环境，建设或使用在线开放课程、线上线下混合课程、虚拟仿真实验课程等精品课程，实施混合式教学模式，使学生朝着主动学习、自主学习和个性化学习方向发展”；鼓励大学英语教师“充分利用网络教学平台，为学生提供课堂教学与现代信息技术结合的线上线下自主学习路径和丰富的自主学习资源，促使学生从‘被动学习’向‘主动学习’转变”。为实现信息技术与教育教学深度融合，本口语课程在课前及课后充分利用超星、学习通、微信/腾讯等线上交流平台。针对本课程大班教学情况，课中使用校本课堂互动教学软件iClass（“爱课堂”），该软件通过教师精心设计互动题目，通过抽答、抢答等环节，构建“课堂互动+问题弹幕+课内外讨论”的多混合互动教学模式，使知识传授与知识学习实现有效交互。iClass将手机转变为教学媒介，学生通过手机可实时参与教学活动，较好实现了“大班上课，小班学习”的教学效果。

2）教学实施

三阶段即课前（自主探究学习）—课堂（互动协作学习）—课后（创意作品设计）。口语课程主要采取翻转教学方式，教师课前将相关教学材料（视频、PPT、相关微课）及网上指定资源分享给学生，学生课前自主学习，针对相关话题进行相关研究，在收集、比较、分析信息的基础上实现课前预习与课前思考。课堂作为师生有效互动的场所，教师在课堂答疑解惑，学生通过合作探究促进学生有效学习的发生。

教学实施过程主要分为课前自主学习、课堂互动协作学习、课后生成作品三个阶段，具体实施如下（见表2）：

表2　教学实施三阶段（ACC）

1. 课前自主探究学习 Pre-Class **Autonomous Learning**	➢ 网络资源与微课资源学习（CNC双语纪录片二十四节气、CCTV双语纪录片美丽中国、BBC双语纪录片中国改革开放的故事、录制公共演讲微课等）； ➢ 推荐书籍研读（许译中国经典诗文集、中国美食最新原版书籍等）； ➢ 教师设计与话题相关的问题（不同语境下的开放式、挑战性问题）。
2. 课堂互动协作学习 In-Class **Collaborative Learning**	本课主要融合以下四种教学方式：**小组讨论法**、**个案研讨法**、**角色扮演法**、**结对教学法**。教学实践中鼓励工科学生通过协作学习，共同解决一系列具有挑战度的问题与任务，提升思辨能力（Gokhale, 1995）。 ➢ **结对活动（Pair Work）**、**小组讨论（Group Discussion）**在协作中激发学生分析、解决问题的热情，学会与同学共同分析、比较与探讨； ➢ **案例分析（Case Study）**，**角色扮演（Role Play）**通过集体头脑风暴（Brainstorming），以合作型教学策略为主导，引导学生学会观察与推断、归纳与建构、批判与创新。整合信息，系统分析与研究，寻求问题与任务的多元解决方案。鼓励学生系统性逻辑性地阐述自己观点。
3. 课后创意作品设计 Post-Class **Creative Product Design**	➢ 基于话题创设相关公共演讲及发言。

3）教学过程

六步即导入（点字成诗）—显性习俗探究（四大法定传统节日、引入文化洋葱模型）—隐形价值挖掘—文化对比与思辨—创意作品设计—推荐书目，具体实施如表3：

表3　六步教学过程

教学内容	教 学 过 程	思 政 元 素
Lead-in：Word 导入：点字成诗	**结对活动** • 九宫格中选出5—7个汉字，连成一行诗句。 • 诗句所描绘的是哪个中国传统节日？ • “春节”有哪些不同译本？代表何种不同含义？	教师借鉴中国诗词大会的点字成诗游戏激活学生的已知信息。通过对中国经典诗歌的回顾与欣赏，**激发学生对中国传统经典的兴趣与热情**。
The Top Four Traditional Chinese Festivals (TCF) 中国四大传统节日	**个人抢答，师生互动** • 快速配对 — 中国最隆重的传统节日是什么节？ — 中国第二大传统节日是什么节？ — 被世界教科文组织列为非物质文化遗产的节日是什么节？ — 既是法定节日又是中国传统节气之一的节日是什么节？ • 中国传统二十四节气指什么？	在引出诗歌所涉及的中国传统节日后，进一步引导学生思考四大传统节日为什么成为中国最重要的法定节日？学生可能不知的四大节日“之最”，通过问题引导，师生交互活动，**调动学生好奇心与探究心**。同时展示中国传统二十四节气，开启中国传统节日的文化探索之旅。
Customs and Traditions 四大节日习俗与传统	**小组讨论 & 头脑风暴** • 引入文化洋葱模型 • 模型四个层次分别代表什么？具体含义是？（小组抢答） 根据模型 • 最外层（Symbols） “元日”诗词中节日元素符号、饰品、象征物分别是什么？ • 第二层（Heroes） 节日对应的历史人物、英雄模范 • 第三层（Rituals） 分组讨论各传统节日起源、历史、传说与礼仪	为更好理解“文化”这一抽象概念，课堂引入文化洋葱模型，利用多模态教学材料，寻找其中体现文化的各种显性元素，如：代表节日象征物、特殊符号、饰品、服装等；此外，人们将节日习俗与英雄形象、历史人物的纪念并联起来。通过以上文化表征，探寻节日习俗、传统礼仪。**文化洋葱模型实现抽象知识图像化，隐性思维显性化**，使学生在逐层挖掘的过程中领悟**传统节日不仅是生活方式，更是一个民族、国家承载的精神，蕴含着传统文化的精髓。理解追求“天、地、人”的和谐心理。**
Core Values of Chinese Culture 价值内涵挖掘	**案例分析（选两个节日）** • 根据模型外三层总结春节习俗、礼仪、人物形象、传统活动 • 内核（Values） 生活方式中蕴含的道德规范与伦理品质是什么？	春联、窗花、爆竹，年夜饭、守岁、拜年等显性习俗，寄寓中国人对**美好生活的希冀**、对**家庭价值的坚守**、对**团圆共享的追求**、家庭聚会中**孝道的传承**。这些朴素情感，是中华文化传递出来的**价值理念和精神追求**。

续表

教学内容	教 学 过 程	思 政 元 素
Core Values of Chinese Culture 价值内涵挖掘	• 根据模型外三层总结清明习俗、礼仪、历史人物、传统活动 • 内核（Values） 祭祖文化传递的民族情感与心理？	清明缅怀祭祖、烧香祈愿**凝聚着一个国家或民族稳定的心理、情感和祈盼。祇敬感德先人、情感寄托与缅怀，血脉宗亲血浓于水深厚祭祖文化。**
Critical Thinking（Ⅰ） 文化对比与思辨	**小组讨论 & 头脑风暴** • 思考中国传统习俗在新时代是否会过时？ • 相比 X'mas 文化，春节文化有哪些特点？春节文化、中国元素为何在世界范围内得以流行？Covid－19 疫情如何强化了春节的文化精神品质与价值追求？ • 探讨清明节忌讳话题及中外生死观、祭祖仪式；在 Covid－19 全球疫情背景下，如何看待死亡对生命与生活的启示？	中西文化对比，领悟春节文化走向全球的根本原因是**串起了世界人们心中共同的情愫（sentiments），尤其在 Covid－19 疫情期间，全球期待健康、团聚、爱与互助。春节文化中蕴含的对美好、健康生活的期盼、对合家团圆的愿望触动中外人们的内心。**清明节中涉及的禁忌话题。**不同人生观形成不同生死观**，自古思想家对生死问题提出许多有价值的看法。**学会尊重生命、珍惜家人与朋友**、纪念缅怀亲人同时**思考如何有意义地生活**（William，2010）。
Critical Thinking（Ⅱ） 文化对比与思辨	**小组讨论 & 头脑风暴** • 文化洋葱模型是否更有助于理解、描述、传播文化？ • 依托中国节日文化探讨如何讲好中国故事？ • 新时代对外传播还有何种其他途径与策略？	利用该话题探究如何更有效讲好中国故事，从**分享内容、受众特点及传播目的三个维度**展现真实立体全面的中国。 **从有趣的习俗文化出发，把中国优秀传统与当代文化推向世界，不断增强中华文化的世界感召力，为解决人类问题贡献更多中国智慧。**
Assignment 创意作品制作	**角色扮演** • 基于内容、受众与目的三个维度，创设一个跨文化交际语境。参照春节与清明节案例完成向外国留学生介绍端午节或中秋节的任务。	作业形式不限，可以是采访类、视频类，必须有一个跨文化交际情境，学生真实环境交流中恰当**利用所学技巧融入思政元素，对外阐释中国文化，润物无声。**
Recommended resources 推荐资源	300 TANG POEMS Translated by Xu Yuanchong CNC Documents：Seasons of China：1－24 Hosted by Dominic Johnson-Hill CCTV Documents：Amazing China：1－50 BBC Documents：The Story of China's Reform and Opening Up by Michael Wood Fuchsia Dunlop. The Food of Sichuan. London：Bloomsbury Publishing，2019. Fuchsia Dunlop. Land of Fish and Rice. London：Bloomsbury Publishing，2019.	

6. 课程评估（形成性+终结性）

本课程中，形成性评估与终结性评估相结合，其中形成性评估（占比 60%）主要是课前小测试、课堂表现与 iClass 参与度、课堂演讲同学评价；终结性评估（占比 40%）主要指期末口语测试。

三、教学反思

1. 教学效果反思

本口语课程针对 00 后工科学生精心设计课程环节、提炼口语话题知识点，将思政教育有机融入教学环节，通过选题、设题、课前自主学习、课堂主动引导、协作交流、思辨论证，课后思政元素巩固等方式，将思政教育落实在日常教学实践中。本课程就教学效果而言，实现了“三性四化”。

三性即人文性、学术性与时代性，具体实现形式如下：

人文性：本话题选取中国经典诗词、许译中国经典诗文集、四大节日双语视频、传统节气双语纪录片、美丽中国双语视频，中国美食英文原版书籍等，在口语课堂中融入经典赏析，吟诵等环节，使工科生能在口语话题的探讨中欣赏中国优美的诗词，在纪录片中体悟中国传统节日文化的博大精深，感悟汲取优秀文明成果，以此增强工科学生的人文素养，增强文化自信，深化家国情怀。

学术性：每一个话题都具有学术性，本话题引入著名的文化洋葱模型作为理论支撑，为学生在文化探寻之路上有规律可循，以模型为指导，对中国传统文化描述层层深入，由外及内，从显性到隐性，使话题有血有肉，信息丰富，有交流的价值。

时代性：以话题为依托，将思政教育融入大学口语话题探讨中；启发学生在当今国际化语境下，尤其在 Covid－19 全球疫情爆发局势下如何讲述中国故事，如何创新对外话语权，消除偏见；基于英语国家受众的特点、品位与接受度，利用轻松、幽默，对方易接受的表达方式阐释中国文化，在文化意趣的体验与分享中，考虑对方思维方式和语言表达习惯，增强中国文化凝聚力与全球传播力。实现话语共同点、情感共鸣点和利益交汇点，为国外民众呈现一个更加立体、全面、丰富的中国。

此外，在教学过程中实现四化，即：零散知识系统化、抽象知识图像化、隐性思维显性化、规律模型化。具体而言：

零散知识系统化：课堂精选的文化洋葱模型四个层面 symbols、heroes、rituals、values 将异彩纷呈的文化元素与标记进行归类实现精准编码，使学生在描述不同节日传统时能系统化凝练与概括，分门别类，层层递进。

抽象知识图像化：课堂教学中使用多模态教学材料（经典诗词、图片、视频资源）帮助学生通过图片、音视频等视觉、听觉效应理解、吸收。

隐性思维显性化：为更好理解“文化”这个抽象概念，文化洋葱模型以图示的方式呈现出来，将不可见的思维结构与思考路径可视化，使整个教学过程直观、通俗。

规律模型化：可视化的模型易被学生理解，有助于知识转化与能力迁移，学生可以在模型中寻找规律，通过模型，学生在文化的对外阐释与口语表达中将更立体、更具逻辑性。

2. 未来改进思路

笔者将逐步完善大学英语口语课程思政教育的素材、创新教学方法，更好地践行立德树人的教育目标，首先，进一步思考在有限时间内，如何在大班口语教学中兼顾语言知识、交际能力与价值引领三个方面，思考默化思政元素自然、自洽的方式与途径。其次，以课程思政为契机，提升自身文化素养，构建跨学科知识，进一步提升教学能力与研究能力以实现深度教学，涵养学生。再次，加强学科内部观摩、研讨，通过团队共同积累学科内部的思政教学素材资源库。同时，跨学院、跨专业学习与借鉴其他学科课程开展课程思政教学的成功经验，博采众长。

四、结语

大学英语课程的人文性与思政教育目标具有高度一致性。作为高等教育的一个重要环节，大学英语具有课时多、周期长的特点。将思想政治教育融入大学英语的教学内容，以隐性的方式融入青年学子的生活中，既能赋予传统的思想政治教育以鲜活的生命力，又能丰富英语课程本身的内容。然而大学英语"课程思政"并非一个一蹴而就的过程，需要高校在英语课堂教学之中将"课程思政"作为立德树人的手段长期地、多维度地加以探索和实践（夏文红、何芳，2019）。

注 释

* 本课程案例为2020年11月上海工程技术大学"课程思政"十佳示范巡展案例之一。

参考文献

[1] Gokhale, A. A. Collaborative learning enhances critical thinking [J]. *Journal of Technology Education*, 1995, 7 (1): 22-30.

[2] Hofstede, G. Cultural constraints in management theories [J]. *Academy of Management Executive*, 1993 (7): 91.

[3] Hofstede, G. Think Locally, Act Globally: Cultural Constraints in Personnel Management [J]. *Management International Review*, 1998 (38): 7-26.

[4] William, L. *Chinese Ancestor Worship: A Practice and Ritual Oriented Approach to Understanding Chinese Culture* [M]. Cambridge: Cambridge Scholars Publishing, 2010.

[5] 陈雪贞. 最优化理论视角下大学英语课程思政的教学实现 [J]. 中国大学教学, 2019 (10): 45-48.

[6] 何莲珍. 新时代大学英语教学的新要求——《大学英语教学指南》修订依据与要点 [J]. 外语界, 2020 (4): 13-18.

[7] 教育部大学外语教学指导委员会. 大学英语教学指南 [M]. 北京: 高等教育出版社, 2020.

[8] 梁书轩. 思想政治教育元素融入大学英语教学的路径探讨 [J]. 学校党建与思想教育, 2021 (4): 65-66.

[9] 刘建达. 课程思政背景下的大学外语课程改革 [J]. 外语电化教学, 2020 (6): 38-42.

[10] 刘正光, 岳曼曼. 转变理念、重构内容, 落实外语课程思政 [J]. 外国语, 2020 (5): 21-29.

[11] 梅强. 以点引线 以线带面——高校两类全覆盖课程思政探索与实践 [J]. 中国大学教学, 2018 (9): 20-22, 59

[12] 石坚, 王欣. 立德树人 润物细无声: 课程思政的内涵建设 [J]. 外语电化教学, 2020 (6): 43-45.

[13] 孙有中. 课程思政视角下的高校外语教材设计 [J]. 外语电化教学, 2020 (6): 46-51.

[14] 夏文红, 何芳. 大学英语"课程思政"的使命担当 [J]. 人民论坛, 2019 (30): 108-109.

新时代服务国家战略需求的特色人才培养体系创新与实践*

曲　鑫

提要：本文以北京第二外国语学院为例，论述了服务国家战略需求的特色人才培养体系的创新与实践。作为特色人才培养的教学科研基地，该校自建校以来始终担负着服务国家战略、凝练学科特色、深化内涵发展的重任。笔者秉持比较研究视角，从传承与发展、特色与创新、本科生培养方案改革等方面，阐释了外语院校服务国家战略、实现内涵发展的特色人才培养模式，对比了两版培养方案制定背景、顶层设计、培养理念、实施路径和政策配置等方面的异同，为新时代我国外语院校更好地服务国家战略，建设现代化教育强国提供启示。

关键词：新时代；国家战略；外语院校；人才培养

作者简介：曲鑫，北京第二外国语学院教授。

一、引言

新中国成立70多年以来，我国外语教育一直紧密跟随国家战略，服务国家经济、文化、外交、外事等发展需求。无论是外语学科布局、语种分布，还是人才培养、科学研究，以及社会服务、国际合作等，均在对接国家战略，呈现动态发展趋势（戴炜栋，2019：8）。外语院校作为特色人才培养的教学科研基地，也始终担负着服务国家战略、凝练学科特色、深化内涵发展的重任。进入新时代，中国日益走近世界舞台中央，与各国携手构建人类命运共同体。“一带一路”建设扎实推进、新型国际关系积极构建、中国特色大国外交全面开展，新时代对于具有“家国情怀、国际视野”，担负“中外人文交流”使命的国际化特色人才培养提出新要求（王雪梅、赵双花，2019：53）。面对时代召唤，外语院校亟待处理好“历史传承与未来发展、服务国家战略与立足校本实际、发挥现有优势特色与凝练未来持续增长点、遵循高等教育内在规律与构建社会认知外在支持”（北京第二外国语学院，2019）四个方面的关系，以抓住机遇、迎接挑战。本文以北京第二外国语学院教育教学改革为例，探讨新时代外语院校服务国家战略的特色人才培养体系创新与实践。

二、传承与发展

北京第二外国语学院（以下简称北二外）是在中华人民共和国外交事业大发展背景下，在新华社外文干校基础上，由中国对外文化联络委员会创建的一所新型外语院校，主要培养外语外事干部。

1964年春，周恩来总理出访亚非，深感外事人才匮乏，遂提议建设一所外语院校，此即北二外肇始。建校以来，北二外始终以培育外语外事人才为己任。20世纪70年代末，北二外初步形成全日制外语院校教学体系；80年代初，逐步从单科性外语院校发展成为以外语为基础、旅游为特色的多学科、多层次高等院校。面向21世纪，北二外制定立足北京、服务首都、辐射全国、面向世界的改革方略，明确外语为主体、旅游为特色，多学科协调发展，建设高水平教学研究型大学的办学目标。北二外不断深化教育教学改革，创新人才培养模式，形成“学用结合、注重实践”的办学特色，坚持“国际导向、专业复合”，拓宽学生国际视野、提升学生综合素养。

党的十九大吹响了建设教育强国的号角，习近平总书记在全国教育大会上强调“坚持把优先发展教育事业作为推动党和国家各项事业发展的重要先手棋”，教育部明确提出把本科教育放在人才培养的核心地位、教育教学的基础地位、新时代教育发展的前沿地位，这标志着高等教育进入全面提高人才培养能力的新阶段（中华人民共和国教育部，2019）。在此背景下，北二外以习近平新时代中国特色社会主义思想和党的十九大精神为指引，全面深化高等教育综合改革，落实立德树人根本任务，大力培养会外语、精专业、融通中外文化的英才使者，为服务国家战略提供人才保障和智力支持。

新时期，北二外明确了“融中外、兼知行”的办学理念定位，亦为学校人才培养的学风要求。“融中外”强调办学与人才培养的国际视野，强化中外交往融通，中外文化融会，推动构建人类命运共同体。“兼知行”强调兼容并包，鼓励学术争鸣、思想交流、知行合一，无论是学校，还是师生都要做时代的思考者、信仰的践行人。明确了“家国情怀、国际视野”特色人才培养目标和“多语种复语、跨专业复合”特色人才培养路径。北二外厚植首都政治文化和国际交往中心沃土，立德树人，传承翔宇精神，培养的国际化人才既有宽广视野、开放胸怀，又有理想信念、责任担当和深厚民族情感，胜任“中外人文交流”使命，成为社会主义合格建设者和接班人。

三、特色与创新

为切实实现新时代服务国家战略需求的特色人才培养目标，结合学校办学历史沉淀和现今定位，北二外先后制定了2016版、2020版本科生培养方案。上述培养方案秉承“准对标、强特色”宗旨，创新本科生人才培养模式，赋能外国语大学新时代的新发展。

“准对标”是对标服务国家战略和首都发展对人才培养的新使命，对标以“双一流”建设为引领的学科、专业和课程建设的新要求，对标政治经济社会及个体发展对外语教育教学的新需求。“强特色”是扎根京华大地办好具有鲜明北京特色的高等教育，顺应国内外教育教学改革创新人才培养模式，发挥外语学科优势和语言特色，以扩大中外人文交流的话语权。以“准对标、强特色”为宗旨的人才培养方案，赋能新型外国语大学的升级发展，助力北二外从单一语言工具教育到多元语言能力教育转型、从提升学生语言水平到构建学生跨文化交流能力转型、从传统教学方式到智慧教学模式转型、从培养复语复合型国际化人才到孵化服务国家战略特色人才转型。

本科生人才培养模式改革创新的探索与实践，体现了北二外秉持立德树人使命，不断提高特色人才培养能力，准确定位特色人才培养目标，主动服务国家战略需求的责任担当。以本科生人才培养方案修订完善为统领的人才培养模式改革，优化了专业课程设置、夯实了学生专业能力培养、推广了智慧教学模式、引发了课堂教学革命。

北二外的本科生人才培养方案修订完善工作，以“外语+专业”多维复合为理念，将学业规划的选择权交给学生，实现人才培养理念、模式、系统、体制机制的创新。通过四年完整教学周期的贯彻实施，整合资源、凝心聚力，探索建立了自主选课、交叉排课、板块排考的智能教学信息服务平台，逐步形成了以“双复”为导向的“四跨”人才培养模式，推进“十个融合”、凸显北二外特色。其中，“双复”指“多语种复语，跨专业复合”的人才培养目标。“四跨”指“跨学科专业、跨年级班级、跨校内校外、跨国别区域”。“十个融合”指第一课堂与第二课堂融合，学校教育和实践锻炼融合，国内培养和国际交流合作融合，专业教育与通识教育融合，课堂教学与科学研究融合，语言技能与专业素养融合，线上教育与线下教育融合，教风建设、学风建设与考风建设融合，思政课程和课程思政融合，招生、培养和就业联动融合，详见图1。

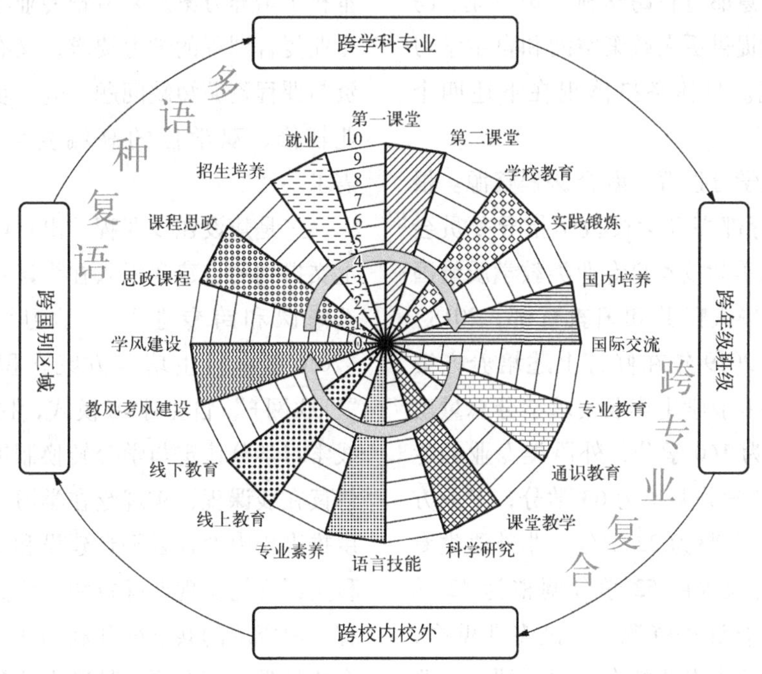

图1　北二外特色人才培养体系示意图

上述人才培养体系构建，体现了《普通高等学校本科外国语言文学类专业教学指南》(以下简称《指南》，教育部高等学校外国语言文学类专业教学指导委员会，2020）等指导性文件要求。《指南》在总序中指出，外语类高校要坚持多元发展。充分发掘本校教育教学优势资源，特色发展，错位竞争，服务国家外语人才多元需求，服务地方经济社会发展多元需求，服务学生个性化发展多元需求。北二外新时代服务国家战略的特色人才培养体系创新与实践，正是外语院校坚持多元发展的生动实例。

1.《2016版本科生培养方案》特色

在《2016版本科生培养方案》（北京第二外国语学院，2016）中，北二外创新体制机制，加大跨专业复合型人才培养改革力度，实现复合型人才培养目标。该版本科生人才培养方案在制定和实施过程中，力求处理好“通”与“专”的关系，推动各专业着力课程体系建设，淘汰水课、打造金课，调整、压缩各专业毕业要求学分，制定免修不免考制度和辅、双课程学分互认制度，为学生按照自己意愿进行跨学科、跨专业、跨年级修读课程提供更大政策空间和自主学习的机会与时间。具体举措体现在下述四个方面：

一是优化学分设置，融合课程资源。根据2018年教育部高等学校教学指导委员会编的《普通高等学校本科专业类教学质量国家标准》（中华人民共和国教育部，2018）规定学分数，2019年在修订上述培养方案时，将全校各专业学生毕业要求学分总量由170学分调整为160学分；外语类专业的专业基础课由67学分调整为63学分，专业方向课由28学分调整为22学分；非外语类专业的大学英语课程由52学分调整为42学分。同时，整合课程资源，打破专业壁垒，合理调整非外语类专业的专业通开课、专业基础课和专业方向课的课程设置，实现优质课程跨专业共融共享。

二是深化教育内涵，丰富课程门类。该版培养方案注重落实立德树人根本任务，加强课程思政和实践创新课程建设。各学科专业明确要求课程思政全覆盖，建设1—2门提高学生创新创业能力的优质课程，固定实践课程的具体设置和学时要求。同时，加强通识课程建设，全校慕课通识选修课由15门增至30门，开设了《生活中的物理学》《技术创新简史》等科学素养普及课程，《艺术的启示》《图案审美与创作》等艺术类课程，进一步丰富通识选修课课程资源，助力外语类院校学生综合素养提升。加强全校跨专业复合课程建设，搭建在线课程学习平台，初步建成涉及文学、经济学、管理学、法学、理学五大门类的43门外语专业学生跨专业复合学习课程资源库。跨专业复合学习课程资源库既有利于适应《2016版本科生培养方案》对外语专业学生4学分跨专业复合课程的学习要求，又有利于缓解师资与课程资源短缺问题，进一步满足了跨专业辅修、双学位的高端复合型人才培养需求。

三是建设在线课程，出台配套方案。除上文提到的自建和引入在线课程，扩充通识选修课和跨专业复合学习课程资源库，《2016版本科生培养方案》积极推广应用“互联网+”自主学习模式，探索建立了在线学习学分认定与学分转换制度，鼓励学生修读在线课程，实现泛在学习。学校加大力度推进校内课程云平台建设和使用，全部本科生课程均实现课程资源在线共享，提高课程学习资源的共享度和利用率。通过设立混合式教学改革专项，鼓励支持教师利用学校课程云平台开展校内SPOC教学实践。在原有已资助立项的在线课程基础上，2019年投入近370万元用于在线课程建设，当年共有57门在线课程完成录制任务并验收上线。为满足2020版本科生人才培养方案完善复合型人才培养模式的建设需求，计划从2019至2020学年第二学期开始分步实施各专业核心课程的标准化慕课录制与上线工作，同步完善学生自主学习平台建设。

为激励教师积极参与在线课程建设，学校出台了《北京第二外国语学院在线开放课程建设与应用方案》，为在线课程的建设和运行提供经费支持，对获得校级、市级和国家级精品在线课程的教师予以奖励，所获奖励纳入教师荣誉体系。同时，学校将在线课程建设纳入校级教学名师、校内专业评估等各类教学相关评审条件之中。

四是实行智能排课，完善自主选课。学校升级本科教学信息综合服务系统；优化智能排课功能，跨专业、跨年级复合学习自主选课平台设计。最大限度保障外语专业与非外语专业的交叉选课。同时，设计了交叉对折式排课模块和选课模块，实现跨年级、跨专业交叉选课；设计了高年级选低年级、外语专业与非外语专业交叉互选的辅双选课模块。根据培养方案设计各外语专业和非外语专业各年级、各学期开设的辅双课程，面向对应的高年级学生开放选课，以保障课程学习的先修后继。自2016级至2018级，辅双跨专业选课资格限定人数由年级专业排名前30%扩大至35%，实现了2016级至2019级全体本科生的滚动式复合选课和学习。

2.《2020版本科生培养方案》创新

基于上述2016版人才培养方案，北二外创新制定《2020版本科生培养方案》（北京第二外国语学院，2020），旨在积极落实教育部新文科建设理念，深入理解“双万计划”一流本科专业建设规划、一流本科课程建设规划，紧扣时代新要求、经济社会发展新实践和科技革命新进展，体现人才培养新思路。新版培养方案立足具有鲜明北京特色的高水平外国语大学建设目标，适应学校对各专业建设的总体要求，结合学校对各专业招生方向的细化要求，对标国家和北京市“一流专业”建设要求，对比相关院校专业，明确定位和发展方向，充分体现专业特色与优势。

《2020版本科生培养方案》坚持立德树人，把社会主义核心价值观融入教育教学全过程；坚持把思想政治教育、法治教育、生命教育、卫生健康教育、艺术教育、自然科学教育、国家安全教育等融入人才培养全过程；坚持全员育人、全过程育人、全方位育人，提高培养质量，实现人才培养目标。新版培养方案坚持了2016版的基本理念和思路框架，补足上一版培养方案短板，推动“内嵌式”人才培养模式创新，进一步凸显北二外“多语种复语、跨专业复合”的人才培养特色。

《2020版本科生培养方案》切实体现了跨专业复合培养特色，构建复合型人才培养体系。立足学校人才培养全局，突破院系、部门之间的壁垒，发挥各单位的积极性和主动性，大力推进专业课程向全校开放。通过进一步加强在线课程建设，扩大跨专业复合培养过程中学生的受益率和选课率，充分为学生提供复合学习的可能性。根据学生发展需求，加强跨学科专业、专业基础与通识教育、课堂教学与创新创业实践之间的多维复合，线上教学与线下教学之间的有机结合，第一课堂与第二课堂之间的高效衔接。

新版培养方案积极推广在线教育教学模式，课程建设、资源建设和教学模式充分体现“互联网+”和“智慧+”的特色。强化在线课程教学资源建设，统筹建设一批具有北二外特色和世界水平的高质量在线课程。鼓励教师利用现代教育技术丰富教学手段，更新课程内容，借助优秀网络课程等资源丰富和优化课程体系；鼓励学生在教师指导下修读在线课程，建立网络学习学分认定与学分转换等相关制度。

《2020版本科生培养方案》强化以考辅教、以考促学的人才培养过程监测机制。根据课程特点，健全能力与知识考核并重的多元学业考核评价体系，加强对学生学习的过程性评价，改革考核评价办法，实行多样性考核形式，加大阶段性测试、实践能力、研究创新能力在学生学业成绩总评中的比重，引导学生自觉增强学习能力和探索精神。

新版培养方案充分考虑到各专业的特点，兼具统筹性和特色性。全校统一划定学分总量要求和学分结构分布。各院系根据自身学科专业特点和实际条件，科学论证所属学科专业人才培养目标，合理规划课程体系和课程内容，凸显专业优势与培养特色。

3. 守正创新：两版培养方案比较

相较《2016版本科生培养方案》，《2020版本科生培养方案》坚持守正创新，更加适应新时代国家教育教学改革趋势，深入凝练校本人才培养成果特色，优化人才培养体制机制，推进"多语种复语，跨专业复合"人才培养模式实施。

回顾《2016版本科生培养方案》在顶层设计方面推陈出新的同时，可以看到新版培养方案制定过程中，学校层面通过统筹组织各教学单位积极开展制定工作，全校上下就制定背景、顶层设计、培养理念、实施路径和政策配置等方面凝聚共识。各教学单位从本科教学审核评估回访和北京市委巡视组工作的关注焦点，北京市关于市属高校分类办学的具体要求，以及学校建设高水平外国语大学的办学定位三个方面出发，正确理解和高度认识本轮人才培养方案制定的意义。

在上述共识基础上，《2020版本科生培养方案》相较2016版主要体现出下述四个方面特点：

一是在顶层设计上顺应了当前国内外外语专业教育教学新形势，对标教育部发布的本科专业类教学质量国家标准和外国语言文学类专业教学指南新标准，满足新时代党和国家对外语人才培养新要求，以及社会经济发展对外语专业工作岗位的新需求。

二是在培养理念上，体现出"以生为本、学生受益、教学相长"，体现出专业特色和专业竞争力，体现出"智慧教学"和"互联网+教育"。

三是在实施路径上，补足《2016版本科生培养方案》短板，推动"内嵌式"人才培养模式创新，构建受惠面更广、获益率更高的"复语复合"课程体系。

四是在政策配置上，"按需配套"实现全校教育教学资源统筹调配、师资共享，实现专业通开课彻底打通、各类课程建组管理，实现在线课程教学和跨专业指导工作量单独认定。

四、服务国家战略，实现内涵发展

新时代我国高等教育秉持立德树人的初心使命，着力培养德智体美劳全面发展的社会主义建设者和接班人。作为外语院校，二外始终以服务国家战略为己任，围绕首都经济社会发展的实际需求，全面深化教育教学综合改革，不断促进内涵发展、特色发展、差异化发展。为实现上述发展目标，构建一流培养体系，走以质量提升为核心的内涵发展道路，北二外在传承发展建校宗旨的同时，积极推动校本特色创新。上述本科生培养方案改革，突出了人才培养的核心地位，带动了学科专业结构的全面调整，深入推进了“三全育人”。北二外特色人才培养体系创新与实践对新时代我国外语院校服务国家战略需求，实现内涵发展具有以下启示：

第一，聚焦特色学科和关键领域。新时代，人类命运共同体、“一带一路”倡议、新型国际关系等一系列国家战略相继提出，具有“家国情怀、国际视野”，担负“中外人文交流”使命的国际化特色人才关乎实施成败。因此，外语院校亟待培养有志于投身国家战略需求的优质特色人才。建设服务国家战略的人才培养体系需突出特色学科的支撑引领作用，由外语院校结合自身学科优势和办学特色为国育才。国家语言能力与相关学科知识的有效复合是特色人才培养的根本路径。

第二，优化人才选拔和培养机制。高校的人才选拔理念和人才培养理念相辅相成，既基于长期教育实践中形成的特色教育体系，又依托于当下教育现代化进程中的现实资源布局。2014 年启动的高考综合改革，驱动了外语院校构建特色人才选拔体系。这不仅需要外语院校优化招生录取体系，更需其凸显校本育人特色，建立人才强校培养机制。外语院校需根据办学定位、培养目标、就业质量等情况，科学设计人才选拔方案，力争达成高校与学生之间的精准匹配，充分发挥教育评价的反拨作用，“以评促学”完善人才培养方案，实现特色人才培养目标。

第三，学科交叉孵化拔尖创新人才。外语院校作为国际化特色人才培养基地，需厚植人文学科沃土，不断融入新理念和新技术，促进新文科背景下的学科融合，提升拔尖创新人才培养质量。外语院校首先需明确特色人才培养内涵，构建人才培养知识、能力、素养框架，将社会主义核心价值观融入教育教学全过程。突破学科壁垒，推动跨学科专业复合，依托网络“智慧”教学平台，实现专业通开课、跨专业辅双课、专业特色课等优质教学资源全面开放共享。通过强化在线课程建设，提升复语复合人才培养受益率和选课率，实现基于学科专业交叉的特色化人才培养模式。

五、结语

几十年来，我国外语院校发展始终与国家战略同向同行，坚持不懈探索人才培养之路。新时代为我国教育事业描绘了新蓝图，外语院校亟待全面深化教育教学综合改革，落实立德树人根本任务，提升特色人才培养能力。本文论述了校本特色人才培养体系创新与实践，希望可以抛砖引玉，助力于深入探究我国外语院校如何立足实际、明确人才培养定位、寻求内涵发展路径、凸显学科专业特点、加强历史文化传承和国际交流合作，更好地服务国家战略，为建设现代化教育强国做出更大贡献。

注　释

* 本文系北京市社会科学基金研究基地项目“北京对外文化传播语言人才培养质量评价体系研究”（19JDYYB003）阶段性成果。

参考文献

[1] 北京第二外国语学院. 2016 版本科生培养方

案［Z］. 北京：北京第二外国语学院，2016.
［2］北京第二外国语学院. 本科教学工作审核评估整改报告［Z］. 北京：北京第二外国语学院，2019.
［3］北京第二外国语学院. 2020 版本科生培养方案［Z］. 北京：北京第二外国语学院，2020.
［4］戴炜栋. 服务国家战略 培养高端人才 推动外语教育发展［J］. 外语教育研究前沿，2019（3）：8－12.
［5］教育部高等学校外国语言文学类专业教学指导委员会. 普通高等学校本科外国语言文学类专业教学指南［M］. 北京：外语教学与研究出版社，2020.
［6］王雪梅，赵双花. "一带一路"沿线一流高校外语专业/课程设置研究［J］. 外语界，2019（6）：53－61.
［7］中华人民共和国教育部. 普通高等学校本科专业类教学质量国家标准［EB/OL］. 取自 http://www.moe.gov.cn/jyb_xwfb/xw_fbh/moe_2069/xwfbh_2018n/xwfb_20180130/sfcl/201801/t20180130_325921.html,2018.
［8］中华人民共和国教育部. 为了打赢全面振兴本科教育攻坚战——新时代全国高等学校本科教育工作会议一年来改革综述［EB/OL］. http://www.moe.gov.cn/jyb_xwfb/s5147/201906/t20190628_388109.html,2019.

国际化创新型外语专业人才培养的探索与实践*

陈 颖 杨连瑞 徐亚妮

提要：中国走向世界，融入国际事务，急需大批高端外语专业人才。在这一时代背景下，本文重新思考外语专业学科定位和学科建设，探讨国际化创新型外语专业人才的内涵及素质结构，在一个合理的外语专业学科建设框架内构建国际化创新型外语专业人才培养体系，并结合中国海洋大学外国语学院十余年外语教学改革实践提供一些效果显著的国际化创新型外语专业人才培养举措，以期提升我国外语专业人才培养质量，促进我国外语学科和外语教学的可持续发展。

关键词：学科建设；国际化；创新型；外语人才

作者简介：陈颖，中国海洋大学外国语学院副教授，博士，硕士生导师；
杨连瑞，中国海洋大学外国语学院院长，教授，博士生导师；
徐亚妮，中国海洋大学外国语学院博士研究生。

一、引言

《国家中长期教育改革和发展规划纲要(2010—2020年)》明确提出“培养大批具有国际视野、通晓国际规则、能够参与国际事务和国际竞争的国际化人才”。“国际化和创新型成了衡量新型人才规格的尺度和标准”(庄智象等，2011：72)。这既是发展社会经济的必然结果，也是对接国家战略的重要任务。进入新时代以来，随着“一带一路”倡议、“人类命运共同体”“海洋强国战略”等的推进，国家对高端外语人才的需求日益迫切(戴炜栋，2019；吴岩，2019)。2018年教育部发布的《外国语言文学类教学质量国家标准》（教育部高等学校外国语言文学类专业教学指导委员会，2018）则进一步明确了外语人才培养目标，指出外语类学生要具备“创新精神，要突出跨文化能力、思辨能力和创新能力培养”。在前期研究（杨连瑞等，2015）的基础上，本文将从学科建设的高度探讨新时代我国国际化创新型外语专业人才培养体系的构建及其成效，期望为我国高端外语专业人才培养提供借鉴或启示。

二、新时代外语学科定位及学科建设

外语学科或者更详细地称为外国语言文学学科，在1998年颁布的《普通高等学校本科专业目录》中被列为一级学科，包含英语专业在内的各语种专业都是其二级学科。外国语言文学学科是人文与社会科学这一大学科分类的一支。这是对外语专业的学科属性定位，诸多学者对此都已达成了共识（胡文仲、孙有中，2006；蓝仁哲，2009；庄智象，2010）。为对接我国新时代高等教育和外国语言文学学科发展的新要求，王雪梅（2019）探讨了新时代一流外语学科的内涵及外语学科建设原则与路径，强调外语学科需主动对接国家战略，坚持立德树人，实现内涵式发展。潘文国（2019）审视了新时代外语学科建设面临的问题与挑战，从宽度、长度和厚度等多个维度高屋建瓴地提供对策与建议。这些探讨紧贴外语教育发展时势且立足高远，有助于外语教育工作者把握发展契机，不断开拓创新，培养面向国家未来需求的高层次外语专业人才。

教育部高教司副司长徐青森在 2017 年第二届全国高等学校外语教育改革与发展高端论坛的发言中指出，随着“一带一路”倡议的实施，国家对高素质复合型外语人才的需求更为迫切。高素质复合型外语人才应该具备坚定的文化自信、扎实的学识以及开拓进取的创新精神。2018 年召开的全国教育大会特别指出，要大力培养“具有全球视野、通晓国际规则、熟练运用外语、精通中外谈判和沟通的国际化人才”（吴岩，2019：6）。为了更好地发挥外语教育服务国家发展战略需要的作用，戴炜栋（2019）建设性地提出了新时代我国外语教育发展的四点建议：对接国家战略，实现特色发展；坚持立德树人，建设质量文化；运用信息技术，促进共建共享；立足本土需求，培养国际视野。这些建议为新时代外语学科建设和外语专业的提质发展指明了新路向。

长期以来，外语界同仁对外语学科建设与外语专业发展之间的关系进行了深入思考，达成了较为一致的意见。王守仁（2001）明确指出英语专业必须朝着学科方向建设，因为从根本上来说学科是专业的基础，专业建设的深入发展需建立在良好的学科建设基础上。同样，秦秀白（2006）也强调外语专业发展中学科建设的必要性，认为忽视学科建设，专业建设难以形成稳定的、能够体现学科建设强项和特色的专业课程，更无法使专业自身的知识不断累积、创新和系统化。因此，我们必须增强学科建设意识，做到以学科建设为龙头进行专业建设。根据学科构成的三要素，高校外语专业的学科建设首先就要打造一支拥有学科带头人、学科梯队，有明确研究方向和特色的师资队伍，在承担日常教学任务的同时重视科研工作的开展，产出优秀的科研成果，把教学和科研二者结合在一起，以教学实践促进科研的发展又通过科研成果改善和提高外语教学的质量，培养出国际化创新型外语专业人才，从而构建一个符合时代要求、科学有效的高层次外语人才培养体系。

与新时代对高端外语专业人才的要求相比，当前的人才培养还存在弊端。有的高校一味追求“专业对口”，只看到外语的工具性而忽视了高校外语专业的学科性、专业性、人文性和科学性，既难以达到人才培养的高度和深度，也不利于外语专业的学科建设和长远发展。我们认为有必要重新认识国际化创新型外语专业人才的内涵及其素质结构，从学科建设的高度构建一个科学合理的外语专业人才培养模式，在理论和实践上探索并完善适合外语专业学科的课程结构和方法途径等以培养适应国际化、全球化发展需要的高端外语人才。

三、国际化创新型外语专业人才：内涵与素质结构

“国际化创新型外语人才”是一个不断延伸和扩展化的概念（王金洛，2005），其

内涵是融合了“国际化”和“创新型”两种特质的外语人才（庄智象等，2011）。

1.“国际化”和“创新型”的内涵

早在中国近代史上，梁启超曾提到过“国际视野”的概念。所谓“国际”，是为“他族”，所谓“视野”，是为“看见”。国际视野并不单纯等同于对外语的掌握，而是应该包括对国际社会民族文化的了解与熟悉。近年来，外语界对国际化人才的内涵进行了深入讨论。庄智象等（2011）指出国际化人才可以从国家视角、企业视角、高校视角、个人视角等不同视角进行界定。就高校视角而言，国际化人才是指“具有宽广的国际化视野、良好的跨文化沟通能力，通晓国际规则，能够参与国际事务和国际竞争的人才”（庄智象等，2011：72）。王雪梅（2014）从知识、能力和素养角度阐述了国际化人才的内涵，认为知识包括专业知识、国际知识和语言知识，能力包括跨文化能力、创新能力和终身学习能力，素养包括人文素养、科学素养和信息素养。桑元峰（2014）则从中国文化走出去的需求出发，认为国际化人才需要掌握扎实的专业知识，拥有跨学科视野和较强的跨文化交际能力，充分理解全球化内涵，积极参与国际事务，解决实际问题。

长期以来，有个误区，社会甚至外语界认为学外语主要是向他国学习。有些人学了外语、忽视了中国语言文化传统，过分崇洋媚外、自贬身价、自叹弗如，往往拥抱西方而不知西方为何物、鄙视传统却不了解中国文化底蕴。需要指出的是，中国情怀与国际视野相辅相成，缺一不可。国际视野须以中国情怀为根本，中国情怀须以国际视野为目的。缺失中国情怀，所谓的国际视野将成为无源之水、无本之木；缺乏国际视野，所谓的中国情怀将孤芳自赏、故步自封。新时代的外语人需立足本土，面向世界，除了向他国学习，更要站在世界文明的高度研究中国问题，讲好中国故事，推动中外文明互鉴。

“创新型”是21世纪外语专业人才为适应现实需要应具备的另一特质，且国家从顶层设计的高度出台多个文件强调创新能力的培养。2000年出台的《高等学校英语专业英语教学大纲》在教学原则中强调学生思维能力和创新能力的培养。近期颁布的《外国语言文学类教学质量国家标准》把培养创新型外语人才置于核心地位。同样，外语界也对创新型人才的内涵进行多维解读。文秋芳（2002：14）明确指出，创新型英语人才首先是合格的英语人才，然后必须具有复合型的知识结构。在此基础上，还要融入创新精神、创新能力和创新人格等创新素质。在对比国内外对创新型人才理解的基础上，庄智象等（2011：73）把创新型人才界定为“具有创新精神、创新能力和创新人格并能够取得创新成果的人才”。也有学者进一步细化创新型的素质结构。王银泉（2013：22）认为创新型人才应该能够充分发挥主观能动性，主动获取知识、独立思考、创新思维，主动扩展知识面、培养学术意识、熟练使用目的语进行交际，具备独立思考能力和独立发展的能力，要有思想、有观点、有创造能力，对社会的多元需求具有极强的适应性，能够对所学知识融会贯通、灵活运用，追求全面发展。卢植（2018）则论述了语言能力在创新型外语人才能力体系中的地位，指出创新型外语人才是具有创新能力和创新素质的复合型语言类人才，其核心能力是语言能力，同时具有健康而优秀的身体和心理素质，良好的公民意识、道德品质、职业素养，高精的外语专业水平，并至少掌握一门第二外语和其他相关学科专业知识，具备开阔的国际视野和较强的跨文化交际能力等。

综上所述，“创新”是“创新型外语人才”最突出的标志。需要指出，“创新型外语人才”的概念是建立在“复合型外语人才”概念基础之上的（杨连瑞等，2015）。也就是说，“创新型外语人才”概念不是对“复合型外语人才”的全盘否定而是根据时代要求对外语人才培养模式的适时调整和完善，二者事实上有着共通之处。创新型外语人才除了需要具有全面多样的复合型知识结构以外还必须具备一定的创新能力。只有具备了普适性的创新能力，外语专业毕业生即使在某个方面有些欠缺也能很快完善自我并在各工作岗位上较快适应所承担的工作。

2. 素质结构

尽管“国际化”和“创新型”从不同维度提出了人才培养的规格，但两者都可从知识、技能、能力和素质三个方面进行总结。在前人研究的基础上，我们认为国际化创新型外语人才应该具备以下素质能力：

（1）扎实的语言基本功。没有扎实的语言基本功，一切均为空中楼阁。

（2）具有中国情怀，继承和发扬中华民族的优秀传统文化和民族精神。这要求外语专业人才具有深厚的文化基础，创新发展我国优秀传统文化。

（3）完整、合理的专业知识结构。这要求外语专业人才具有全面的知识结构，熟悉、掌握相关领域专业知识。

（4）创新思维能力和分析解决问题的能力。外语专业人才的创新性更多地表现为他们的批判性思维能力以及在学习、生活和工作中的独立思考、分析和解决问题的能力。

（5）具有国际视野，了解国际惯例，通晓国际规则，能够参与国际事务和国际竞争。这要求外语专业人才熟悉多元文化，熟悉本专业及相关专业国际化知识，掌握国际惯例，具有较强的跨文化沟通能力以及国际交流与合作能力。

四、国际化创新型外语人才培养体系的构建

为了培养优秀的外语专业人才，多年来我国外语教育工作者一直在努力构建一个科学合理的、符合国情的外语专业人才培养体系，并通过教育教学实践总结经验对其不断进行修改、补充和完善（黄源深，2001；文秋芳，2002；陈新仁、许钧，2003；王金洛，2005；郑艳，2006；曹德明，2007；庄智象等，2011；卢植，2018；张绍杰，2019）。基于中国海洋大学外国语学院（下文简称学院）外语专业教学理论和实践研究以及国内外相关研究，我们在外语专业学科建设框架内构建了一个符合时代要求的国际化创新型外语专业人才培养体系（图1）。

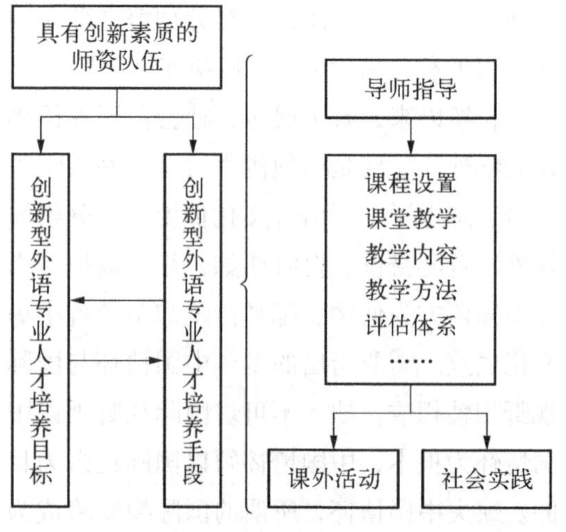

图1 国际化创新型外语专业人才培养体系

作为学科建设的一部分，这一培养体系包含三大主要模块，即具有创新素质的师资队伍、外语专业创新人才的培养目标和培养手段，其指导思想是由外语的工具性向人文性和科学性转变，师资队伍、人才培养目标和手段均与国际接轨。

首先，建设一支具有创新素质的高水平师资队伍是高校培养国际化创新型外语人才的首要前提，在培养体系中起着决定性的作用。作为教学活动中的组织者、引导者和实施者，只有具备了创新素质的教师才会更有意识地在课堂教学中积极引导学生进行创造性思维，从而培养学生的独立思考和创新的能力。多年来，学院一直秉承人才强院战略，不断强化师资队伍建设，构建了一支学缘结构好、教学水平高、科研实力强、发展潜力大的中外合作师资队伍，其中教授 37 人（含国际特聘教授 8 人），博士生导师 17 人，硕士生导师 51 人。同时，学院还聘请 20 余位国际知名专家学者为本科生、硕士生和博士生开设课程、讲座，并计入学分。学院师资队伍的建设为创新型外语专业人才培养提供了首要保障。

其次，外语专业人才的培养目标随着国内外新形势的变化有所改变。虽然不同时代不同社会对人才的期望不外乎德才兼备，但具体而言，德、才的时代内容和社会内容总会有若干不同。所以，担负人才培养的教育必定需要不断进行微调和校准，响应时代要求，回应社会关切，才能培养出尽可能适应当今社会需要的人才。为对接国家新时代的战略需求和社会发展需要，学院充分发挥海大优势，立足山东、面向全国，在人才培养过程中突出专业综合技能，注重工具性、人文性和科学性的统一，以深度国际化为特色，着力培养更具国际竞争力的涉外涉海外语人才。

再次，针对国际化创新型外语专业人才培养手段，我们提出导师指导下的外语专业人才培养计划，即“师—师”和“师—生”互动的“双导师制”。一方面充分发挥现有老教师的带动作用，由教学、科研经验丰富的老教师和青年教师结成对子或团队，发挥传帮带优良传统，帮助青年教师提升教学和科研能力，推动师资整体水平提高。另一方面，导师与学生双向选择组成指导关系，与学生共同完成个体的培养方案制定，如课程选修，学习指导、学术研究训练、论文选题及论文质量把关等。在“全员全程”指导过程中，教师在课堂上充分发挥作为教学活动组织者、引导者和实施者的角色作用，在课外活动和社会实践中加强教师的引导和组织，使学生在课外实践中有所学、有所得。这再次说明在培养创新型外语人才过程中高效建设具有创新素质的师资队伍的重要性。

五、国际化创新型外语人才培养实践

如上所述，国际化创新型外语专业人才培养体系涉及师资队伍、人才培养目标和培养手段。建设一支具有创新素质的国际化师资队伍是培养国际化创新型外语人才的首要前提，制定科学合理的培养目标是人才培养的方向，而培养优秀的国际化创新型外语人才的关键在于采取什么样的培养手段和方法。本部分将概要介绍学院在国际化创新型外语人才培养过程中的具体实践。

1. 更新教育理念

培养国际化创新型外语人才，首先是在外语教育理念上的改变。为了把我们的外语专业毕业生培养成为适应新时代全球化、国际化需求而不只会围着外语工具转，具有潜在学习和创新能力的高级外语专业人才，学院积极倡导研究性教学理念并把研究性教学理念融入课程设置、教学内容等具体的教学实践中。学院现有的五个本科专业都归于外国语言文学一级学科旗下，担负着培养各类涉外人才的任务。在平衡知识传授与能力塑造之间的关系方面，学院强调在基本知识的传授过程中，着力揭示知识的结构性和规律性，培养学生的自主学习能力、批判思维能力、实践能力与创新能力，引导学生树立“终生学习”的观念并养成“终生学习”意识。

2. 创新培养模式

为全力服务国家海洋强国战略，学院努力整合优势，坚持学科与专业一体化发展，积极开展大类招生，探索实施“多语种+”卓越人才培养模式。学院大类招生旨在鼓励学生兼顾学习兴趣与国家未来需要，在选择第一专业的前提下选择其他语言进行第二专业或第三专业学习，注重人文素养、多元文化沟通能力和多语能力的培养。同时，为了拓宽本科生的知识面，培养本科生的思辨能力和科研思维，学院要求各系教授均需开设面向本科生的学术讲座，使学生在本科阶段就开始培养做学问意识，为今后的升学深造打下良好的基础。尤其值得指出的是，学院依托外国语言文学一级学科博士点的优势、近 50 项国家社科及省部课题以及国际领先的语言与脑科学实验室等，按照国际规范，努力打造新文科“语言学卓越班”，实行导师制小班化、研究型国际化、本硕博贯通式培养模式。

3. 优化课程体系

课程体系是否科学、合理，直接影响人才培养的质量。经过多年建设，学院初步构建语言学理论与应用、翻译学、外国文学研究、区域国别研究等四大方向模块课程体系，夯实语言基础，突出语言运用能力，注重培养学生的全球视野、国家情怀和思辨能力。同时，学院在外国语言文学一级学科面向所有专业开设“中国文化概论”“世界语言概况”“世界文学”“人类文明与翻译”“海洋与国家文明”等五门平台课程，致力于培养学生的人文情怀，增强文化素养，开阔国际视野。在“专业”“特色”课程体系中，学院着力打造“金课”课程群，如“普通语言学”“第二语言习得概论”“西方文论”“翻译概论”“跨文化交际”等 20 余门构成的课程体系，充实英语专业的内涵，率先实施从“学英语”向“用英语学”的重大转变。

4. 革新教学手段

学院坚持厚基础、高水平、多样化的培养思路，推进教学方法与教学手段改革，进一步推进启发式、讨论式、案例式和研究式等教学方法，注重学思结合、知行合一、因材施教。一方面，灵活运用多种教学方法，采取任务驱动式教学法、合作式教学法、讨论式教学法等方式实现师生互动，在教学中充分发挥学生的能动性和创造性，培养学生合作创新和自主学习的能力。另一方面，依托学校本科生研究发展计划（Student Research Developing Program），鼓励学生组建课题研究小组，在导师指导下选择感兴趣并值得探究的话题进行自主研究性学习，不断探索培养国际化创新型外语专业人才的新路径。同时，充分利用信息技术，建设基于校园网络环境下的多语种特色教室“云课堂”，打造智慧教室，筹建智慧平台，利用翻转课堂、混合式教学等多种方式推动信息技术与教育教学深度融合，有效提升人才培养质量。

5. 探索深度国际合作

基于国际化创新型外语专业人才培养的办学理念，学院坚持“请进来、走出去”战略，积极探索国际化人才培养机制，努力实现英语、日语、法语、德语和朝鲜语五个语种与相关国家友好学校在本科生的全面联合培养或双专业上的合作培养。近三年，学院聘任 Brent Wolter 教授、Anna Siyanova 博士、王渤教授、斋藤教授、梁镛教授等八位国际知名学者为特聘教授，组建中外专家合作团队共同授课，常年为本科生开设“应用语言学研究方法”“西方修辞学”等课程。同时，学院定期邀请国际知名专家、学者举办各类讲座，极大地开阔了学生的学术视野。通过深度国际交流拓宽学生的国际视野和未来发展道路，更好地培养国际化创新型外语专业人才。

6. 完善协同育人机制

学院不断探索多种形式的协同育人机制，实现学用对接，构建课内综合训练和课外专业实践交相呼应的实践体系，实现创新能力与专业实践能力培养的有机融合。首先，学院积极联系社会资源，共享外语学科平台，搭建了新华社对外部实习基地、中国外文局《今日中国》杂志社外语实践基地等 9 个国家级、省部级外语实践实训基地，使学生在实践的过程中夯实专业知识，帮助使其熟悉就业环境，明确就业意向。其次，依托区域优势和学校特色，积极搭建专业实践渠道，选派学生参与上合组织青岛峰会、海军节等高端国际会议的外事服务工作，扩展学生的国际视野。同时，积极拓宽人才培养口径，与境外高水平教育科研机构建立联合培养基地，积极推进海外精英发展计划等短期国际交流项目，提高外语专业人才国际竞争力。

在这一培养体系的指导下，在全院师生的共同努力下，学院的学科建设取得了一定的成效。学院现拥有外国语言文学一级学科博士学位授予权，设有语言学理论与应用、翻译学、外国文学研究和区域国别研究 4 个子学科群，辐射 16 个研究领域；拥有外国语言文学一级学科硕士学位授予权，下设外国语言学及应用语言学、英语语言文学、日语语言文学、法语语言文学、德语语言文学、亚非语言文学等 6 个二级学科硕士点，拥有全国翻译硕士专业学位授予权，其中外国语言学及应用语言学为山东省重点学科，法语专业为山东省品牌专业，英语专业为山东省特色专业，外国语言文学研究基地为山东省“十二五”高校人文社科研究重点基地。学院五个专业全部入选一流专业，其中国家一流专业建设点三个。经过长期的建设，本学科已形成了语言学理论研究、应用语言学与二语习得研究、对比语言学与翻译研究和口笔译实践与研究、外国文学研究、外国文化研究、国别文化研究等优势研究领域。近年来，学院承担国家级、省部级和国际招标课题 50 余项，科研经费共计 1 000 万余元，国家“十一五”“十二五”和“十三五”规划教材项目 12 项，出版外国语言文学类专著 30 余部，教材和译著 160 余部，在 SSCI、CSSCI 和其他核心期刊发表论文 100 多篇，获国家教学成果二等奖等国家级和省部级教学科研成果奖 20 余项。

近年来，学院本科生、硕士生和博士生积极参加国际、国内比赛、活动，表现突出。学生以“志愿者活动”为主要形式，发挥专业优势，以所学专业知识服务社会。在上海合作组织青岛峰会、海军节、青岛国际帆船周、国际渔业博览会等国际或国家大型活动中，处处活跃着外院学子的身影。志愿者对这些大型赛会的顺利举行起着至关重要的作用。在服务地方的重大活动中，同学们进一步提升了实践及创新能力，其过硬的专业素质得到社会的广泛认可，也得到外交部和青岛市政府等单位的高度评价。毕业生就业范围广、就业质量高、行业影响力强。学院50%以上本科生继续深造，近百名升学至牛津大学、剑桥大学等境外院校及北京外国语大学、上海外国语大学等国内知名高校。多年来，学院为社会输送大批优质专业人才，他们在外交部、商务部、新华社、山东省、江苏省等各级政府部门和涉外机构、剑桥大学、上海外国语大学等高等院校和中国银行、海信集团、海尔集团等企事业单位施展才华。

六、结语

本文扼要梳理新时代外语学科的定位以及学科建设与专业发展的关系，探讨国际化创新型外语专业人才的内涵及素质结构，从外语学科建设的高度初步构建国际化创新型外语人才培养体系。同时，结合学院十余年外语教学实践，本文总结了国际化创新型外语人才培养的一些具体措施，与外语教育界人士共鉴。新时代背景下，外语学科需有效对接国家重大发展战略，把握“一流学科”建设的契机，不断探索科学有效的人才培养模式，切实提升外语专业人才培养质量，为国家建设培养出更多优秀的国际化创新型外语专业人才。

注　　释

* 本文为2021年山东省本科教学改革项目“新时代涉海涉外高端英语专业人才培养模式研究与实践”阶段性成果。

参考文献

[1] 曹德明. 以科学发展观为指导培养创新型国际化外语人才 [J]. 外国语，2007 (4)：2-5.

[2] 陈新仁，许钧. 创新型外语人才的理念与内涵——调查与分析 [J]. 外语界，2003 (4)：2-6.

[3] 戴炜栋. 服务国家战略　培养高端人才　推动外语教育发展 [J]. 外语教育研究前沿，2019 (3)：8-12.

[4] 胡文仲，孙有中. 突出学科特点，加强人文教育——试论当前英语专业教学改革 [J]. 外语教学与研究，2006 (5)：243-247.

[5] 黄源深. 21世纪复合型英语人才 [J]. 外语界，2001 (1)：9-13.

[6] 教育部高等学校外国语言文学类专业教学指导委员会. 外国语言文学类教学质量国家标准 [A]. 载教育部高等学校教学指导委员会（编）. 普通高等学校本科专业类教学质量国家标准（上册）[C]. 北京：高等教育出版社，2018：90-95.

[7] 蓝仁哲. 高校外语专业的学科属性与培养目标——关于外语专业改革与建设的思考 [J]. 中国外语，2009 (6)：4-8.

[8] 卢植. 论创新型外语人才培养模式建构 [J]. 外语界，2018 (1)：36-42.

[9] 潘文国. 外语学科建设的多维思考 [J]. 中国外语，2019 (4)：11-15.

[10] 秦秀白. 理工院校英语专业应该加强学科建设 [J]. 外语界，2006 (1)：2-6.

[11] 桑元峰. 从国际化人才培养视角探索外语教

学质量监控［J］. 外语界，2014（5）：83－88.

［12］王金洛. 关于培养创新型英语人才的思考［J］. 外语界，2005（5）：37－41.

［13］王守仁. 加强本科英语专业“学科”的建设［J］. 外语与外语教学，2001（2）：42－43.

［14］王雪梅. 全球化、信息化背景下国际化人才的内涵、类型与培养思路——以外语类院校为例［J］. 外语电化教学，2014（1）：65－71.

［15］王雪梅. 新时代一流外语学科建设：内涵、原则与路径［J］. 外语界，2019（1）：23－30，60.

［16］王银泉. 从国家战略高度审视我国外语教育的若干问题［J］. 中国外语，2013（2）：13－24,41.

［17］文秋芳. 英语专业创新人才培养体系的研究与实践［J］. 国外外语教学，2002（4）：12－16.

［18］吴岩. 新使命　大格局　新文科　大外语［J］. 外语教育研究前沿，2019（2）：3－7.

［19］杨连瑞，陈士法，张琴. 从学科建设的角度看国际化创新型外语专业人才培养［J］. 中国外语教育，2015（1）：9－15.

［20］张绍杰. 改革开放40年外语人才培养——成就与反思［J］. 中国外语，2019（1）：6－12.

［21］郑艳. 认识外语专业内涵　建立研究型教学理念　培养创新型人才［J］. 外语界，2006（3）：2－6.

［22］庄智象. 我国外语专业建设与发展的若干问题思考［J］. 外语界，2010（1）：2－10.

［23］庄智象，韩天霖，谢宇，严凯，刘华初，孙玉. 关于国际化创新型外语人才培养的思考［J］. 外语界，2011（6）：71－78.

加拿大阿尔伯塔大学本科外语专业人才培养体系及启示*

杨露萍

提要： 为对接国家新时代高等教育高质量发展和新文科建设战略，本文以加拿大阿尔伯塔大学的本科外语专业人才培养体系为研究对象，从专业设置、培养目标和课程体系三个方面进行了分析研究，以期为国内高校外语专业人才培养提供启示和借鉴。

关键词： 外语专业；人才培养体系；启示

作者简介： 杨露萍，上海外国语大学档案馆、校史馆、语言博物馆馆员。

一、引言

2019 年，教育部启动“六卓越一拔尖”计划 2.0，开展一流本科专业建设“双万计划”，引领推动新工科、新医科、新农科和新文科建设，深化高等教育教学改革。2020 年 11 月发布的《中共中央关于制定国民经济和社会发展第十四个五年规划和二〇三五年远景目标的建议》指出，我国高等教育已进入普及化阶段，中国教育由高速发展转向高质量发展，进入了新的改革发展阶段。探索高质量发展目标与新文科背景下的外语专业人才培养与课程建设路径，是国内外语学界普遍关切与热议的话题。如樊丽明（2020）指出，“新文科建设的要义在于引领学科方向，回应社会关切，坚持问题导向，打破学科壁垒，以解决新时代提出的新问题为指归，重点工作则在于新专业或新方向、新模式、新课程、新理论等方面的探索与实践”。王宁（2020）认为“中国的新文科建设应体现这四个特色：国际性、跨学科性、前沿性和理论性”。而宁琦（2021）则认为“高等外语教育的核心任务是外语人才培养和知识体系的改革与创新”。笔者综合相关研究发现，以实证案例深入对比分析国内外外语类专业设置和课程体系的研究仍不充分。鉴此，有必要在调研国外知名大学本科外语专业基础上，结合国内实际情况，对国内外语类专业人才培养提出建议。

加拿大阿尔伯塔大学（University of Alberta，下文简称阿大）成立于 1908 年，是加拿大 U15 大学联盟创始成员，多年来稳居加拿大研究型大学前五①，其人才培养方式与质量代表了加拿大高等教育的先进水平。本文将以阿大外语专业培养体系为研究对象，总结其特色与优势，为我国高校外语专业人才培养提供借鉴。

二、研究现状

学界关于国外外语专业人才培养对比有过不少探讨。文秋芳（2018）从师资队伍、专业学位类型、整体课程设置、专业课程要求等方面梳理了美国西点军校外语专业人才培养体系，总结其突出特点并针对军事高校外语人才培养提出建议；李金秀（2020）以莫斯科国立大学外语人才培养体系为例，探讨了俄罗斯复合型外语人才培养机制；王雪梅、赵双花（2019）分析归纳了“一带一路”沿线一流高校外语专业及课程设置的现状与特点，对国内非通用语种专业人才培养提供了一定启示。

综而观之，国内对加拿大综合性高校的本科外语专业设置及研究并不多见。鉴于加拿大高等教育主体是公立大学，和国内高等教育体系有诸多相似性和可比性。其高等教育成熟的治理体系和突出的办学质量一直得到全世界的广泛关注与认可。阿大作为加拿大研究型大学之一，高度重视“人文精神”和“公民教育”，致力于“提高全人类”和“服务于公众利益”，其外语类专业教育自建校伊始即作为“文科教育的核心组成部分之一”②延续至今，在加拿大综合性高校中具有一定代表意义。笔者于 2019 年 12 月至 2020 年 2 月在阿大访问学习，其间通过参观课堂、参与研讨、调研访谈、查阅官网资料等多种形式对阿大外语专业人才培养的理念、制度和实践有了较为具体深入的了解。因此，本文将以阿大外语专业作为案例，对其专业设置、培养目标和课程体系进行研究。

三、阿大外语专业人才培养体系概述

阿大语言类专业隶属于文学院，其历史可追溯到 1908 年成立的文理学院。2020 年 12 月，阿大启动了校内院系调整计划，在原来的学院基础上成立三大学部：人文社会科学院、生命科学院和自然应用科学院。文学院从 2021 年 7 月 1 日起，和教育学院、商学院、法学院一起合并至人文社会科学院，共享行政服务、共议学术事宜、共促跨学科合作交流。虽然形式上并入人文社会科学院，但文学院依旧运行，根据其《改革永不止步》的战略规划（2017—2022 年），其发展目标是提供丰富的社会科学、人文科学和艺术的学习经历与机会，通过参与教学、科研和创造性活动，提升学生对世界的认知，拓展知识技能，发挥个人和集体潜质，追求卓越。

（一）外语专业设置

阿大文学院下设 17 个系、40 个专业和若干交叉学科研究中心，其中与语言学习相关的本科专业有 5 个，分别是英语、现代语言文化、东亚研究、语言学和古典学。英语作为加拿大的官方语言，语言学不涉及具体的外语语种，因此未在本次“外语专业”研究范围之列。

表 1 反映了文学院所有外语语种和数量。在国内，外语不同语种通常作为独立的专业进行设置，根据《普通高等学校本科专业类教学质量国家标准（上）》，我国外国语言文学类专业涵盖英语、俄语、德语、法语、西班牙语、日语等 68 种外国语言。与我国不同，阿大 16 个外语语种全部以课程形式体现在人才培养体系中，专业设置以文

化研究、区域国别研究的维度进行划分。这种划分由来已久，现代语言文化专业、古典学所在的现代语言文化系、古典学系是1908年成立的文理学院最初成员之一，创建历史均已超过百年，实力雄厚。东亚课程自1961年陆续开设，1981年成为独立的东亚研究系，是加拿大为数不多的专门研究东亚语言历史的院系。

表1　阿大与外语相关的专业设置

专　业	包含语种	数量
现代语言文化	法语、德语、西班牙语、意大利语、挪威语、瑞典语、波兰语、俄语、乌克兰语、阿拉伯语、美国手语	11
东亚研究	汉语、日语、朝鲜语	3
古典学	希腊语、拉丁语	2

（二）外语专业人才培养目标

表2统计了阿大3个外语相关专业的人才培养目标。根据《普通高等学校本科专业类教学质量国家标准（上）》，我国外语专业的人才目标是培养具有良好的综合素质、扎实的外语基本功和专业知识与能力，掌握相关的专业知识，适应我国对外交流、国家与地方经济社会发展、各类涉外行业、外语教育与学术研究需要的各外语语种专业人才和复合型外语人才。可以看出，阿大和国内高校的外语专业都将对象国语言运用能力、良好的跨文化交际能力、实践能力作为培养目标的必要部分。相比较而言，阿大更强调在跨文化背景下批判性思维能力的培养。

表2　阿大外语专业人才培养目标

学校	专业	培养目标
阿尔伯塔大学	现代语言文化	熟练掌握至少一门外语、具备良好的口头和书面表达能力、能够开展批判性和分析性思维、具备跨文化交际知识和能力、拥有团队合作和组织协作能力。
	东亚研究	精通汉语、日语、朝鲜语中的一种，在全面了解其语言、文学、历史、宗教、文化等基础上提升跨文化交际与批判思维能力，以及独立思考和管理能力。
	古典学	了解希腊、罗马、埃及、近东等地中海世界的古文化和古文明，培养跨文化视角，具备批判性分析、创造性思维以及高效的口头和书面交流的能力。

（三）外语专业课程体系

课程体系是实现人才培养目标的基本要素。笔者选取阿大现代语言文学专业作为案例，梳理其课程体系（详见表3）。

该专业共设120学分，包含学位基础课、专业基础课、专业方向课等模块。学位基础课是所有授予文学学位专业的必修课程，包含英语写作、第二语言和非文学类课程；专业基础课包含语言文化研究方法和整合实践等；修读基础部分后，可根据个人兴趣和发展需要选择语言学习或跨文化研究两种不同的方向进行修读。两种方向均明确了课程难度和学分要求，既支持单个语种的深入修读，又支持两个语种的同时修读，两者都要求必须完成语言体验和社会服务实践。

表3 现代语言文学专业课程体系

<table>
<tr><th>模 块</th><th>学分</th><th>占比</th><th>课 程 设 置</th><th>学分</th><th>备 注</th></tr>
<tr><td rowspan="3">学位基础课</td><td rowspan="3">15</td><td rowspan="3">12.5%</td><td>初级英语写作</td><td>3</td><td>100 及以上难度</td></tr>
<tr><td>英语之外的其他语言</td><td>6</td><td>100 及以上难度</td></tr>
<tr><td>非文学类课程</td><td>6</td><td>跨专业、跨学院完成</td></tr>
<tr><td rowspan="3">专业基础课</td><td rowspan="3">9</td><td rowspan="3">7.5%</td><td>语言文化研究方法</td><td>3</td><td>从国际视域介绍本学科的主要问题，提供术语和理论工具</td></tr>
<tr><td>整合实践</td><td>3</td><td>综合实践课程，综合应用专业知识技能，解决当今世界面临的紧迫问题</td></tr>
<tr><td>现代语言文化类课程</td><td>3</td><td>200 及以上难度</td></tr>
<tr><td rowspan="8">专业方向课（语言学习方向、跨文化研究方向二者选一）</td><td rowspan="8">30</td><td rowspan="3">语言学习方向
25%</td><td>A：单语
（A、B 二选一）</td><td>24</td><td>全部为 200 及以上难度；400 及以上难度课程不少于 6 学分</td></tr>
<tr><td>B：复语
（A、B 二选一）</td><td>24</td><td>每个语种 200 及以上难度课程不少于 6 学分；两个语种 400 及以上难度课程不少于 6 学分</td></tr>
<tr><td>语言体验实践/社会服务实践</td><td>6</td><td>语言目的国或加拿大法语区语言实践经历/社区和社会服务</td></tr>
<tr><td rowspan="5">跨文化研究方向
25%</td><td>五大类语言文化课</td><td>12</td><td>五大类别分别是：比较文学、民俗学、拉美研究、斯堪的纳维亚语言与文化、斯拉夫研究</td></tr>
<tr><td>A：单语
（A、B、C 三选一）</td><td>12</td><td>200 及以上难度</td></tr>
<tr><td>B：复语
（A、B、C 三选一）</td><td>12</td><td>200 及以上难度</td></tr>
<tr><td>C：单语+五大类语言文化课
（A、B、C 三选一）</td><td>12</td><td>200 及以上难度</td></tr>
<tr><td>语言体验实践/社会服务实践</td><td>6</td><td>语言目的国或加拿大法语区语言实践经历/社区和社会服务</td></tr>
<tr><td>其 他</td><td>66</td><td>55%</td><td colspan="3">辅修课程、第二专业课程、证书项目课程、选修课程等</td></tr>
</table>

其余的 66 个学分则完全由学生自主决定，学校提供辅修、第二专业、荣誉学位、证书项目、各类选修课等路径供选择。

就课程性质而言，现代语言文化专业的必修课程所占比例不到培养方案总要求的 45%；即使是必修要求，也通过限定难度或限定模块的选修课来实现。就修读要求而言，每个模块学分和难度一目了然，本科生课程级别从 100—400 逐步递增，课程前后接续关系清晰明确。就课程特色而言，现代语言文化专业课程将语言体验、社会服务、综合实践等作为课程体系的重要组成部分，侧重学生实践能力和解决实际问题能力的培养。

四、阿大外语专业特色与启示

（一）外语专业特色

通过上述外语相关专业设置、人才培养目标和课程体系的研究发现，阿大外语专业特色鲜明，在以下几方面尤为突出：

1. 注重跨学科、跨文化和区域国别研究

无论是从自身专业建设和发展的纵向历史，还是与其他高校外语专业的横向对比，阿大外语相关专业的名称、培养目标和课程体系都体现了对语言对象国文化内涵的高度关注，以及对跨学科研究、区域国别研究的重视。

从学院层面来看，所有文学院开设专业 120 个学分的总要求中，文学学位基础课的 15 个学分中明确要求有 6 个学分的非文学类课程（Non-Arts Disciplines），必须通过修读本院或其他学院开设的非文学类课程来完成。120 个总学分中，在文学院开设课程中只需要修读 63 个学分即可。

从专业层面来看，阿大并不将某个语种作为单独专业进行设置，更侧重国别区域问题、跨文化问题的讨论和探究。古典学专业设置了古希腊语、古拉丁语的必修要求，但更多的课程涉及古希腊罗马的艺术、文学、科学、哲学、技术甚至文物，反映那个时代对人类社会发展的影响，如“古希腊神话”“考古学方法、理论和实践”“古代世界中的女性”“古代科学、技术和医学”“古希腊罗马时期战争”等。东亚研究专业对亚洲学课程学分的要求高出汉语、日语、朝鲜语等纯语言课程至少 12 个学分；更聚焦于东亚社会、文化、文学、历史、戏剧、宗教、地理等方面的研究，提供了近 60 门课程；同时也认可人类学、历史学、政治学、经济学、艺术学等其他本科专业开设的与东亚相关的课程学分，如“亚洲人类学”“中国思想史专题”“中日政治”“环太平洋经济发展”“中国当代艺术”等 30 余门课程。现代语言文学专业基础课程以文化研究理论和工具切入，在此基础上再进行语种的选择和学习。

2021 年 7 月起，阿大所有外语专业所在的文学院并入人文社会科学院，进一步凸显了这些专业的人文社会科学学科属性，更有利于打破行政机构的壁垒，整合学术资源，更有利于拓展跨学科、跨文化研究视域。

2. 构建丰富多元的人才培养路径

以现代语言文化专业为例，学生可以选择聚焦语言学习或文化研究，还可以进行单语、复语自由灵活的选择组合，为多语素养和多语能力的发展打下基础。除主修外，学生还可修读现代语言文化系内开设的 12 个辅修专业以及文学院和全校开设的近 40 个辅修专业，涵盖数学、统计学、物理学、经济学、生物科学等专业，一般需修满 12—21

个学分。文学院还提供 19 个证书项目，如日语翻译证书、金融证书，一般需修满 20—30 个相关学分，为有志于从事相关工作的学生做职业准备。另外，针对学业拔尖学生设立荣誉学士学位计划，要求修满 54—60 个的高级课程学分。对在其他学院修读了荣誉学位的学生，修满相应专业 36—48 个高级课程学分还可授予联合培养荣誉学士（combined honors）学位。无论是主修、辅修，还是证书项目、荣誉学位，所有课程都进行同质化管理，统一选课、上课、考核，并不增开特殊班级。学生只需要按照个人兴趣和发展目标，进行选课，最后进行相应学位或证书的申请即可。

阿大一直鼓励学生在完成本身主修必修学分之外积极修读非本专业课程，培养学生自我构建知识体系。从学分分布来看，120 个总学分中，现代语言文学专业 55%的学分、东亚研究专业 60%的学分，古典学专业 62.5%的学分都是专业外课程，全部通过自由选修课程来获得。学校几乎所有课程都面向全体学生开放，只要在未选满或者满足先修条件的情况下均可自由选择。阿大综合性学科背景提供了自然科学、人文社会学科的丰富课程，供学生构筑自己的知识体系和发展路径，对提升学生的专业与综合素质、创新能力大有裨益。

3. 坚持语言体验和社会服务融入教学

阿大在外语相关专业的培养方案设计中，突出强调了语言体验式学习与社会服务的参与。现代语言文学专业的语言学习与跨文化研究两个专业方向培养方案均规定 6 个专业学分必须通过语言浸入式体验学习或者选择修读社区/社会服务特色课程、参与特色项目来完成。如修读法语方向，体验式学习学分可通过出国或者在加拿大其他法语区修读课程、实习来完成。文学院现设有包括中国在内的 16 个国家的学生互换、寒暑假项目，并提供了 700—20 000 美元不等的各类赴外交流资金资助。除语言学习之外，文学院的社区服务学习项目（Community Service-Learning，CSL）在阿大独树一帜，有较强的品牌影响力。2019—2020 年 CSL 年度报告显示，当年秋冬学期，1 553 名学生在 57 位导师的带领下开展了 72 个社区服务学习项目，参与到 184 家埃德蒙顿市（阿大所在城市）的社区机构工作中。这些项目通过课堂教学和课外实践，理论与实际结合，将学生在课堂上学到的知识和技能应用到当地文化社区和项目中，帮助学生理解社区、社区参与、公民、社会责任和体验式教育等问题和概念，加深对社区和社会问题的认识。这一点也在阿大文学院 2017—2022 年的战略规划《改革永不止步》中予以明确：学院人才培养目标之一即为激发变革式学习和公民责任感；同社区紧密合作，探索研究和学习机会，增强学院与社区之间的联系，解决社区的现实问题。

（二）启示

通过上述分析，结合国内高校外语专业设置、培养目标、课程体系现状和发展要求，现提出如下建议：

1. 充分重视外语专业跨学科属性，全面探索建立国别区域人才培养体系

国内外语类专业长期以来实体化运作，缺乏交叉和综合，难以突破固化的学科边界，不能满足具备交叉学科知识体系的融合型外语人才需求。正如王雪梅（2019）指出，跨学科、超学科发展等理念是新文科背

景下外语学科建设的必然选择。近年来，国内对国别和区域研究也逐步重视，已列入外语学科的五大研究领域，但“本科阶段缺少对相关国家区域国情区情的系统教学，教师缺少对国别区域问题研究的引导……”（常俊跃，2020）。宁琦（2019）提出鼓励本科生培养从传统的以语种为导向向以区域为导向的培养模式的转换。常俊跃、李莉莉（2021）提出我国高校有必要在整合外国语言文学类专业及其他相关专业资源的基础上开设国别区域学专业，或下属于外国语言文学学科，或独立开展专业建设。建议借鉴阿大经验，通过优化学系设置、增加跨学科课程供给、打破语言类课程界限、构建系统的区域国别人才培养体系等手段，真正促进跨学科教育和研究。

2. 坚持以人为本，构筑更多元立体的人才培养通道

吴岩（2021）指出多样化、个性化、学习化、现代化是中国高等教育迈入普及化阶段的基本特征，应包含多样化的质量标准、评价标准、发展类型、发展路径，并注重开展个性化培养，帮助每一个学生成长成人成才。国内外语类专业、院校应提供不同层次、级别和类型的培养计划，支持学生通过灵活多元的学习渠道，如单语、复语、三语、多语、主修、辅修、证书项目、荣誉项目、海外交流、拔尖人才平台等多种途径进行个性化学习，促进学生自主发展、主动发展和全面发展。但同时，也需要辅之以严密的课程设置、细致的学分要求、富有挑战性的学业任务，保障人才培养质量。正如阿大在2016—2021年五年战略规划《为了公众利益》中写明：“我们重视处在不同人生阶段中的学习者并努力为所有人提供优秀的教育环境。”国内高校也应该拓展课程资源，建立灵活的课程选择机制，为学生提供接触与认识不同学科课程内容的机会，尊重学生的主体需求和主体地位，最大化提供学生个性化发展所需要的资源。

3. 倡导社会服务，构建富含外语特色的实践育人体系

阿大前任校长戴维·特平（David Turpin，2015—2020年任期）曾在采访中这样解读学校战略规划《为了公众的利益》：“阿尔伯塔大学所做的每份努力从某种程度上来说都是为了建立一个更好的社区、更好的省、更好的加拿大和更好的世界”，也将学校的目标定位在“唤起人文精神，创建一所服务于公众利益的世界一流大学”。服务社会同样是国内高校的重要职能，只有自觉主动地与社会紧密联系，为社会发展服务，才能拓宽学校自身的生存和发展空间。国内外语相关专业可以立足自身语言优势，对接国家和社会发展的重大需求，拓展各级各类多语种社会服务平台，创建含金量高、富含外语特色的实践育人体系，推动学生将课堂学习和实际运用结合起来，服务社会和国家，进而以“命运共同体”的新视角，寻求人类共同利益和共同价值的新内涵。

五、结语

阿大外语相关专业独具特色，虽然离不开加拿大特殊的文化背景与社会支持，但为中国高校外语学科人才培养提供了可以借鉴的经验。本文通过案例研究的方法，归纳分析了阿大外语相关专业在专业设置、培养目标和课程体系上的特点，并对国内外语专业的发展提出建议。面对百年未有之大变局，在国内高等教育高质量发展的背景下，在新

文科建设推进过程中，外语类专业高校应对接全球化趋势、国家以及社会发展对外语类专业人才素质、知识、能力的多样化和多层次需求，不断探索跨学科的交叉融合发展，构筑多元人才培养模式，强化语言特色实践创新，全方位提高外语类专业人才培养质量。

注　释

* 本文系上海外国语大学校级重大项目“传承与创新视角下的上外人才培养研究”（2017114003）阶段性研究成果。

① 根据 2022 年最新 QS 世界大学综合排名（2021 年 6 月发布），阿大在加拿大排名第 5，全球第 126。

② 参见 https://www.ualberta.ca/modern-languages-and-cultural-studies/about-us/our-history.html。

参考文献

[1] 阿大官方网站［OL］. https://www.ualberta.ca/index.html.

[2] 阿大 2016—2021 年五年规划战略 For the Public Good［OL］. https://www.ualberta.ca/strategic-plan/media-library/isp/final-doc/12885institutionalstrategicplan33final.pdf.

[3] 阿大文学院 2017—2022 年五年战略规划 Change for Good［OL］. https://www.ualberta.ca/arts/media-library/about/asp/final-draft---2017-22-arts-academic-strategic-plan.pdf.

[4] 阿大文学院 2019—2020 年社区服务学习年度报告 CSL Annual Report［OL］. https://www.ualberta.ca/community-service-learning/media-library/documents/reports/annual-reports/cslannual-report2020.pdf.

[5] 常俊跃. 对外语学科构建国别区域学人才培养体系的思考［A］. 外语高教研究［C］. 上海：上海外语教育出版社，2020：9－16.

[6] 常俊跃，李莉莉. 增设国别区域学专业，服务国家对外战略——我国高等教育本科阶段设立国别区域学专业的思考［J］. 外语界，2021（3）：29－35.

[7] 樊丽明. “新文科”：时代需求与建设重点［J］. 中国大学教学，2020（5）：4－8.

[8] 教育部高等学校教学指导委员会. 普通高等学校本科专业类教学质量国家标准（上）［S］. 北京：高等教育出版社，2018.

[9] 李金秀. 俄罗斯外语专业人才培养机制及其启示——以莫斯科国立大学外语人才培养为例［J］. 湖北经济学院学报（人文社会科学版），2020（5）：128－131.

[10] 宁琦. 综合性大学一流外国语言文学学科定位与建设路径探索［J］. 外语界，2019（1）：17－22.

[11] 宁琦. 新时期外语教育的定位与任务［J］. 中国外语，2021（1）：16－17.

[12] 王宁. 新文科视野下的外语学科建设［J］. 中国外语，2020（3）：4－9.

[13] 王雪梅. 新时代一流外语学科建设：内涵、原则与路径［J］. 外语界，2019（1）：23－30，60.

[14] 王雪梅，赵双花. “一带一路”沿线一流高校外语专业/课程设置研究［J］. 外语界，2019（6）：53－61.

[15] 文秋芳. 美国西点军校外语专业人才培养体系及其启示［J］. 解放军外国语学院学报，2018（6）：1－9，157.

[16] 吴岩. 积势蓄势谋势. 识变应变求变［J］. 中国高等教育，2021（1）：4－7.

对中国高校犹太大屠杀文学教学路径的探索*

李 锋

提要：作为犹太文学的重要组成部分，犹太大屠杀文学是国内部分高校外国文学专业或通识教育所涉及的内容。本文首先简述了西方和中国的犹太大屠杀文学教学概况，继而论述了此类教学在中国高校的必要性与意义，以及存在的问题与困难，并在此基础上对相关的教学思路与方式提出若干建议。文章认为，在我国高校开展犹太大屠杀文学的教学活动具有一定的积极意义与发展空间；在课程设置和内容编排上，我们可以适当借鉴西方高校的经验与模式，并采取符合我国国情、具有自身特色的教学方式，包括相对灵活的授课形式、跨学科的思维框架、问题驱动式学习、以反应为中心的教学等，以期在提升学生的文学鉴赏和批评能力的同时，达到预期的道德教育和情感教育目的。

关键词：犹太大屠杀文学；犹太文学；文学教学；上海犹太难民区；南京大屠杀

作者简介：李锋，上海外国语大学犹太研究所教授，博士生导师。

一、引言

当代西方国家大多比较重视对青少年进行犹太大屠杀教学，并在中学和大学阶段设有相关课程或教学内容，其中英美的犹太大屠杀教学多是作为其历史教育的组成部分，兼及道德教育与公民教育。几十年来，相关教学取得了积极成效，但也存在不少问题——例如，有专家指出多数课程“偏重于描述发生了什么，而不是解释为什么发生”（Dawidowicz，1990：29），此外还有“不够清晰的教学目标、描述历史时出现的重大偏差、不够准确的历史信息、对复杂历史的简单化解释，以及薄弱的学习活动”（Totten，1998：148－149）。就相关的文学教学而言，虽然欧美国家在中等教育阶段一般不开设专门的“大屠杀文学”课程，但在具体教学过程中，教师会采用大量文学作品（如日记、回忆录、传记、小说、诗歌等）作为补充和佐证。至于高等教育阶段则各有不同，其中以美国和以色列高校的情况最为成熟和完善——以美国为例，很多高校的英语系都设有专门课程，如阿默斯特学院综合性的“大屠杀文学”课、俄勒冈大学偏重诗歌与短篇小说的“再现大屠杀”课，以及加州大学圣克鲁兹分校文史结合、侧重文学的特色课程“大屠杀：欧洲犹太人的毁灭”等。此外在教学研究方面，大量以“大屠杀教学”为题的专著或论文（集）出版，也都不同程度地涉及对犹太大屠杀文学教学的思考和论述。

我国对犹太大屠杀文学的研究主要始于20世纪末，并在21世纪初的20年涌现出不少优秀成果，其中乔国强对美国犹太大屠杀文学的研究、钟志清对希伯来语大屠杀文学的研究都颇具分量和特色，向外界发出了中国学者的声音。与之相应，在我国高校的外国文学课程中，部分以此为研究专长的教师有意在课上纳入对犹太大屠杀文学的历史梳理和作品分析；这种情况在研究生阶段的教学与指导中尤为明显，迄今国内高校已有不少硕士生和博士生以此为题撰写出较高质量的毕业论文。总体而言，我国高校的犹太大屠杀文学教学起步相对较晚，在受关注程度、课程规模、教学方法与经验、资料提供等方面同西方高校相比还存在一定差距，[①]在取得可喜成绩的同时，也存在一些客观困难与不足。本文尝试对我国高校的犹太大屠杀文学教学路径进行初步分析，探讨相关教学的必要性与意义，及其存在的问题与困难，并就适宜的教学思路与方式提出建议，这些思考和论述，或可为我国外国文学同行的相关教学工作提供一定参考。

二、必要性与意义

在中国高校以适当的形式开展犹太大屠杀文学的教学工作，对学生个人以及整个社会都具有一定的必要性和积极意义，归结起来主要包括以下几点：

第一，有助于培养学生的人文主义精神和宽容态度。文学作品（尤其是小说）是否应当承担道德教化的功能，抑或只是用于单纯的审美和娱乐目的，人们对这个问题始终各执一词，[②]但文学作品对人格与情操的熏陶作用却是不容置疑的。当代人往往把二战时期迫害欧洲犹太人的罪责轻易地完全归咎于纳粹德国和希特勒，而对当时弥漫于西方各国的反犹主义情绪却选择性地忽视或淡化——在欧洲曾长期存在对犹太人的偏见甚至敌视，其中固然有政治、历史、经济上的原因，但当时的欧洲民众未能理性看待一些社会矛盾的真正根源，对不同的民族与宗教信仰的群体缺乏基本的宽容，也是重要因素；当然，这当中也有大量欧洲平民置自身利益和安危于不顾，向受迫害的犹太人施以援手，体现出人性的光辉。无论是可歌可泣的救助义举，还是令人扼腕的助纣为虐，都在犹太大屠杀文学中得到了真实而又艺术化的再现。相关作品往往蕴含着强大的道德与情感力量，对此类文本的讲授，除了提高学生的文学阅读和分析能力外，还有助于培养他们宽容待人、尊重差异、反对歧视与暴力的人文主义精神，而这些都是中国高校学生人文素养的重要组成部分。

第二，有助于还原历史真相，抵制历史修正主义。犹太大屠杀是现代人类史上最能引起情感共鸣的悲剧之一，在学术研究上更是如此，正如戈德斯通（Richard Goldstone）所言，“没有哪一次种族灭绝在国际学术界激起这样的反应”（Goldstone，2001：47）。相比较而言，二战时日军在中国的战争暴行在残忍程度上有过之而无不及，但在国际上的影响却远不能同前者相提并论，这当中固然有两者在性质上的差异使然，[③]但不管怎样，两者都是惨无人道的深重灾难与历史悲剧，发生的时间相隔不远，时代背景也具有一定的相似性，完全可以进行适度的相互参照和类比。[④]所以，如果我们在文学教学过程中，将犹太大屠杀同日军侵华暴行（尤其是南京大屠杀）有机结合起来，可以相得益彰、以正视听，抵制各种历史虚无主义和历史修正主义（如德国和日本的部分右翼分子对相关暴行的极力否认或淡化）的不良影响，同时也是对中国近现代史教育和爱国主义教育的有益补充。

第三，有助于彰显中国人民的无私精神与历史贡献。犹太大屠杀文学是一种国际文学，而不仅仅是美国犹太文学或以色列文学的组成部分。尤其是在二战期间，大批犹太难民为躲避纳粹迫害而移居上海虹口，得到当地人民的无私帮助，诸多犹太作家在小说、传记、回忆录中都详细记载了这段历史，并对中国人民的友善接纳深怀感激，然而这段历史并未得到充分重视，甚至有部分西方和日本学者出于政治原因，有意对这段历史进行歪曲。在这一点上，我们不妨适度借鉴美国在历史书写和对外宣传上的做法——曾有学者犀利地指出犹太大屠杀对美国人的政治意义，即“‘大屠杀变成美国观众在越南战争以后一种有效的道德净化’，特别是因为美国人是作为纳粹的对手以一种英雄的和毫无疑问的形象逐渐登上世界舞台的”（布莱克，2018：322）。同理，在中国开展犹太大屠杀文学教学，适当融入对上海犹太难民区（Shanghai Ghetto）的相关历史和文学作品的解读，有助于再现历史真相、矫正各种曲解，彰显中国人民曾被长期忽略的一大国际贡献，树立富有正义感和同情心的良好国际形象；对于学生而言，这也有利于树立民族自豪感，同时为对外讲述中国故事提供了重要素材。

第四，有助于培养学生的批判思维与分析判断的能力。根据后结构主义历史观，过去发生的事件绝不会以所谓“纯粹的形态”向我们呈现，而只能以文本化的形式得以“再现”，所以根本不存在所谓单一、客观的历史，只有无数个断裂、矛盾的历史（Selden，1997：188）。犹太大屠杀的历史尤其如此——由于受客观条件（如相关档案资料的遗失、观察视角的局限、多年后记忆的偏差等）和主观因素（如受害者有意回避或渲染某一部分经历和历史）的影响，相关的历史记录难免鱼龙混杂、良莠不齐，甚至不乏矛盾和错误，而经过艺术加工的文学作品更是自不待言，很容易让读者在感动或愤慨之余得出简单化的结论。鉴于此，学生在阅读相关的文学文本时，不能想当然地盲目接受书中观点，轻易陷入“情感谬误”（affective fallacy），而应保持基本的批判思维，争取在不同声音中努力甄别是非、发现真相，进而做出自己的合理判断，这对学生的批判思维与分析能力是一个很好的锻炼。

当然，以上几点意义不应过度强调，相关教学的具体效果如何，甚至是否有必要开设此类课程或讲授此类内容，还要结合国情、校情以及所在专业的具体情况（如师资力量、生源水平、学科特色、课程设置等）综合考量，不能一概而论。

三、问题与困难

在国内高校开展犹太大屠杀文学教学，虽有一定的必要性与积极意义，但考虑到现实状况，难免也存在一些问题与困难，会影响到此类教学活动的开展，归纳下来，主要包括以下几点：

第一，课时的客观限制。目前中国高等教育的整体趋势是在总学分保持不变的情况下减少课时，增加学生的自主学习时间。在这种情况下，要像英美学校那样进行全面、系统的犹太大屠杀文学教学，并不切合实际，由此导致相当一部分具有教学价值的内容被舍弃。例如，一部分英国学校（尤其是中学）的英语课程将含有纳粹反犹思想的文本（包括其宣传材料、政府文件等）作为课堂上集中性语言学习与媒介学习的对象（McGuinn，2000：128），让学生分析其语言表述中的逻辑谬误和宣传策略。这种教学方式可以有效提高学生的文本细读能力和批判思维能力，但在我国高校课时有限的情况下，选择此类材料的可能性不大，亦不现实。

第二，背景知识的相对匮乏。同其他多数课程不同，犹太大屠杀文学的学习，要求学生对相关的历史背景（如欧洲反犹主义传统、二战的历史进程等）必须有所了解；与此同时，对作品进行主题分析时，学生最好具有一定的跨文化（犹太宗教与文化）、心理学（创伤理论、心理分析）、批评理论（族裔研究、西方现代性）基础，才能实现对作品的有效解读。而在这方面，我们不能对国内高校的学生（尤其是本科生）过于苛求——根据调查，即使是在西方主要国家（包括英国、美国、加拿大、法国、德国），仍有为数不少的年轻人并不知晓犹太大屠杀的存在，在部分国家甚至有近三分之一的人不相信六百万犹太人遇害（De Laine，1997）。背景知识和理论基础的相对匮乏，必然影响到对文本的整体把握和深入理解。

第三，有限的文本资料。目前国内涉及犹太大屠杀的外国文学原著以及相关的研究著述并不多，而且大多集中在外语学科或犹太研究领域较强的少数高校，限制了相关教学的开展范围。事实上，不仅在中国，即使是在资料相对充裕的西方国家，很多大中学校的教师也是严重依赖少数的几部文学作品，尤其是安妮·弗兰克（Anne Frank，1929—1945）的《安妮日记》（*The Diary of Anne Frank*，1947）和埃利·威塞尔（Elie Wiesel，1928—2016）的自传体小说《夜》（*Night*，1955），以及电影《辛德勒的名单》（*Schindler's List*，1993），这些作品本身确实比较适合教学，但难免导致以偏概全。而在相关资料匮乏的中国高校，这种情况更加明显，很大程度上要靠授课教师个人的资料丰富程度和学术视野来弥补和解决。

第四，简单化的作品读解。犹太大屠杀确实是纳粹德国不可饶恕的历史罪行，但我们必须清楚的是，这一悲剧的发生有其复杂的社会历史原因，包括欧洲长期以来的反犹主义渊源、德国当时的社会气候和经济状况、犹太民族自身的宗教信仰和生活习惯等，不能将之简单地一概归咎于希特勒和纳粹政权，但相关的文学阅读与教学常常容易跳脱宏观历史的语境，聚焦于个体人物的人生际遇，这极有可能造成简单化的读解；尤其是文学作品中对个人悲惨命运的翔实描写，在触动学生心灵的同时，也有可能造成一定的情感谬误，导致其无法做出客观的历史与道德判断。

第五，负面的心理冲击。尽管在中国高校，犹太大屠杀文学的授课对象主要是心智已相对成熟的高年级本科生和研究生，但其中所涉及的残酷史实，特别是书中人物的亲身遭遇与内心所想，依然会对部分学生造成心理上的不适，这就对教师的授课尺度提出了一定的挑战——如果在讲授中刻意避重就轻，对相关史实的呈现不到位，会牺牲课程的质量和目标，也是对历史和受害者的不尊重；但如果讲授过于到位，有些内容又难免过于血腥，会对学生造成强烈的心理冲击，甚至留下心理阴影。这就要求教师尽量把握好尺度，在确保起码的历史真实性的基础上，适当顾及学生的心理感受，正如部分专家指出的，大屠杀教学必须要避免

“耸人听闻”（sensationalism）与“借机发挥”（exploitation）这两种极端倾向（Totten，1997：177）。

四、教学思路与方式

鉴于中外高校之间的现实差异，如培养计划的框架与规定、学生的整体语言能力（这里主要指英语）、民族文化的关联度等因素，中国高校在犹太大屠杀文学教学的起步时间上，比之西方国家有适当的延后（即在大学高年级和研究生阶段开始相关教学，而不是中学或大学低年级），应该是一个比较合理的选择——根据我国的具体国情，同时考虑到学生的知识结构与心理承受能力，中国高校的犹太大屠杀文学教学，适宜在本科阶段作为通识教育的一部分，而在研究生阶段作为外国文学专业或犹太研究专业的选修课。

由于其丰富的内容含量和广泛的覆盖面，犹太大屠杀的文学教学可以有不同的操作方式（如系统讲授式、问题探究式、小组讨论式、情境模拟式等）和侧重点（如社会历史、道德伦理、表现手法等）。就本科生的通识课而言，考虑到该阶段学生在背景知识、判断能力和心理素质上的相对薄弱，建议仍以教师讲授为主，学生讨论为辅，以确保达到基本的教学效果（即思想意识正确、历史知识准确、学生情绪平稳）；研究生的文学课程则应当“将以教师讲授为主的知识型课堂变为学生讲解不同专题、教师予以点评的研讨型课堂”（王雪梅，2014：23），采取“学生课下阅读+教师课上引导性讲解+学生做专题报告+师生互动研讨”的方式，以最大限度地发挥学生的能动性，锻炼其独立的思维和判断能力。

在教学内容上，既然课时量相对有限，教师可适度弱化其中的纯历史因素（如希特勒为何能在德国掌权、纳粹迫害犹太人的历史语境等）和社会因素（如纳粹德国的意识形态、犹太人的民族信仰与生活习俗、犹太人同其他民族之间的关系等），把重点放在作品本身的“文学属性”上，引导学生通过细读文本，对作品的主旨思想（如作者的写作目的、作品的道德内涵、核心事件的象征寓意等）和写作手法（如叙事结构、语体风格、美学特征等）进行阐释和分析，同时辅以一定的价值观引导（如反对种族偏见与歧视，对异己者保持宽容）与情感教育（即树立正确的价值观、增强人文情怀），以期达到知识提升和道德培养一举两得的效果。

在此基础上，作者提出几点更为具体的建议以供参考：

第一，相对灵活的授课安排。鉴于犹太大屠杀文学教学对于国内多数高校来说属于非核心类的课程或授课内容，教师可根据各个学校的具体特点，采取相对灵活的授课安排。对本科生而言，建议在外国文学或文化类的通识课程中，适度融入2—3部代表性的文学作品，以期达到丰富课程内容、增强人文情怀的目的；在英语专业的研究生阶段，如条件成熟，大屠杀文学可以单独作为一门选修课，也可以作为某一门课程（例如二战文学、犹太文学）的一个单元，甚至可以散见于不同的课程中（如少儿文学、传记文学、创伤文学等）。无论是系统性的专门课程，还是化整为零的相关论述，只要有助于培养学生的人文精神与批判思维，即可考虑予以实施。

第二，跨学科的思维框架。很显然，此类教学最常见的无疑就是“文学+历史”的模式。对于犹太大屠杀文学的教学而言，文史结合始终是无法避免的，否则将无法呈现真实的历史样貌，以致学生对相关文本的解读出现不必要的偏差和误读；反过来，文学是保全历史记忆的有效手段，通过书中人物的经历，可以将大屠杀历史中的各种信息（如年表、数字、地理位置等）个人化，从而具有更加直观的感染力和更为持久的记忆。教师在课堂授课和课下指导中，可以引导学生以历史背景为经，以民族特性为纬，从社会文化和意识形态出发，全面分析文学作品中对欧洲排犹浪潮、纳粹种族屠杀等事件的历史书写、创伤记忆、重新建构与反思，以全面展现文学与历史之间的互动，尤其是文学的社会文化使命与政治参与。

第三，问题驱动式学习。就教学方法而言，无论是教师引导还是学生自主学习，带着相关的问题阅读文本、探索含义，往往具有更好的针对性和学习效果。对犹太大屠杀的学习亦不例外，其中常见的思考问题包括：(1) 当时到底发生了什么？我们是如何知晓的？(2) 为什么存在相互不同的叙述和解释？(3) 我们如何找出哪些叙述和解释是最为合理的（应该相信哪些）？(4) 它为什么跟我们有关系、为什么如此重要？(5) 这一事件在哪些方面影响到当下和未来？它对当前的问题与事情有何启示？（Haydn，2000：137）尽管这些问题的设计初衷大多针对的是历史学习，但其实具有普遍意义，完全可以用于对文学作品的主题解读。当然，我们也可以适当加入有关文学手法上的问题（如叙事结构、情节设计、语体风格等），以补充相关的阐释视角，全面呈现相关作品的丰富内涵。

第四，以反应为中心的教学。鉴于犹太大屠杀题材的特殊性，以及之前所述的各种可能出现的问题与困难，在我国高校开展犹太大屠杀文学的教学工作，其具体操作和实际效果具有较大的不确定性，这就需要教师在授课过程中，不能一味按照既定的计划推进，而是应当密切关注学生的知识接受和情感反应状况（例如通过观察学生表情、课上问答与测试、课下互动交流等方式），相应地及时调整自己的授课内容、速度、难度和讲授方式，以确保学生对相关历史的正确理解、对自身情绪的合理把控。

至于教学评估，鉴于品德教育和情操培养的效果很难得以客观衡量，相关考核还是以对学生的阅读能力和分析能力的考察为主，教师可通过期末考试论述题或者撰写读书报告的方式，重点关注其能否找到适当的切入点和视角，能否在分析问题时紧密结合历史语境和现实状况，以及在论述过程中的逻辑思维和语言表达。此外，教师可通过学校教务系统中的课程评教功能获取学生的自我评估以及对该课程的反馈意见，将之作为日后调整教学方式、改进教学质量的参考依据。

需要指出的是，以上所提的思路与方式，主要针对的是犹太大屠杀文学的课堂教学，但其中的部分理念也适用于对研究生论文的指导。例如在选题过程中，导师应鼓励学生通过以问题驱动的思考方式选择适宜的题目（即为什么选择该研究题目，它到底有什么意义和价值，能够回答或解决什么问题）；在研究方法上，导师应鼓励学生跳出固有的学科藩篱，努力打开视野，以跨学科、多角度的思维方式审视自己的研究对象，以期把相关作品中丰富的文化内涵和社会意义更好地挖掘出来，从而获得比传统解读更具启发的结论。对于多数学生来说，只要选题和方法得当，论文基本上已经成功了一半。

五、结语

基于上述讨论，本文认为：在我国高校适度开展犹太大屠杀文学的教学活动，具有一定的必要性和积极意义，以及进一步的发展空间，同时也面临一些现实问题与困难。在课程设置和内容编排方面，我们应该适当借鉴西方高校的模式，但受现实条件所限，也没有必要完全对照其标准、过度沿袭其方法，而应采取符合我国国情、具有自身特色的教学方法；在具体的教学过程中，教师和学生可采取相对灵活的授课与学习方式，以及跨学科的思维框架、问题驱动式的学习、以反应为中心的教学等，以期在提升学生的文学鉴赏和批评能力的同时，达到一定的道德培养和情感教育的目的。

可以预见的是，随着我国高校对大学生人文素养和道德情操教育的愈发重视并逐步加大投入，以及国内犹太大屠杀文学研究不断向纵深推进，该领域的教学内容和教学方式将得以持续的丰富和优化，有望成为高校的外国文学教学甚至思政教育的重要组成部分。

注　释

* 本文系国家社科基金项目“美国犹太文学中的大屠杀记忆与反思性书写研究”（20BWW066）阶段性成果。

① 考虑到具体国情和历史文化等因素，这种差距也属正常，我国高校在推动犹太大屠杀文学教学时，并没有必要完全向西方看齐。

② 例如，威尔斯（H. G. Wells，1866—1946）十分推崇小说的道德宣传和教化功能，而毛姆（Somerset Maugham，1874—1965）则认为文学艺术的目的就是娱乐，教育只是其次要功能。

③ 例如，南京大屠杀是一场由占领军对被占领区平民进行的野蛮的集中杀戮，而犹太大屠杀则是一个工业化的系统工程，涉及西方文明的现代性问题。

④ 当然，这种类比必须要把握好分寸，不能予以过度阐释，否则有可能适得其反。

参考文献

[1] De Laine, M. Third of teenagers deny Holocaust [N]. *The Times Educational Supplement*, 4 July, 1997.

[2] Dawidowicz, L. S. How they teach the Holocaust [J]. *Commentary*, 1990 (6): 25-32.

[3] Goldstone, R. J. From the Holocaust: some legal and moral implications [A]. In A. S. Rosenbaum (ed.). *Is The Holocaust Unique?: Perspectives on Comparative Genocide* [C]. Boulder, CO: Westview Press, 2001: 47-54.

[4] Haydn, T. Teaching the Holocaust through history [A]. In I. Davies (ed.). *Teaching the Holocaust: Educational Dimensions, Principles and Practice* [C]. London and New York: Continuum International, 2000: 135-150.

[5] McGuinn, N. Teaching the Holocaust through English [A]. In I. Davies (ed). *Teaching the Holocaust: Educational Dimensions, Principles and Practice* [C]. London and New York: Continuum International, 2000: 119-134.

[6] Selden, R., P. Widdowson & P. Brooker. *A Reader's Guide to Contemporary Literary Theory* (4th ed.) [M]. Harlow, England: Pearson

Education, 1997.

[7] Totten, S. A note: Why teach about the Holocaust? [J] *Canadian Social Studies*, 1997 (4): 176-177.

[8] Totten, S. A Holocaust curriculum evaluation instrument: Admirable aim, poor result [J]. *Journal of Curriculum and Supervision*, 1998 (2): 148-166.

[9] 杰里米·M. 布莱克. 荀峥译. 大屠杀：历史与记忆 [M]. 北京：中央编译出版社，2018.

[10] 王雪梅. 外语类院校英语专业研究生的研究能力现状调研 [J]. 解放军外国语学院学报，2014 (2): 18-24.

新时代高校英语专业本科英美文学教材建设：思考与建议

王　珏

提要：《高等学校外语类专业本科教学质量国家标准》（2018年版）的颁布和高校外语教育改革对新时代高校外语人才培养提出了更高要求，促使我们反思现有英美文学教材与新的人才培养目标的一致性。本文以《国标》为参照，从课程标准、课程目标与内容设计、对使用者的支持和文化取向等维度，分析评价现有英语专业英美文学教材中存在的问题，尝试提出解决问题的方法与途径。本文指出，现有英美文学教材中存在的问题，从根本上看，源于课程标准的缺失。英美文学教育要落实新时代高校英语人才的培养目标，必须从制定统一的课程标准入手，改变单纯以知识传授为导向的设计思路，把对专业能力的培养融入各教学环节，为学生和教师提供有力支持，在介绍英美优秀文化的同时，注重中华文化的融入。

关键词：英美文学；教材建设；课程标准

作者简介：王珏，上海外国语大学国际关系与公共事务学院，副教授。

一、引言

英美文学在我国高校英语专业本科课程设置中占据重要地位。根据2018年教育部颁布的《高等学校外语类专业本科教学质量国家标准》（2018年版，以下简称《国标》），英语文学导论被列入英语专业核心课程，所学外语国家文学概论列入翻译专业核心课程，英语文学选读也被列入商务英语专业核心课程。从以上规定可以看出，尽管培养目标和方向有所不同，英语文学是英语专业学生的一门重要核心课程，是培养学生外语运用能力、文学赏析能力、跨文化能力和思辨能力的重要课堂。在国家要求加快推进“新文科”建设政策指引下（吴岩，2019：3—7），文学教育还肩负着协助培养具有家国情怀和人文精神的国际化外语人才的任务（李维屏，2019：32—34），在新时代高校外语教育改革与人才培养中，被给予厚望。要全面落实《国标》对高校外语人才培养提出的更高要求，更好地服务于高等教育强国建设的宏观战略目标，国内的外国文学教育急需在课程理念、课程体系建设、教学方法和师资队伍建设等方面进行理论研究与创新，在实践中反复论证，开启文学教育的新局面。文学教材是文学教育学科体系结构的要素之一，是教学质量体系的基础性工程。本文通过对国内现有英美文学教材及其研究的梳理和分析，总结已取得成果，评价并指出现有教材建设中存在的不足，为英美文学教材建设提出建议。由于我国英语专业在院系数量和师生规模等方面超过其他语种，本文对英美文学教材的评价与建议，对其他语种的文学教材建设亦具有引领和示范作用。

二、文献综述

改革开放以来，我国的英美文学教材编写工作取得了长足进步。据笔者不完全统计，自1980年以来，国内自主编写、公开出版的英美文学教材约有80余种，有些经典教材不断修订再版，并时有新作问世，基本满足了英语专业学生阅读赏析英美文学作品、学习学科知识、掌握文学批评基本方法的需求。从教材编写体例看，目前国内自主编写的英美文学教材主要分为作品选读、文学史、史选结合、文学导论和专题介绍等几大类（具体参见附录表格）。伴随国内英美文学研究和教学的发展，英美文学教材的编写也日趋专业化和多元化，涌现出不少专题化教材，如莎士比亚专题研究、知名作家思想研究、后现代主义小说选读和文学理论导读等。

与英美文学教材数量的迅速增长相比，国内的英美文学教材研究显得有些冷清。笔者在CNKI中国知网上共检索到在1998—2019年期间发表，与英美文学教材研究直接相关的论文18篇，研究议题主要集中在对教材编写和建设中存在问题的调查与讨论。有研究者指出现有教材的编写原则仍以知识传授为导向，缺乏对学生深度文学赏析能力的有效训练和指导（顾弘、杜志卿，2004；陆春香，2013）。在文学文本的选择上，有学者建议要考虑所选文本的完整性、可读性和时代性，应适当收录选编非英语国家的英语文学作品（孙琳、曹红晖，2003；顾弘、杜志卿，2004；张罗，2013；雷定坤，2018）。还有学者对教材的内容设计提出建议，认为应当完善英美文学教材的结构化建设，构建数字化、立体化的教材体系（李伟，2019）。面对国外各类文学理论的迅速发展，有学者综合分析了英美两国文学理论教材的编写模式，探讨了以学生为中心的教材编写理念对我国文学理论教材改革的启示（胡亚敏，2006；汪正龙，2009；李红波，2014；李红波，2015）。

需要指出的是，上述研究成果的绝大部分是在我国高校教育目标和政策转型前取得的。《国标》的颁布和“新文科”建设对新时代英语文学教育提出更高要求，英美文学教材建设迫切需要更新理念，进行理论改革与创新。本文将根据《国标》提出的高等学校外语人才培养目标，探讨国内现有英语专业英美文学教材建设中存在的不足，并尝试提出解决问题的方法和途径。笔者认为，现有英美文学教材中存在的问题，从根本上看，源于课程标准的缺失。英美文学教育要落实新时代高校英语人才的培养目标，必须从制定统一的课程标准入手，完善课程目标和内容设计，提供对师生的有力支持，同时加快课程文化建设。

三、问题与不足

要对我国现有英美文学教材进行评价，找出存在问题与不足，势必涉及评价标准和指标的选择。虽然我国的外语研究者一直很重视英语教材建设，但对英语教材的研究却相对滞后，还是以借鉴国际经典教材评价体系为主。目前国际上使用较多的是Cunningsworth的教材评价原则和方法。不过由于该评价体系主要适用于语言类教材，因此本文还是依照普遍采用的教材评价维度进行讨论，即把课程标准、课程目标与内容、学生与教师等教材使用者作为评价的主要维度。在评价方法上，目前常用方法有“评价清单法”（the checklist method）和“印象法”（the impressionistic method）。由于我国高校英语专业英美文学课程缺乏统一的课程标准，并且评价涉及教材数量和种类较多，没有现成且信度较高的评价清单，因此本文将参考《高等学校英语专业英语教学大纲》(2000年版，以下简称《大纲》）和《国标》，采用“印象法”，即通过浏览教材简介和教材部分章节形成对教材的总体印象，对现有教材做出评价。通过考察文学文本选择、文学知识呈现和学习活动设计等因素，并综合教材对于教与学的可用性，笔者发现，现有大部分教材的编写理念滞后于《国标》规定的高校外语人才能力培养目标，已不能顺应新时代国家战略发展对外语人才培养模式的要求，必须进行改革。下文将从课程标准、课程目标与内容设计、教材的可用性和教材的文化取向等四个维度对存在的问题进行分析和讨论。

1. 课程标准的缺失

我国现有的英美文学教材建设缺少统一的课程标准，课程标准没有发挥应有的对教材建设的指导作用，课程标准制定与教材编写脱节。课程标准是规定某一学科的课程性质、课程目标、内容目标、实施建议的教学指导性文件。与教学大纲相比，课程标准在课程的基本理念、课程目标、课程实施建议等部分阐述更详细、明确，特别是提出了面向全体学生的学习基本要求。课程标准是教材编写、教学、评估和考试命题的依据，体现对不同阶段的学生在知识与技能、过程与方法、情感态度与价值观等方面的基本要求，规定各门课程的性质、目标、内容框架，提出教学和评价建议。在《国标》颁布前，英美文学教材的编写，主要参考由高等学校外语专业教学指导委员会英语组制定的《大纲》。《大纲》分别在附录Ⅰ、附录Ⅱ描述了英美文学专业课的课程性质，给出了专业学生阅读参考书目。但以上内容只规定了学生最终要达到的知识和技能水平，并没有为专业教材的编写提供明确可行的实施意见和建议。在没有统一课程标准的情况下，我国英美文学教材的编写通常以国内著名大学为依托，由出版社牵头邀请国内英美文学研究领域知名专家主持教材编写，教材编写过程中必须回答的“教什么，怎么教”“教学计划如何分阶段实施”“教学效果如何评价”等核心问题，很大程度是由编写者凭个人学术能力和视野预设的，缺少课程理论支持。对于教材质量的后续评估也缺少科学有效的评价体系和标准。上述做法不符合课程和教材开发的普遍规律，是导致目前各类院校英美文学教学质量参差不齐的重要原因之一。

2. 教材目标和内容设计不合理

由于缺少统一的课程标准，现有英美文学教材的内容设计逻辑维度单一，多从文学史/文学体裁角度构建知识系统，没有把学习者的认知过程纳入内容框架，导致核心技能的培养目标不能有效实施。从笔者收集到的教材看，现行很多教材在编写理念上仍以知识传授为导向，在教材设计上采用编译的方式，集中介绍文学思潮、流派更迭，以及各个时期主要作家和代表性作品；也有按文学体裁编写的。不可否认，从历时角度安排知识的呈现序列便于学生掌握文学体裁演化和文学思潮更迭的历史轨迹，但这并不妨碍教材编写者同时参考其他课程理论，在内容编排上关注学习者的认知过程，把学生的记忆、理解、应用、分析、评价和创造等认知活动纳入课程内容框架，并辅以阶段性目标和实施方案。实际上，即使是作为教学核心内容的文学知识，现有很多教材在编写过程中也没有对它们进行有效分类和梯度化管理。由于没有对教学内容和实施环节进行明确有序的划分和管理，现有教材在实际使用过程中任意性很大，不仅教师面临巨大备课压力，学生也很难对自己的学习进行有效控制和管理。以在小说阅读中要求学生学会人物分析这一项教学内容为例。小说人物分析是理解小说主题和艺术形式的一个重要方面，但由于人物分析涉及故事情节发展与走向，作家的创作意图等诸多因素，对学生而言，该项学习任务难度差别很大。简单的任务要求学生描述人物性格如何随故事情节的走向发生相应的改变。难度稍高些的，需要学生分析小说特定元素，例如故事背景，如何协助塑造角色。难度更高的，则要求学生对作家的人物塑造予以全面评价，涉及作家选择人物的作用，人物角色的引入与发展如何推动情节，人物性格的合理性等问题。如果教材没有在课程内容和练习系统的编排上预先引入上述维度，那么以上教学内容如何分阶段实施，教到什么程度，学习效果评价等问题的解决，就完全依赖于教师个人对教材的理解和对教学活动的把控能力了。

3. 缺少对使用者的有效支持

现有英美文学教材的可用性也不尽人意，普遍存在教材体系单一，缺乏对学生和教师有效支持的问题。英美文学教材建设要切实有效地落实《国标》规定的外语专业人才培养目标，必须重视授课教师和学生这两个教材使用者的特点和要求。练习系统是一部教材编写思想的重要体现，隐含着教材编写者对教育整体目标的设计和规划，会对学生的知识获取和技能培养产生潜移默化的作用。与此类似的是，从学生视角出发精心编排的助读系统也能为学生构建完善的知识系统，开展深度学习，反省自己的学习方法和策略提供多方位的支持。遗憾的是，现行大部分教材没有充分考虑学生的需要，普遍缺少协助学生拓展学科知识、培养核心能力的助读系统和练习项目。从笔者收集到的教材看，仍有不少选读类或史选合一的教材采用“文学背景+作家生平与创作介绍+作品选读+难词难句注释”的编写体例，即在选文后面提供一些难词、难句的解析和背景注释。上述编写体例能为学生阅读原著提供语言和知识背景方面的支持，但对学生熟悉和掌握文学批评的基本步骤和方法帮助不大。

同样值得注意的是，现行教材普遍没有配套的教师用书，这也是造成目前英美文学授课教师面临巨大备课压力，无暇进行教学创新的主要原因。授课教师是将教材编写者的教育目标和课程理念付诸实施的重要主体。授课教师的教学活动可以分为理解教材和课堂设计两个阶段——授课教师首先要理解教材，把握教材编写者的意图，明确各阶段教学目标，然后在此基础上进行课堂教学设计（文秋芳，2018：8）。教师用书可以在师生共用教学目标外，为教师提供一套教师专用教学目标，帮助教师更好地优化教学内容。在数字化技术、多媒体技术蓬勃发展的今天，教师用书还能为教师的教学设计提供丰富合宜的数字化、多媒介的教育资源。教师用书的缺席，把对教材的理解和课堂设计变成教师个体的孤身作战，也使英美文学教学失去了一个保障教学质量的“稳定器”。

4. 教材的文化取向定位不清

从教材的文化适切性看，现行教材缺少对课程文化取向的清晰定位，没有把文化教育纳入教学目标和内容，不利于实现《国标》提出的，要求外语专业学生具备语言运用能力、跨文化能力、思辨能力和自主学习能力的培养目标。教材是以促进学生发展为目的的教学活动文本系统。如果教材编写者未有意识地把文化因素纳入教材的文本系统，并设定相应的教学计划和实施方案，那么教师是很难把文化教育纳入课堂教学的（郑新民、李茨婷，2010：76）。在目前的英美文学课程设置中，文化常常是一个额外的成分。虽然在实际教学过程中，教师会介绍文学作品所涉及的文化现象，如美国“迷惘一代作家”与两次世界大战期间美国社会文化生活的关系，但类似的教学内容只是主题分析或文学思潮介绍的一个方面，不是文学教学的核心内容。文化意识的培养需要一个长期的学习和体验过程，对文化因素缺乏连贯性、系统性的讲授，很难培养学生的文化自觉（郑新民、李茨婷，2010：76）。在跨文化沟通能力成为全球化时代许多国家高校人才培养目标的背景下，上述课程理念已不合时宜，必须及时进行调整。同时，正如文章前面所提到的，目前使用的英美文学教材大多是在改革开放后40年间出版的。“改革开放”这一特定历史语境决定很多教材以“学习者”的身份，从“学习者”的视角引进和介绍英语文学经典和文学理论，对文学经典和西方文化的解读主要也是在西方话语体系内进行的，尚来不及回答诸如“文学-文化教育中文化常模的选择？哪些是人类文化中值得共享的核心知识、传统和价值？学习英美优秀文化与传习中华文化传统的关系”等根本性问题。面对新时期高校外语教育改革的新挑战，如果英美文学教材建设不能跟上变革的步伐，不能在课程的价值取向和内涵上有所突破，不能尝试构建自己的课程文化，那么文学课程就不能充分发挥其新文科的优势，不利于培养学生的文化自信，课程思政也将沦为一句空话。

四、思考与建议

教材是教育质量体系的一部分，提高教材质量将对提升整个教育水平产生深远影响；教材质量对国家教育政策和教育系统建设具有关键作用，高质量的教材会对教师和学生产生有效支持。2017年国务院成立了自中华人民共和国成立以来的首个国家教材委员会。刘延东在成立大会上指出，“教材建设是事关未来的战略工程、基础工程，教材体现国家意志。”对于新时代高校外语教育改革而言，教材建设的重要性不言而喻。目前我国有近八成的全日制高校开设了英语类本科专业（英语、翻译、商务英语），英语专业本科毕业生数量每年约有22万。面对规模巨大的英语院系数量和学生人数，搞好英美文学教材建设对于提升英语教育质量意义重大，对于其他语种的文学教材建设也有很好的引领和示范作用。针对目前英美文学教材建设中存在的问题，笔者认为可尝试从以下方面进行突破和改进。

1. 制定统一的课程标准

从本文前面的讨论可以看出，目前英语专业英美文学教材编写中存在的问题，很大程度上是由于缺少统一课程标准导致的。要从根本上解决上述各类问题，首先应当制定统一的课程标准。课程标准是课程目标的具体化，体现对不同阶段的学生在知识与技能、过程与方法、情感态度与价值观等方面的基本要求。对于英美文学专业而言，制定统一的课程标准是事关英美文学课程改革成败的头等大事，能为未来英语专业英美文学教材建设指明方向。近年来许多国家纷纷进行教育政策和目标重大调整，课程标准的修订成为包括美国在内的很多国家教育改革的核心议题。在这一世界课程改革趋势的推动下，我国教育部在2018年颁布了《普通高中英语课程标准》（2017年版，以下简称《标准》），根据党中央精神，将“立德树人”的任务落实在四项核心素养上，并对四项核心素养的内涵、属性及其关系和育人价值做了明确说明。高校外语课程改革和专业建设也应顺应时代变化，从制定统一的课程标准入手，与《标准》实现对接，进行“系统化”的教育改革，更好地落实和实施“双一流”国家战略，为中国特色社会主义新时代培养高端外语人才。

课程标准的制定是富有挑战性的系统工程，既需要教育部门和外语、教育专家进行顶层设计，也需要一线教师的共同参与。在新一轮高校外语教育改革进程中，各教学、研究单位构建学科发展共同体，实现协同发展已成为大趋势。2018年3月由上海外国语大学牵头，全国153所具备外国语言文学优势学科高校联合组成的“中国高校外语学科发展联盟”就为外语学科加强各成员单位间的交流与合作，“组织、协调各成员单位就外语学科的重大理论和现实问题进行合作攻关”提供了重要平台。外语专业英美文学课程标准的制定就可以借助学科发展联盟构建的交流合作机制和平台，组织协调各外语院系集体攻关，明确新时代外语专业英美文学课程的性质和内涵，明确学生在不同学习阶段应达到的知识与技能、过程与方法、情感态度与价值观等方面的基本要求，设立统一、严谨、明晰、可控和可测的课程目标和教学实施方案。考虑到国内外语院系在英美文学专业课程设置、学科特点和优势、师资力量和培养目标等方面存在较大差异和差距，笔者建议可以在制定通用课程标准的基础上，同时制定个性化课程标准，鼓励各外语院系发挥各自的特点和优势，推动英美文学课程体系的多元化发展。

2. 完善课程目标和内容设计

未来英美文学教材的编写应根据《国标》提出的高校外语人才素质要求和能力培养目标，借鉴吸收国外同类教材的经验和成果，在设计上遵循以学习者为中心的原则，在系统呈现学科知识的同时，把对能力的培养纳入课程内容框架，并辅以阶段性的实施和评价方案，建立科学有效的课程体系。以占据我国英美文学教材半壁江山的文学选读类教材为例，国外同类教材的内容设计有不少值得我们学习之处。以笔者收集到的，为母语是英语的美国高中生编写的选读教材《读者臻选：格伦科文学》（*Glencoe Literature: The Reader's Choice*, *English Literature*, 2007）的英国文学卷为例。该教材也采用了史选结合的编写体例，把英国文学发展的历史、不同时代特征以及作家、作品设为教材编写的主线，把不同时期文学作品列为一个学习单元。该教材选编作品与国内同类教材的难度基本相当，但教材将阅读过程划分为三个阶段，即读前、读中和读后阶段，并编排了相应的知识学习和能力训练模块。在读前阶段，教材明确列出单元学习目标和单元核心问题，提供与选读作品相关的历史、政治经济和社会生活方面的背景知识，并辅以与所学知识相关的任务，如结合具体作品，分析诺曼底征服对中古英语与文学创作的影响等。在读中阶段，教材进一步从文学史角度介绍所选作品的特征，引入相关文学术语，同时对选读文本的阅读提供语言和方法上的指导。在读后阶段，教材要求学生以写作、口头报告或文学创作的形式对所读作品做出回应，并为学生进行自我评估，反思学习方法与策略设立了专项问卷和自我测试模块。

上述教材在目标使用者和文化取向等方面，与国内现有教材存在较大差异，但教材以问题为导向的编写理念，把知识学习和能力培养融入文学阅读各环节的课程设计，使学生有更多机会开展自主学习，反思评估自己的学习效果和策略，有助于提高学生对文学文本的深度赏析能力。该套教材的编写理念和内容设计值得我国的英美文学教材编写者研究和学习。

3. 提供对教材使用者的有效支持

未来的英美文学教材应对使用者友好，把学生的需求纳入教材结构设计，完善教材的练习和助读系统，关注教师用书的设计，为教师和学生提供有效支持。一部教材的助读系统和学习活动设计是体现教材设计水平的重要窗口，它不仅是教材编写理念的重要体现，还是教学目标付诸实施的重要环节。从笔者收集到的教材看，国内已有教材编写者从学生的视角出发，为学生更好掌握学科知识，设计了相应的助读系统。例如，李公昭与高继海等编著的《新编英国文学教程》(1998)，除了作家生平、作品信息等背景知识外，还设有解读示例、推荐书目、文学大事纪年表和常用文学术语等。叶华年等编著的《英语短篇小说导读——结构与理解》(1999) 在每个章节的开头编写了理论导读，还设计了相应的思考题，并在附录部分列出了文学评论术语表和课后思考题的参考答案等。

在完善练习和助读系统的同时，教师用书的设计也要有助于加强教师对教材编写理念的理解，为教师提供教学方法方面的指引，协助教师把握课程结构与节奏，并提供切实有效的教学评价手段和支持。此外，教师用书还应成为教师学科和教育理论知识发展的得力助手，帮助教师了解文学研究领域的最新成果和前沿问题，为教师的课堂教学设计提供理论依据，帮助教师实现教学理论素养的提升。

4. 推进课程文化建设

1994 年，第 44 届国际教育大会提出“为相互理解和宽容而教”和建设“和平文化”的思想，标志着多元文化主义的教育价值观在全球范围的确立。今天，全球化使每个国家和民族都不可避免地要与不同文化背景的人打交道。要培养具有文化自觉，能顺利进行跨文化沟通的高端外语人才，英美文学教材必须加强课程文化建设，有意识地把文化教育纳入课程架构，有意识地从中国视角设计课程，使学生有机会更好地理解中西文化的异同，在坚定中华文化自信的同时，培植多元文化意识，成为具有家国情怀和全球化视野的优秀外语人才。在具体的实施方法和路径上，已有学者建议在文学教学中适度引进比较文学的研究方法，发挥比较文学“以文学为途径，对不同文化进行沟通”的学科优势，促使学生从比较的视域理解中外文学和文化现象（许立冰，2019：105）。要充分利用比较文学跨学科研究训练的优势，今后英美文学教材的编写，应改变原来仅介绍英美两国文学和文学现象的体例，在文学文本的编选中引入别国文学，特别是中国文学中呈现相似主题、人物形象的作品，并在练习和助读系统中设计相应的学习模块，把中西文学与中西文化比较作为课堂教学的重点，鼓励学生通过学习英语国家文化和反思中华文化传统，思考如何用英语讲好中国故事，探索“中国文化走出去”的有效途径。

要培植学生的多元文化意识，英美文学教材还应呈现文学-文化研究领域的热点话题，改变原来只教授英美两国传统经典作品的状态，选编少数族裔、非英语国家作家的英语文学作品，以多元化的文学文本体系为依托，鼓励学生理解和尊重语言运用中的差异性，促使学生用批判的眼光，客观评价不同文化传统的共性与差异，探索全球化语境下，跨文化交流的有效方式。

自改革开放以来，我国的英美文学教材建设取得了长足进步，教材的编写水平日趋专业化，教材种类日渐多元化，涌现出不少为广大外语院校广泛使用的经典教材。然而，时代在进步，文学教育的目标亦在更新，英美文学教材建设不能安于现状，裹足不前。伴随国家高等教育目标和政策的转型，我国高校外语教育迎来了新的发展机遇，也面临更新教育理念和人才培养模式等方面的巨大挑战。作为英美文学教育的基础性工程，英美文学教材的质量事关英语专业人才培养目标的落实。国内从事英美文学研究和教学的专家与教师要充分利用新时代高校外语教育改革的契机，构建跨学校、跨地区的学科共同体，协同合作，向国内外同行学习，从制定统一的课程标准入手，完善课程目标和内容设计，切实考虑学生和教师的需求，探索把中华文化融入英美文学课程的有效途径，使英美文学课程成为培养学生具有过硬语言能力、人文素养和家国情怀的重要课堂。

参考文献

［1］*Glencoe Literature: The Reader's Choice, English Literature*［M］. New York: McGraw-Hill Companies, 2007.

［2］高等学校外语专业教学指导委员会英语组. 高等学校英语专业教学大纲［M］. 上海：上海外语教育出版社，2000.

［3］顾弘，杜志卿. 新世纪高校本科英美文学教材建设探索［J］. 河南大学学报（社会科学版），2004（2）：129－132.

［4］胡亚敏. 英美高校文学理论教材研究［J］. 中国大学教学，2006（1）：58－62.

［5］教育部高等学校教学指导委员会. 高等学校外语类专业本科教学质量国家标准［M］. 北京：高等教育出版社，2018.

［6］雷定坤. 高校本科英美文学教材的出版与开发［J］. 科技与出版，2018（2）：56－59.

［7］李公昭，高继海. 新编英国文学教程［M］. 北京：世界图书出版，1998.

［8］李红波. 以生为本和多元共生——对话生成视野下的英美文学理论教材［J］. 中国大学教学，2014（10）：92－96.

［9］李红波. 构建多元、开放的文学理论学习体系——近30年英美文学理论教材的特色及启示［J］. 文艺理论研究，2015（2）：147－153.

［10］李维屏. 关于新时代我国一流外语学科建设的思考［J］. 当代外语研究，2019（1）：32－34.

［11］李伟. 外语专业英美文学教材建设现状、问题与策略［J］. 大学教育，2019（2）：14－17.

[12] 陆春香. 国内英美文学教材编写的弊病及改进建议［J］. 出版发行研究，2013（10）：44－46.

[13] 孙琳，曹红晖. 谈英美文学教材的选编问题［J］. 山东外语教学，2003（2）：92－95.

[14] 汪正龙. 英美文学理论教材的现状与走向管窥——兼谈对我国文学理论教材改革的启示［J］. 江汉论坛，2009（6）：101－105.

[15] 文秋芳. 新时代高校外语课程中核心能力的培养：思考与建议［J］. 外语教育研究前沿，2018（1）：3－11.

[16] 吴岩. 新使命大格局新文科大外语［J］. 外语教育研究前沿，2019（2）：3－7.

[17] 许立冰. 比较文学在英国文学教学上的应用及意义［J］. 外语高教研究，2019（1）：99－108.

[18] 叶华年等. 英语短篇小说导读——结构与理解［M］. 上海：华东师范大学出版社，1999.

[19] 张罗. 英语专业英美文学课程教材选编探究［J］. 科教文汇，2013（2）：99－100.

[20] 郑新民，李茨婷. 文化可教否？应该教谁的文化？——访著名语言学家 David Nunan 教授［J］. 外语电化教学，2010（2）：74－78.

附录：

选读类教材一览表（根据出版年代排序；年代相同根据编者姓名拼音排序）

编著者	书　　名	出版社	出版时间
杨岂深、孙铢	《英国文学选读》	上海译文出版社	1981
陈嘉	《英国文学作品选读》	商务印书馆	1982
杨岂深、龙文佩	《美国文学选读》	上海译文出版社	1987
李宜燮、常耀信	《美国文学选读》	南开大学出版社	1991
王佐良	《英国诗选》	上海译文出版社	1993
钱青	《美国文学名著精选》	商务印书馆	1994
翟士钊	《美国文学选读》	河南大学出版社	1994
张伯香	《英国文学教程》	武汉大学出版社	1997
李公昭、高继海	《新编英国文学教程》	世界图书出版社	1998
陶洁	《美国文学选读》	高等教育出版社	2000，2011
戴桂玉	《英美文学欣赏教程》	中国社会科学出版社	2001
申富英、公丽艳	《新编英国文学教程》	山东大学出版社	2001
王守仁	《英国文学选读》	高等教育出版社	2005，2011，2014

续表

编 著 者	书　　名	出 版 社	出版时间
刁克利	《英国文学经典选读》	外语教学与研究出版社	2008
卢敏、陈怡均	《美国文学名作研读》	上海交通大学出版社	2011
罗经国、刘意青	《新编英国文学选读》（上）	北京大学出版社	2011，2016
罗经国、阮炜	《新编英国文学选读》（下）	北京大学出版社	2011，2016
陶洁	《美国文学选读》	北京大学出版社	2012
汪泠、田丽	《美国文学作品选读》（第 2 版）	上海交通大学出版社	2012
吕洪灵、汪凯	《英国文学选读新编》	北京大学出版社	2015
王佐良、李赋宁等	《英国文学名篇选注》	商务印书馆	2015

文学史教材一览表（排序同上）

编 著 者	书　　名	出 版 社	出版时间
刘炳善	《英国文学简史》	上海外语教育出版社，河南人民出版社	1981，1993，2006
陈嘉	《英国文学史》	商务印书馆	1986
常耀信	《美国文学简史》	南开大学出版社	1990，2003，2012
陈嘉、宋文林	《大学英国文学史》	商务印书馆	1996
吴定柏	《美国文学大纲》	上海外语教育出版社	1998，2011
童明	*A History of American Literature*	译林出版社，外语教学与研究出版社	2002，2008
张定铨、吴刚	《新编简明英国文学史》	上海外语教育出版社	2002
常耀信	《英国文学简史》	南开大学出版社	2006
王守仁、何宁	《20 世纪英国文史》（中文版）	北京大学出版社	2007
刘意青、刘阳阳	《插图本英国文学史》	北京大学出版社	2011
程朝翔	《美国文学简史》	高等教育出版社	2014
常耀信	《精编美国文学史》（中文版）	南开大学出版社	2016

史选合一（排序同上）

编 著 者	书　　名	出 版 社	出版时间
吴伟仁	《英国文学史及选读》	外语教学与研究出版社	1990
吴伟仁	《美国文学史及选读》	外语教学与研究出版社	1990
郭群英	《英国文学新编》	外语教学与研究出版社	2001，2010
刘洊波	《英国文学史概述及作品选读》	高等教育出版社	2010
刘洊波	《美国文学史概述及作品选读》	高等教育出版社	2010
李正栓	《美国文学简史与选读》	清华大学出版社	2015
李正栓	《英国文学简史与选读》	清华大学出版社	2016

不同文学体裁类导读（排序同上）

编 著 者	书　　名	出 版 社	出版时间
黄源深	《英国散文选读》	上海外语教育出版社	1991，2007
刘海平	《英美喜剧：作品与评论》	上海外语教育出版社	1991，2004，2012
刘海平	《英美戏剧》	南京大学出版社	1991
王守仁	《英美小说》	南京大学出版社	1991
叶华年等	《英语短篇小说导读——结构与理解》	华东师范大学出版社	1999
罗选民等	《英美文学赏析教程：散文与诗歌》	清华大学出版社	2002
林六辰	《英美小说要素解析》	上海外语教育出版社	2004
傅俊	《英国戏剧读本》	上海外语教育出版社	2006
胡家峦	《英美诗歌名篇详注》	中国人民大学出版社	2008
杨金才	《英美诗歌：作品与评论》	上海外语教育出版社	2008
方岩	《英语短篇小说选读》	北京大学出版社	2010
袁宪军	《英语小说导读》（第 2 版）	北京大学出版社	2010
景晓莺、王丹斌	《英语诗歌常识与名作研读》	上海交通大学出版社	2011

续表

编 著 者	书 名	出 版 社	出版时间
师彦灵	《英美小说欣赏导论》	北京大学出版社	2011
白凤欣、李正栓	《英语短篇小说简明教程》	上海交通大学出版社	2013
胡全生	《英美后现代主义小说选读》	上海外语教育出版社	2014
李正栓、申玉革	《英美诗歌欣赏教程》	北京师范大学出版社	2014
罗选民等	《英美文学赏析教程：小说与戏剧》（第2版）	清华大学出版社	2014

文学及文学批评导论（排序同上）

编 著 者	书 名	出 版 社	出版时间
李公昭	《20世纪英国文学导论》（中文版）	西安交通大学出版社	2001
邵锦娣	《文学导论》	上海外语教育出版社	2002，2011
刘溶波	《文学导论》	高等教育出版社	2009
袁宪军	《英语小说导读》（第2版）	北京大学出版社	2010

专题化教材（排序同上）

编 著 者	书 名	出 版 社	出版时间
张冲	《莎士比亚专题研究》	上海外语教育出版社	2004
王松林、芮渝萍	《英美海洋文学作品选读》	上海交通大学出版社	2011
张冲、张琼	《莎士比亚选读》	高等教育出版社	2011
朱望	《现代英国文学大家》	北京大学出版社	2011
黄必康	《莎士比亚名篇赏析》	北京大学出版社	2013
王磊	《莎士比亚戏剧欣赏》	北京大学出版社	2015

语文学视角研究中世纪英语的教学启示

孙晓蕾

提要： 语文学研究是语言和文学的研究，属于传统文字研究或经典研究，用历史和对比的、阐释和批判的视角研究语言。从语文学角度研读中世纪英国文学原作，探究英国民族语言形成的历史，挖掘作品反映的社会和文化，可为我国的语言教学带来启示：为英语教学补充历史演变的知识，深入地对比学习现代标准英语，再现作品创作时期社会的现实，古今对比，中外互鉴，提升语言学习的社会意义。

关键词： 语文学；中世纪英语；教学；启示

作者简介： 孙晓蕾，上海出版印刷高等专科学校讲师。

《说文解字》是中国第一部分析汉字字形和考究字源的字书，在中国语言和文化史上具有重要地位，是现代汉语的重要依据。从第二语言英语学习和教学的角度，我们也需要了解英语发展史，探索英语的根源，确定现代英语规则的根由。中世纪（Medieval period，公元5世纪到15世纪下半叶）是英国民族和语言形成的重要时期。以1066年诺曼征服（Norman Conquest）历史性事件为节点，分中世纪早期（Early Medieval）和中世纪晚期（Later Medieval）。早期又称为盎格鲁-撒克逊时期，统治英国的是盎格鲁-撒克逊民族，使用盎格鲁-撒克逊语，又称古英语（Old English）；晚期是盎格鲁-诺曼王朝时期，是盎格鲁-撒克逊民族被法国诺曼王朝征服后又重夺国家主权的时期，又称中世纪英语（Middle English）时期，以卡克斯顿（William Caxton）1476年在伦敦建立第一个印刷厂这一历史性事件为节点（Solopova & Lee，2016：X）。虽说古英语也是英语，但古英语并不像现代英语，中世纪英语对古英语进行的大量简化，比如词在句子中的关系不再通过性、数和格的变化实现，而由词在句子中的位置决定，让英语越来越贴近人们的生产生活实际。最能生动体现中世纪英语特色的是中世纪晚期的文学作品，因此我们不妨从中世纪晚期的英国文学入手，以作品为载体，从语文学（philology）的角度出发，关注和研究英语语言的历史呈现和古今演变，发掘语言背后的历史和文化。

一、语文学研究视角

语文学是语言和文学的研究，属于传统文字研究或经典研究，用历史和比较的、阐释和批判的视角研究文学。语文学有广义和狭义的概念。狭义的概念指用历史和比较的方法研究语言的一门学科；广义的概念就是对语言、文字和文学经典的人文研究的总称。尽管语文学和语言学存在交叉点，并为共同的对象服务，但它们是完全不同的。美国语言学者 W. D. 惠特尼（W. D. Whitney）认为语文学和语言学是同一门科学的两个面，语言学是侧重规则、批判和教学的那一面，语文学是侧重语言实际运用那一面（Whitney, 1911）。语音学家亨利·斯威特（Henry Sweet）认为语言学家将语言视作一个自然的对象，对社会生活中的符号进行研究，而语文学家将语言视作某个民族文化的一部分，强调语言的历史关系（Sweet, 1964）。以此看来，语言学研究社会生活中的语言符号，语文学强调语言的实际运用和历史关系（Baldick, 2000: 167; 索绪尔, 1999: 27; Turner, 2014: 1-2; Whitney, 1911: 414; Pollock, 2015: 317; Sweet, 1913: 2）。

西方语文学可以追溯到古希腊时期，随着语言的产生，古希腊文人思想家开始研究语言的两个主要组成部分：修辞和文法。这种以语言为中心的教学方式一直滋养着欧洲的学校教育。17—18 世纪启蒙运动催生出有关语言本质的研究，持续专注于盎格鲁-撒克逊民族语言的历史研究也出现了。19 世纪语系研究成为新宠，从研究单一语言到研究语系，具有高度历史性和比较性的特点。威廉·琼斯（William Jones）第一个提出印欧语系的概念，弗朗兹·葆朴（Franz Bopp）确定了“印度-日耳曼语系”的研究范式，或称“雅利安语系”，后来改称“印欧语系”。

一战前，语文学研究一直都以日耳曼语系研究为核心。W. 杰克逊·贝特（W. Jackson Bate）在《英语研究的危机》一文中表明，19 世纪 80 年代和 20 世纪 40 年代之间语文学研究遭到扼杀（Bate, 1982）。英文博士被用德语写的语法书绊住脚是常有的事，甚至是学文学的中日留学生也不得不挣扎于用德语语法将哥特语翻译成英语。埃克哈德·西蒙（Eckehard Simon）认为语文学不是“打开哥特语法去翻译”，而是“在文化语境中研究有记载的文字”，“从过去的经历和文化中吸取养分”，“不论是文学手稿、宪章还是户口簿，学者必须具备能够从原始资料中查找文本证据的能力”，“过度依赖翻译是对学术权威的一种威胁”（Simon, 1990: 16-20）。

20 世纪中叶以来，语文学重回原先的轨道，英国民族文学研究再度兴起，相关专家、学者、组织和会议也不断涌现。戴维·艾尔斯（David Aers）、德瑞克·布鲁尔（Derek Brewer）、J. A. 巴若（J. A. Burrow）、苏珊·克瑞恩（Susan Crane）、彼得·布朗（Peter Brown）、克里斯托弗·戴尔（Christopher Dyer）和诺曼·布莱克（Norman Blake）等以研究中世纪文学、语言、文化、社会和生活见长，撰写了通俗易懂的通识类作品，如《中世纪文学》（*Medieval Literature*）、《英国哥特文学》（*English Gothic Literature*）、《中世纪作家和作品》（*Medieval Writers and Their Works*）、《自我表现：百年战争时期的礼节、服饰和身份》（*The Performance of Self: Ritual, Clothing, and Identity During the Hundred Years War*）、《中世纪文学和文化伴读》（*A Companion to Medieval English Literature and Culture*）、《中世纪生活》（*Making a Living in the Middle Ages*）、《中世纪文学中的英语语言》（*The English Language in Medieval Literature*），不一而足。一大批研究中世纪手稿的专家，对遗留的乔叟、兰朗和其他中世纪民族诗人的手稿和手抄本重新整理和编辑，如 F. N. 罗

宾森（F. N. Robinson）和拉里·D. 本森（Larry D. Benson）先后出版了《乔叟全集》和《河畔乔叟》，伊丽莎白·罗伯森（Elizabeth Robertson）和斯蒂芬·谢普德（Stephen Shepherd）出版了《农夫皮尔斯》，马尔科姆·安德鲁（Malcolm Andrew）和罗纳德·华顿（Ronald Waldon）出版了《珍珠手稿：珍珠、洁白、耐心》和《高文爵士和绿林骑士》。中世纪文学评论家如吉尔·曼（Jill Mann）、A. V. C. 施密特（A. V. C. Schmidt）、安娜·鲍德温（Anna Baldwin）、拉里·本森（Larry Benson）、海伦·库珀（Helen Cooper）、德瑞克·皮尔赛（Derek Pearsall）、贝瑞尔·罗兰（Beryl Rowland）、莱斯利·约翰逊（Lesley Johnson）、戴维·华莱士（David Wallace）、李·帕特森（Lee Patterson）和凯瑟琳·巴特（Catherine Batt）等，就原作编辑、文本注疏、历史背景、作者传记、作品对比和文体赏析等方面进行评论，为作家作品研究提供帮助。此外，全球范围内国际会议和组织提供相关研究交流和学习的平台，英国利兹大学国际中世纪大会（The International Medieval Congress）和美国西密歇根大学中世纪研究所（Medieval Institute）最负盛名，每年吸引大量海内外学者参加，与会的中国学者人数也逐年增加。

英语语文学研究在我国也越来越受到关注。孙毓修和林纾是为数不多介绍西学的早期学者和译者。孙毓修师从美国传教士，致力著译，著有《中英文字比较论》《欧美小说丛谈》和《欧洲游记》，介绍英语语言、欧美文学史，内容涉及乔叟的《坎特伯雷故事集》等中世纪英国文学。林纾虽不通晓英文，以深厚的文学造诣对故事进行大量创作性移译，在民国时期《小说月报》上多次发表富有趣味性的文章，开阔了我国读者的视野。20世纪20—30年代，译者如钱稻孙、王独清、王维克、郑振铎、梁实秋、邢鹏举、戴望舒、谢六逸、方重等翻译了不少欧洲中世纪名著。方重是第一个真正意义上的乔叟研究专家，注重文本，精于注疏，其译著《乔叟文集》，经多次修改，现仍是乔叟诗歌研究的权威译著。20世纪80年代的译著总体偏重中世纪晚期的名作，如但丁、薄伽丘和乔叟，地域偏意大利、英国与北欧，文体以英雄史诗居多。1991年李赋宁编著的《英语史》系统论述了英语语言的发展历程，研究英语语音、语法、词汇发展和演变的历史，是国内研究中古英语的启蒙读物和参考书。自20世纪末，更多的学者和译者致力于中古英语和文学研究，如刘乃银、吴芬、沈弘、黄杲炘、陈才宇、刘建军、张勇先等，更多图书得到出版、翻译和引进，如《巴赫金的理论与〈坎特伯雷故事集〉》《特洛勒斯与克丽西德》《古英语与中古英语文学通论》《欧洲中世纪文学论稿》《古英语入门》《牛津英语语言史》《英语发展史》《英语史——从古英语到标准英语》和《中世纪文学的核心概念》等（曹航，2013；李耀宗，2003）。

二、语文学视角下的中世纪英语

语文学的研究方法能够让我们从一手的古书手抄本这一文化历史的宝库中，与历史时空展开对话，研究英语的前世和今生，再现中世纪英国民族文化。中世纪英国文学研究的基础就是要掌握中世纪的语言。此外，中世纪诗人在手稿中留下的文字都是用方言创作的，所以还要了解地区方言的差异变化。语言不是单一的，而是一种集合，即语言共同体（language community）。一个语言共同体内有四种语言，“即语言变体（variety），分别是标准语（standard variety）、地域变体（regional variety）、社会方言（social dialect）和功能变体（functional variety）”（桂诗春，1978：52）。以语文学的视角细读中世纪晚期英国文学原作，如《坎特伯雷故事集》《农夫皮尔斯》和《高文爵士和绿衣骑士》等，首先应辨别作品中与社会问题相关的语言事件，归纳社会影响下中世纪晚期英语的特点：语言变体、方言变体和语言迁移，然后才能发现标准英语的形成趋势。语言变体包括盎格鲁-撒克逊语（Anglo-Saxon English，即古英语）、盎格鲁-诺曼法语（Anglo-Norman French）、欧陆法语（Continental French）、拉丁语（Latin）、中世纪英语（The Middle English）。方言变体指英格兰南方方言、北方方言和中西部地区方言在发音、词汇、用法和书写上的地域差别，其中中西部地区方言也有南北方差异。语言迁移指受经济政治因素影响，有以北方方言向南方方言迁移的总体趋势。同时因为人口流动和新兴商业阶级等社会因素，南方接受北方人口的迁入，英格兰南北方言逐步融合，中西部地区南北方言逐步融合，与伦敦地区方言逐渐相统一，统一标准英语的形成是大势所趋。

一方水土养育一方文化，如《坎特伯雷故事集》《农夫皮尔斯》和《高文爵士和绿衣骑士》分别以英格兰南方方言、中西部南方方言和中西部北方方言书写，虽深受欧陆诺曼文化影响但具有典型的民族性，具有英国本土文化特色，呈现骑士罗曼司、梦幻诗学、英雄名人传记等多种文体特征和样式，描绘英国社会各阶层民众的生活状况、社会变化和精神风貌，反映了英国民族的内外矛盾和阶层差异。《坎特伯雷故事集》是幽默讽刺故事诗，具有现实主义的特征，再现骑士、乡绅、教士、僧侣、自由农、商人等社会各阶层，以及女性阶层的生活状况，反映了新兴商人阶层和女性力量觉醒之后社会所面临的问题；《农夫皮尔斯》是宗教讽刺寓言诗，具有梦境玄幻诗学的特征，以强有力的思辨哲学展开梦境和现实之间的对话，暴露社会问题，揭露阶级差异和社会不公，反对战争以及黑暗残酷的宗教和教会统治；《高文爵士和绿衣骑士》是骑士传奇故事，属于罗曼司文体，属于亚瑟王传奇宫廷文化系列，是欧洲骑士精神在英国宫廷贵族中的体现，是英国民族形成时期民族英雄的象征。

中世纪晚期是英国国家统一和民族语言形成的关键期，社会发生史无前例的变化：民族主义兴起和民权意识增强。英法百年战争（1337—1453），从封建王朝混战转变为侵略与反侵略的战争，民族感情迅速增强。1348 年爆发的瘟疫“黑死病”夺去了三分之一的农村人口，劳动者人数急剧减少，农民作为一股经济力量，具有了争取更高报酬和更低租金谈判的实力（Solopova & Lee，2016：13）。1362 年，英国国会第一次开会正式用英语开会，恢复了民族语言应有的地位。同年，法庭辩护法令（*Statute of Pleading*）的颁布，首次规定一切法庭诉讼必须使用英语（李赋宁，1991：7）。1381 年爆发的农民起义，反对苛捐杂税、阶级差异、政治腐败和教会势力，反对“劳动者不得食，不劳动者得食”的不公社会。中世纪晚期英国战争不断，民族和社会矛盾激化，英国民众的主权和人权意识明显，形成了统一的共同目标：结束被入侵和被征服的命运，获得民族的独立，打破封建王权阶级统治，获得更多自由和权利。内忧外患的英国社会，首先面临的问题就是争取民族独立，建立统一的国家。具有民族自觉自省意识的创作是对地域方言读者的尊重和期待，是对本土语言和文化的认同和支持。这种文化身份认同是民族语言形成的核心力量。

战后重建的英国，王权得到加强，也建立起中央集权的君主专制国家，王朝割据影响下的法语和拉丁语变体逐步被统一的民族语言所替代，即英语的地位不断加强。城镇不断兴起，城镇人口不断增加。伦敦地区经济快速发展，以伦敦方言为基础的早期现代英语的雏形即英语白话文逐渐形成。此外，语言文化的传播方式和政策的制定，也为民族语言的形成提供助力。王权管辖下的封臣（vassal/liege）获得更多议事权，议会制度初具雏形，土地的占有和租用权逐步向金融转移，封臣统治下的领地（manor）获得领地法治权（manorial courts），佃农（serf/tenant）获得土地租用权，英国社会的阶级矛盾得到一定的缓和，新兴商人阶级因经济实力的增加获得更多话语权，阶级间的语言迁移现象明显，新型统一的民族共同体（comitatus）逐渐形成。英国民众的团结和文化认同是民族和文化共同体形成的核心，为英国文艺复兴的爆发积蓄力量，为其在启蒙运动和工业革命中取得持续进步推波助澜。换句话说，“是随时存在的危机与忧患意识逼迫英国人奋力前行并最终取得了成功”（陈晓律，2011：14）。在国家崛起的路上，历史提醒人们始终牢记国家独立、民族团结和人文主义的要义，坚持发展，保持警醒，居安思危，不断追求进步。

三、案例研究与启示

从语文学角度研读中世纪晚期英国文学，挖掘中世纪英语的历史知识，探究英国民族语言和方言，能够再现语言反映的社会现实，将过去的历史再现于当代人眼前，赋予当代学者追寻历史的责任，寻找历史为现代语言教学带来的启示，指导现今的语言教学，提升语言学习的社会意义。

首先，语文学视角研究中世纪英语为现代英语教学补充有关英语历史演变的语言知识，深入地理解英语词汇、语法和规则，解开英语难题，启发教师和学生，激发求知热情。既见树木，又见森林，避免一叶障目。例如，现代英语中第二人称代词 you 既可指“你”“您”，也可指“你们”，谓语动词统一用复数形式。但在中世纪英语中，第二人称有“您”（je/ye/you）和“你”（thou/thow）尊卑之分，由谈话双方的社会地位、年龄和亲疏程度决定。社会地位较低的、较年幼的或者更亲密的用 thou 或 thow 称呼，而社会地位较高的、较年长的或者更受尊敬的用 je、ye 或者 you 称呼。在特定场合，如宫廷中，男性对女性包括妻子在内也用 je/you 称呼，而男性朋友之间互称 thou/thow。此外，除去身份尊卑等因素以外，用 thou/thow 称呼对方还暗含轻视和蔑视的态度和语气。此外，“你”和“你们”有单复数之分，“你”称动词命令式，动词通常无词尾，“您”和“你们”之后，动词后添加词尾“-eth”。

以乔叟《坎特伯雷故事集》中巴斯妇的故事为例，当骑士初遇老妇人时，因其年事高称她为“leeve moder”（亲爱的妈妈）（Mann，2005：L1005），并用 ye 尊称她，

"Koude **ye** me wise, I wolde wel quite **youre** hire"（如果**您**能让我知道问题的答案，我会给**您**极大的报酬）(L1008)。老妇人用 thou 称呼骑士（L1011）并将答案告之骑士，即女人最想要的就是对丈夫享有主导支配权。按承诺骑士被迫与老妇人成了亲，但作为丈夫，骑士对老妇人颇有蔑视，"**Thow** art so loothly, and so old also"（**你**这么丑陋，还这么老）（L1100）。老妇人却敬称丈夫，"I am **youre** owene love and eek **youre** wif"（我是**您的**爱和**您的**妻子）（L1091），请您二者选其一：一个卑微听命于您的丑妻子，一个祸事四起的漂亮妻子。思虑之后骑士转变了态度，决定将选择权交给妻子，"I putte me in **youre** wise governaunce. Cheseth **yourself** which may be moost pleasaunce, ... For as **yow** liketh, it suffiseth me"（我将自己置于**您**睿智的领导下，**您自己**选择最想要做的就好，……只要**您**喜欢，我都可以）(L1231-1232)。老妇人最终选择做貌美的好妻子，瞬间她变成了美丽的女人。

通过研读骑士和老妇人之间第二人称称谓的变化，对比 17 世纪早期现代英语，可以发现早期现代英语取消了具有蔑视含义的第二人称单数 thou/thow/thee，代之以复数形式敬称 je/ye/you，在书写上现代英语最终取消了 je/ye，保留了 you，既做主语，也做宾语。对现代英语中的第二人称溯古源今，不仅能够了解中世纪语言知识，发掘语言发展的历史，领悟现代英语的来龙去脉，也能体会作品中人物身份的尊卑变化，参与中世纪晚期男女婚姻话题的讨论，再现英国文化背后的社会历史。可谓以古论今，启发思维。

其次，运用历史的、对比的和批判的语文学研究的视角看待英语变体、方言变体、语言迁移等现象，了解语言发展的流变，更加深入地对比、认识和学习现代标准英语。以《坎特伯雷故事集》中管家的故事为例，约翰和阿莱恩都来自"遥远的北方"（fer in the north），说的是英格兰北方方言。例如，在复数名词后，用"fares"而非"faren"，即现代英语"fare"；用字母"a"替代"o"，如"na"和"ham"，即现代英语"no"和"home"；用字母"(e)s"替代"(e)th"，如"boes"，即现代英语"both"；用"swain"表示"servant"的含义；动词原形以"n"结尾，如"sayn"，即现代英语"say"；用"hope"表示"think"和"expect"的含义，而非"wish for"；用"is"代替"am"(Mann 2005：849-856)。具体参见画线部分：

John highte that oon, and Alein highte that oother; 一个名叫约翰，另一个叫阿莱恩；

Of oon toun were they born, that highte Strother, 生于同一个名叫斯特罗瑟的小镇，

<u>Fer in the north</u> — I kan noght telle where. 在遥远的北方——我说不上来在哪里。

…

Alein spak first: 'Al hail, Simond, i'faith! 阿莱恩先开口："一切都好，西姆，祝好！

How <u>fares</u> thy faire doghter and thy wif?' 您漂亮的女儿和妻子都还好吧?"

'Alein, welcome,' quod Simkin, 'by my lif! "阿莱恩，欢迎，"西姆金说，"大驾光临！

And John also; how now, what do ye here?' 还有约翰；怎么今天，您两位来这里？"

'By God,' quod John, 'Simond, nede has na peere; "老天，"约翰说，"西姆，情况所逼；

Him boes serve himself that has has na swain，没有下人伺候的人都是自己做事，

Or ellis he is a fool, as clerks sayn. 不然就像学者说的，除非他是个傻子。

Our maunciple, I hope he wil be deed，我们伙食经理，我想他快不行了，

Swa werkes ay the wanges in his heed. 脑袋边的臼齿疼痛得厉害。

And forthy is I come, and eek Alein，所以我还有阿莱恩，就来了，

To grinde oure corn and carye it ham again.' 磨好玉米再驮着回家去。"（L4013－4032）

说北方方言的两位剑桥学生与说南方方言的磨坊主这一段寻常对话，是乔叟的精心安排。方言作为双方在身份、职业和地域差异上的表征，赋予人物鲜明的个性特征，为后文矛盾的出现埋下伏笔，为荒诞的情节做好准备，让基于现实的创作融入超现实的浪漫元素，避免落入宗教和道德说教的窠臼和俗套。此外，文学作品中的方言反映的也是社会现实。北方方言主要指英格兰北部诺桑比亚地区的方言（Northumbrian），该地区气候更寒冷，经济欠发达。约翰和阿莱恩来剑桥读书，是北方人口向发达的南方地区迁徙的见证。南方方言主要集中在伦敦地区、西撒克逊地区（West Saxon）和肯特地区（Kent），经济强盛，商业兴旺，像磨坊主一样的商人不断聚集，逐渐形成一个新的社会阶层，即新兴商人阶层。南北方人口和经济的不断融合，促进了语言的交融。在兼容并包北方方言的基础上，南方方言逐渐发展成为英国的民族标准语，即早期现代英语。同时，英国西中部地区（West Midland）的方言也逐渐融入，但由于受到法语和北欧语影响较少，呈现出更多的古英语的语言特点。

以乔叟为代表的英国优秀诗人坚持英语创作，促使伦敦方言成为英国的民族标准语言。卡克斯顿将印刷机引入到英国之后，英语白话文学开始蓬勃发展，统一的英语民族语言形成。卡克斯顿是民族文学诞生和英国文艺复兴的助产士，出版了包括英国民族文学在内约100本书，其中有乔叟的《坎特伯雷故事集》和《特洛伊罗丝和克瑞西达》，以及白话文的宗教经典《公祷书》（*The Book of Common Prayer*）。在印刷图书的影响下，大量文学作品得到更快出版，读者的范围和种类不断扩大，语言文字传播的速度大大增加，英语白话文的句法和文法得到统一，这对英国民族和社会产生了深远的影响。民族文学不断发展，在戏剧、诗歌等方面诞生了莎士比亚、马洛、斯宾塞、琼森等一批闻名世界的文学大师，现代英语的地位也逐步形成和确立。

第三，通过语文学视角研读中世纪英国文学作品，发掘作品、作家和读者的关系，挖掘古书手抄、传播、出版和印刷的历史，再现作品创作时期社会的现实，追寻历史赋予语言的启示。印刷术出现以前，作者的作品经过抄写员的誊写才在读者中间传阅，因此手抄稿常常受制于抄写员的喜好、态度、立场和习惯而各有不同，且几经传阅，大多

残缺不全，再加上当时图书编纂并非按章排布，以独立完整的故事为单位分不同时段创作和摘誊，先后次序布局比较随意。中世纪所用的书写媒介是羊皮纸（parchment），结构紧密，防油防水耐湿强度大，不透气，弹性好，但原材料成本高昂，制作繁复，万一制作不慎容易腐败。羊皮纸有一定的湿度和厚度，不易修改，经刮擦后的再生羊皮纸卷（palimpsest）字迹容易模糊，反复涂改之处还影响观感。抄写员常会任错误出现而不作改正，偶尔还会依照自己的趣味有意篡改原作内容。因此同一作品出现多种古书手抄本也就不足为奇了。

例如，自15世纪以来《坎特伯雷故事集》的古书手抄本就有80多种，有的保存较为完整，但大多残缺不全（Caon，2009：1）。现如今较为权威的原作版本是精装硬皮乔叟文集《河畔乔叟》和2005年企鹅出版社出版的价格亲民的软皮版《坎特伯雷故事集》，都是对保存较完整、内容更可靠的Hengwrt和Ellesmere古书手抄本重新编辑编纂实现的。从语文学角度考究这两份手稿，学者发现抄写员署名都是Scribe B，学界认为此人很可能就是Adam Pynkhurst。他曾于1392年加入伦敦抄写员公司（the Scriveners' Company of London），并在该公司的宣告书（Common Paper）上立誓签名（Mooney，2006：98）。此外，他还抄写过乔叟同时代作家兰朗的作品《农夫皮尔斯》（Horobin & Mooney，2004：65）。

有意思的是，乔叟生前还给这位抄写员写过一段话，名为“乔叟对他自己的抄写员亚当所说的话”（*Chaucer's Wordes Unto Adam, His Owne Scriveyn*），对其抄写工作进行了一番幽默的讽刺：

Under thy long lokkes thou most have the scalle，你的卷发下面一定长了牛皮癣，

But after my makying thow wryte more trewe；我的作品经你的手反而更对了；

So ofte adaye I mot thy werk renewe，所以现今我得常再改您的大作，

It to correcte and eke to rubbe and scrape，不仅要更正还得要擦啊刮啊，

And al is thorugh thy negligence and rape. 一切归功于您的疏忽和匆忙。（Benson，1987：650）

亚当抄写的羊皮手抄纸不仅有疏忽，多处刮擦不工整，还篡改原作。乔叟暗讽亚当的手抄作品如同“长了牛皮癣的头皮”，斑驳陆离，不忠实原作，还得让作者花力气一再修改和调整。这首短诗印证了印刷出版出现以前中世纪作品创作和传播的真实现状。从语文学视角研读中世纪文学作品，以历史的、对比的视角看当今编辑出版的原作典籍，会对作品及其创作时期的历史产生新的认识。一部传世之作既经受得住时间的洗礼，又需当代人的注疏考证，除了接受本国受众的评议以外，还得接受他国读者的赏析和品鉴，古往今来的文学经典和典籍是多方智慧、文化和思维碰撞的结晶。

最后，我国的语言教学需要提升语言学习的社会意义，古今对比，中外互鉴。语言具有社会历史根基，由语言作为纽带形成的社会蕴含了许多潜在内容和复杂关系，为文学及其创作涉及的深层次问题提供了跨学科研究的机会，有助于拓展文学批判的阐释空间（李维屏，2020：58）。例如，中世纪晚

期英国社会面临诸多困境：罗马教皇的顽固统治、生灵涂炭的英法百年战争、地方割据的贵族势力、差异巨大的方言和阶层、瘟疫滋生肆虐……在困境中逆袭的英国社会不仅取得独立，实现了民族团结，而且统一了民族语言。中华人民共和国也经历了同样的历史：内忧外患之中取得独立、民族实现团结和汉语普通话得到推广。虽说中英语言差异很大，但相似的历史为中英文化互鉴研究提供了多种跨文化跨学科研究的可能。中世纪是英语作为民族语言形成的重要时期，还有很多未解之谜等着语言学习者去发现。例如，英语的民族性和世界性的共生特征显著，英语从历史上的小语种如何发展成为如今国际上最为通用的语言？英语发展史和英国民族文学对我国英语教学还会带来哪些启发？对我国汉语语言政策的决策和汉语国际化的研究提供哪些参考？对这些问题的探讨会为我国的文化输出和跨文化交流带来启示，为我国在蓄力期的民族复兴提供智力支持。

参考文献

[1] Baldick, Chris. *Oxford Concise Dictionary of Literary Terms* [M]. Shanghai: Shanghai Foreign Languages Education Press, 2000.

[2] Bate, W. Jackson. The Crisis in English Studies [J]. *Harvard Magazine*, 1982 (Semptember-October): 46-53.

[3] Benson, Larry D. (ed.). *The Riverside Chaucer* (3rd edn.) [M]. Boston: Houghton Mifflin Co., 1987.

[4] Caon, Luigina Marina Domenica. *Authorial or Scribal? Spelling Variation in the Hengwrt and Ellesmere Manuscripts of the Canterbury Tales* [D]. Utrecht: LOT, 2009.

[5] Horobin, S. C. P. & Linne R Mooney. A Piers Plowman Manuscript by the Hengwrt/Ellesmere Scribe and Its Implications for London Standard English [J]. *Studies in the Age of Chaucer*, 2004 (26): 65-112.

[6] Mann, Jill (ed.). *The Canterbury Tales* [M]. London: Penguin, 2005.

[7] Mooney, Linne R. Chaucer's Scribe [J]. *Speculum*, 2006 (1): 97-138.

[8] Pollock, Sheldon & Benjamin A Elman. *World Philology* [M]. Cambridge and London: Harvard University Press, 2015.

[9] Simon, Eckerhard. What is Philology [J]. *Comparative Literature Studies*, 1990 (1): 16-20.

[10] Solopova, Elizabeth & Stuart D Lee. *Key Concepts in Medieval Literature* [M]. Shanghai: Shanghai Foreign Language Education Press, 2016.

[11] Sweet, Henry. Words, Logic, and Grammar [A]. *Collected Papers of Henry Sweet* [C]. Oxford: The Clarendon Press, 1913: 1-13.

[12] Sweet, Henry. *The Practical Study of Languages: A Guide for Teachers and Learners* [M]. London: Oxford University Press, 1964.

[13] Turner, James. *Philology: The Forgotten Origins of Modern Humanities* [M]. Princeton and Oxford: Princeton University Press, 2014.

[14] Whitney, W. D. Philology [A]. *Encyclopedia Britannica* (11th edn.) [C]. New York: Encyclopedia Britannica Company, 1911, 21: 414-438.

[15] 曹航. 乔叟在中国的译介与研究 [J]. 外语教学，2013 (3)：89-92.

[16] 陈晓律. 忧患意识与“日不落帝国”的兴衰 [J]. 探索与争鸣，2011 (1)：13-14.

[17] 桂诗春. 社会语言学与英语教学 [J]. 现代

外语，1978（1）：51－62.
［18］李赋宁. 英语史［M］. 北京：商务印书馆，1991.
［19］李维屏. 论英国文学中的命运共同体表征与跨学科研究［J］. 外国文学研究，2020（3）：52－60.
［20］李耀宗. 汉译欧洲中古文学的回顾与展望［J］. 国外文学，2003（1）：23－33.
［21］索绪尔. 普通语言学教程［M］. 北京：商务印书馆，1999.

来华留学生教育

汉语国际教育本土化模式构建探索*

张艳莉　亓海峰　缪　俊

提要：随着海外汉语学习需求的迅速发展，本土化研究已引起越来越多的关注和讨论。本文在回顾以往研究的基础上阐述加强本土化的重要意义，并结合线上线下混合课程建设、本土化教材分析、海外本土汉语教师培训等方面的实践进行讨论，认为多种途径协同作用是实现汉语国际教育本土化的有效途径。

关键词：线上线下混合式教学；本土化教材；本土汉语教师培训

作者简介：张艳莉，上海外国语大学国际文化交流学院院长，教授；
亓海峰，上海外国语大学国际文化交流学院副教授；
缪俊，上海外国语大学国际文化交流学院讲师。

一、引言

汉语国际推广事业在“一带一路”发展倡议下迎来了新契机，“2019 年国际中文大会”提出中文教育要更好地服务于当地经济社会发展，但在全球新冠疫情的影响下，中文教育遇到了巨大挑战，新形势下汉语国际教育面临急剧变革，本土师资的培养也成为当前迫切的任务。

作为指导全球孔子学院建设和发展的纲领性文件，《孔子学院发展规划（2012—2020 年）》充分体现了促进孔子学院“本土化”、融入所在国的发展理念。如何面对挑战、响应新形势的需要，推动汉语国际教育本土化向深层次发展，正引起越来越多的关注和讨论。在这一背景下如何构建汉语国际教育本土化培养模式显得尤为重要。上海外国语大学国际交流学院（下文简称“上外国交学院”）在已有研究的基础上尝试通过多种途径探索本土化培养的有效模式，目前已取得了初步成效。本文是对这些实践经验的总结和反思，或可为今后的研究者提供借鉴，推动“本土化”研究深入展开。

二、文献综述

目前越来越多的学者已经意识到汉语国际教育本土化对汉语国际教育发展的重要意义，张新生、李明芳（2018：25）提出汉语国际教育发展的终极目标是汉语成为国际语言，须“加快从特别重视传播到真正重视本土化的转型”。

对汉语国际教育本土化的认知包括狭义和广义，表层和深层等不同角度。狭义的本土化主要指教师培养的本土化，广义的本土化包括教师、教学资源和教学观念的本土化等；表层的本土化主要停留在语言的本土化，比如早期对本土化教材的建设中提及的本土化教材多融入当地教育体系中的本土化，深层的本土化是当前汉语国际教育本土化长远发展的目标。笔者在本文中所论及的本土化是广义的本土化。

笔者从教师和教学理念、方法等方面来梳理近年来关于汉语国际教育本土化的研究。近年来，人才培养的本土化越来越受到有关部门和业内专家学者的重视，如孟柱亿（2013）建议对汉语教师志愿者、汉语公派教师开展自主培训和联合培训相结合的本土化岗中培训。赵金铭（2014）指出“汉语作为外语教师应该本土化，也就是应该大量培养母语非汉语的本土汉语教师，大力提升汉语水平，完善汉语教师的知识结构，逐渐使其成为国际汉语教师主体”。陆俭明（2013）呼吁“海外汉语教学的师资应立足于培养当地汉语教师”。张新生、李明芳（2018）强调，汉语国际教育专业硕士课程作为国际汉语教师培养的主要途径之一尤其要重视教育者的国际化和本土化意识和相关经验，可以通过合作办学等方式“走出去”，以更好地满足国际市场对国际汉语教师的需要。也有一些学者探讨了不同国别汉语教师本土化培养、培训的模式，比如：张全生等（2014）聚焦中亚地区汉语教师的发展需要，探讨了适应当地特点的本土化培养模式，宛新政（2009）、郑婷（2012）、孟长勇（2013）、李琰等（2016）对泰国、哈萨克斯坦等国别的本土汉语教师培养进行了探索。

在教学模式方面，随着以 MOOC 为代表的网课模式兴起，如何利用网络平台在本土化人才培养中实现大规模参与、开放式在线访问、碎片化学习、大数据分析等日渐成为研究热点。如雷莉（2014）提出，MOOC 代表一种以“学”为本的全新教学模式，可为海外孔子学院注入新的活力和动力。刘娟（2015）从国际汉语推广的时空条件、教师和学习者角色定位、教学大纲重设、考核形式变革等角度进行分析，认为 MOOC 的兴起为网络时代国际汉语教育的发展提供了重要契机。王治敏、王小梦（2016）尝试将翻转课堂模式应用于培训海外本土教师的“口语训练与教法”课程中。有关在线教学、翻转课堂等新兴教学模式在本土化人才培养中的应用研究方兴未艾，这一领域的新成果、新课程正不断涌现。

总而言之，新形势下汉语国际推广亟须加强本土化人才培养已逐渐凝聚成共识。“一带一路”倡议的提出和汉语国际化面临的挑战对本土化人才培养提出了迫切需求。教育部语合中心积极推行本土化建设，致力于从“输血”转变为“造血”，引领海外汉语教学向“本土化”目标迈进。这不仅可以更好地满足眼下海外汉语学习者的需要，也有助于促进汉语国际推广实现长期可持续发展。因此，深入研究新形势下如何构建汉语国际教育的本土化模式，如何在教师、教法等方面落实“本土化”要求，具有重要意义。下文将从培养途径、培养模式的创新实践、培养成效等角度分析，具体阐述如何走好“本土化”之路，以迎接未来的新格局、新挑战。

三、本、硕、博本土化国际汉语人才的多层次培养

针对当前对汉语国际教育人才的需求和汉语国际教育学历生培养中的短板，根据学生的学历背景和不同特点，上外国交学院在本科、专业硕士和博士不同的学习阶段都设置了汉语国际教育方向，在汉语国际教育本

科、硕士和博士培养中形成贯通式的多层次培养和一体化的课程体系。

1. 本、硕、博一体化、多层次的培养架构

上外国交学院率先在留学生本科中设置了汉语国际教育方向，属于国内同类院校中较早在本科阶段开设汉语国际教育课程的院校，并在本科阶段侧重于孔子学院奖学金生的培养，历经四年已有近百名汉语国际教育的留学生顺利毕业，其中南亚师资班的毕业生都将成为本土化国际汉语教师，为当地的汉语教学提供支持。

专业硕士阶段更加重视国际学生的招生和培养，通过扩大国际学生招生比例、设置不同形式的奖学金项目、优化中外不同的培养方案等方式吸引优秀的海外生源，比如：上外国交学院通过“1+1”的奖学金项目鼓励本校优秀的汉语国际教育本科生继续深造，每年的汉语国际教育专业硕士中都有相当比例的奖学金生来自本校的本科毕业生，保证了生源的稳定性和培养的系统性。

博士阶段围绕“新汉学计划”致力于高层次汉语国际教育本土人才的培养，在本科、硕士人才培养的基础上进一步提升国际学生汉语、中华文化和教学研究相结合的核心素养，培养其专业精神以形成本土师资中的专家型人才。

2. 设置阶梯式、旋复式的课程体系

在本、硕、博不同阶段的汉语国际教育师资培养中上外国交学院创新了一体化课程体系。该课程体系的特点在于两个方面：一是以中华文化交流能力和汉语教学能力为核心，在汉语国际教育本科、研究生和博士不同阶段的培养方案中体现出了人才培养指导思想的一致性；二是本、硕、博不同学历层次课程内容的阶梯式深化和层级式衔接，不同学历层次的课程从目标设定、重难点到知识的深广度都体现出旋复式上升的特点。

不同学历层次汉语国际教育留学生的一体化培养能较好地满足以提升中华文化交流能力和汉语教学能力为核心的本土化人才培养需求，让学生能迅速承担起文化传播和汉语教学的重任，并胜任海外大、中、小学不同岗位的汉语师资需求。

四、开拓海内外合作的本土化硕士项目

本土化人才培养除了体现为国际学生学历教育，还体现在对海外本土汉语教师的培养中。

1. “孔院培训与中国进修”相结合的师资培训方式

上外国交学院与意大利那不勒斯东方大学孔子学院合作开展“汉语教师培训硕士项目”，2010年至今已延续十年，培养了逾百名成熟的意大利本土汉语教师，在本土教师培训方面积累了宝贵的经验。

该项目采用“孔院培训+中国进修+孔院实习”的模式，通过中外大学联合培养，向意大利各地输送高层次本土汉语教师。参与该项目的学员要求具有较好的汉语听说能力，从事第二语言教学工作或具备相应的基础，部分学员在参与该项目前就已经在当地担任汉语教师或外语教师，具备一定教学经验。在孔院培训阶段，意方教师、中国外派教师合作开设多门课程，系统讲授语言学基础、第二语言教学理论与实践、高级汉语等内容；在第二阶段，学员利用暑假前往中国进修，接受为期二周的集中培训，由上外国交学院负责开设语言要素与教学、汉语分技能教学、中国国情与文化、汉语教材与教学

资源等课程，并组织学员进行教学观摩、案例研讨和说课试讲等教学演示；第三阶段，孔院安排学员在意大利进行教学实践，如派往孔子课堂、汉语教学点，或在孔院承担规定的教学任务。

完成培训的学员将获得中意双方大学颁发的合格证书，符合学位授予条件的学员可以同时取得意大利那不勒斯东方大学颁发的硕士学位证书。

2. 创新线上、线下混合的本土师资培训方式

一方面，本土化汉语教师培养的学习者大多以汉语为第二语言，且已完成一定时数学习、达到中、高级汉语水平；另一方面，海内外协作的培训模式下对教学方式也提出新要求，传统汉语教学以课堂为中心，由于时间、场地、教师人数等限制，师资培训中仅线下教学面临较多困难。在此背景下，上外国交学院积极开展了线上、线下混合教学的探索。

线上线下混合式教学具有开放性、交互性等优势，强调以学习者为中心，有利于促进自主学习，在传授知识的同时帮助学习者提高学习能力，培养良好的学习习惯；另外，线上线下混合式教学可以充分利用新兴网络技术，结合大数据分析、移动互联网的普及，实现大规模参与、碎片化学习，有利于突破教学条件限制，优化教学资源，提高教学效率。

上外国交学院在意大利汉语教师培训项目中创新实践了线上、线下混合的教学方式。十年来不断改进培训方案，优化课程设置，融入“线上线下混合式”教学，成效显著，为意大利当地学校、汉语教学点和培训机构输送了大量优秀的本土汉语教师。

此外，上外国交学院还积极与多种在线平台合作，已与唐风汉语国际教育云平台、英国公开大学（The Open University）的FutureLearn等在线课程平台合作，开设了多门线上线下混合式课程。在线课程的优势之一是制作者可以灵活调用视频、音频、PPT等各种多媒体资源，直观展示语言形式的运用过程和交际环境，充分讲解教学内容。得益于网络平台的技术支持，学习者可以在线完成各种操练并得到反馈，在理想情况下人机互动的效率高于传统课堂的师生之间一对多的交流。

实践经验表明，线上线下混合式教学模式在本土化汉语教师培养方面具有广阔的应用前景和发展空间，它体现了当前教学模式革新的方向，并能提供多样化的实践形式。未来随着教学模式改革不断深入，线上线下混合式教学得到推广应用，其在海外本土化汉语师资培训中的应用价值也将越来越清晰地显现出来。

今后笔者还将进一步总结经验、推动创新，依托该项目的实施对“一带一路”国家和地区汉语人才本土化培养做更多研究，开展跟踪调查，为客观评估本土化教师素养积累数据，收集典型案例，深入探索国际汉语教师本土化培养的有效途径。

五、结语

1. 研究发现

如果说“走出去”是汉语国际推广迈出的第一步，那么“国际化”和“本土化”就代表新形势下汉语国际推广可持续发展的趋势，是实现汉语国际教育本土化，加速汉语走向世界的不可或缺的一环，笔者经过本土人才培养的长期探索，有以下

几点发现：

第一，本、硕、博不同学历阶段贯通式的本土人才培养模式有助于满足海外多元化的汉语教学需求，是构建本土化发展的有效途径。

第二，在汉语国际推广大形势下，积极发挥海外合作院校的优势，形成国内外合作的多途径培养有助于满足本土在岗教师持续发展的需求，也有利于海外孔子学院与国内合作院校合力发挥作用。

第三，线上、线下混合式的教学方式在本土教师师资培训中有广阔的应用前景，有助于优化教学资源，是构建本土化人才培养模式的必要环节。

2. 研究启示

笔者以本土化为重点，梳理构建本土国际汉语教育人才培养模式的解决方案，在实践过程中，获得了许多新认识，过去十年来，无论是汉语国际教育专业毕业的外籍学生，还是和海外孔子学院合作培养的本土汉语教师，都已逐渐走上海外汉语教学岗位，成为当地汉语推广的中坚力量，显示出本土化汉语人才培养初见成效，可以为今后的理论探索提供可靠的支点。

另一方面，也必须清醒地认识到目前“本土化”在推进中仍面临许多问题和挑战：教学理念、方法还没有真正融入海外教学体制；针对特定国家、地区的“本土化”研究有待深入，尤其是针对“一带一路”国家的研究亟须加强；对本土化教师素养的调查尚未全面展开，相关数据不足，难以形成真正有意义的结论，进一步开展研究有赖于理论与实践相结合。

汉语国际化之路任重道远，推动本土化汉语人才培养是迈向最终目标的关键一步。

注　释

* 本文系上海外国语大学校级重大课题“一带一路视域下汉语国际教育本土化发展研究”的阶段性成果。

参考文献

[1] 达尔伯格·柯顿. 语言与学习者：国际语言课堂教学指南（第5版）[M]. 丁维莉、杨洋译. 北京：北京语言大学出版社，2020.

[2] 古川裕. 本土化与相对化 [J]. 国际汉语教学研究，2014（1）：11.

[3] 国家汉语国际推广领导小组办公室. 汉语国际能力标准 [S]. 北京：外语教学与研究出版社，2007.

[4] 国家汉语国际推广领导小组办公室. 国际汉语教师标准 [S]. 北京：外语教学与研究出版社，2012.

[5] 雷莉. 孔子学院发展的新思路——慕课（MOOCs）教学模式的应用 [J]. 西南民族大学学报（人文社会科学版），2014（12）：225－229.

[6] 李琰，聂曦. 中亚高校汉语国际教育发展现状研究 [J]. 新疆师范大学学报，2016（5）.

[7] 刘娟. 慕课（MOOC）背景下的国际汉语教学和推广 [J]. 学术论坛，2015（3）：77－84.

[8] 刘乐宁. 论汉语国别教材的适用性 [J]. 国际汉语学报，2010（2）：14－21.

[9] 陆俭明. 汉语教师应有的素质：兼谈汉语教师的培养与培训问题 [A]. 汉语国际传播（第2辑）[C]. 北京：商务印书馆，2013：117－122.

[10] 孟长勇. 哈萨克斯坦汉语教师培养的不同类别及模式 [J]. 西安外国语大学学报，2013（6）：59－62.

[11] 孟柱亿. 针对外派教师本土化的岗中培训模

式探索［A］．世界汉语教学学会、国家汉办/孔子学院总部．第十一届国际汉语教学研讨会论文选［C］．北京：高等教育出版社，2013：414－418.

［12］单韵鸣．国际学校学生特点及汉语教学策略［J］．海外华文教育，2006（2）：32－36.

［13］宛新政．孔子学院与海外汉语师资的本土化建设［J］．云南师范大学学报（对外汉语教学与研究版），2009（7）：27－31.

［14］王琤．汉语国际教育本土化教学的新思考——来自“英语桥”项目的启示［J］．扬州大学学报，2013（2）：86－90.

［15］王治敏，王小梦．“翻转课堂”方法在海外本土教师培训“口语训练与教法”案例中的运用［J］．云南师范大学学报（对外汉语教学与研究版），2016（1）：13－19.

［16］吴应辉．关于国际汉语教学“本土化”与“普适性”教材的理论探讨［J］．语言文字应用，2013（3）：117－125.

［17］吴应辉．孔子学院发展中的“汉语+”和“+汉语”［J］．国际汉语教学研究，2020（1）：34－37.

［18］叶军．国际汉语教师教育的发展轨迹［J］．国际汉语教育，2018（4）：36－46.

［19］于海阔，李如龙．关于汉语国际教育国别化教材几个问题的探析［J］．民族教育研究，2012（6）：91－97.

［20］张全生，黄清，刘宏宇．面向中亚本土化师资的汉语国际教育硕士培养项目的调查分析［J］．民族教育研究，2014（5）：59－66.

［21］张新生，李明芳．汉语国际教育的终极目标与本土化［J］．语言战略研究，2018（3）：25－31.

［22］赵金铭．对外汉语教材创新略论［J］．世界汉语教学，1997（2）：54－61.

［23］赵金铭．何为国际汉语教育“国际化”“本土化”［J］．云南师范大学学报（对外汉语教学与研究版），2014（12）：24－31.

［24］郑婷．本土化中小学汉语教师培养模式探析——以泰国师范生为例［J］．赤峰学院学报（自然科学版），2012（28）：185－187.

［25］周小兵，陈楠．“一版多本”与海外教材的本土化研究［J］．世界汉语教学，2013（2）：268－277.

［26］周小兵，陈楠，梁珊珊．汉语教材本土化方式及分级研究［J］．华南师范大学学报（社会科学版），2014（5）：73－77.

语言习得管理框架下的来华留学生语言教育：问题与对策

——以某外国语大学汉语国际教育专业本科生为例

赵双花

提要：本研究以语言习得管理框架为理论指导，以某外国语大学 32 名汉语国际教育专业本科留学生为研究对象，利用深度访谈、文献分析和问卷调查进行数据收集，通过具体分析来华留学生进入我国高校学习的准入政策、资源政策、师资政策、课程政策、教材政策、教法政策和评价政策，以了解来华留学生的语言教育政策的实施情况及出现的问题，并在此基础上提出相关建议，以期在提高来华留学生培养质量的基础上，进一步推动我国来华留学事业的内涵式发展。

关键词：语言习得管理；来华留学生；语言教育

作者简介：赵双花，山东政法学院外国语学院讲师，博士。

一、引言

2019 年，来华留学规模稳步增长，生源结构不断优化，共有来自 202 个国家和地区的 397 635 名各类外国留学人员。其中学历生比例达 54.6%，比 2016 年提高了七个百分点，学历结构不断优化①。“十三五”期间，来华留学聚焦提高教育质量，随着《学校招收和培养国际学生管理办法》以及《来华留学生高等教育质量规范（试行）》的出台，高校接受国际学生的资格条件逐步规范，来华留学质量规范与监管体系不断完善。国家着重打造的“留学中国”品牌有力促进了我国教育对外开放和来华留学事业的发展。在此背景下，本研究以某外国语大学汉语国际教育专业本科生为研究对象，对来华留学生的语言教育情况展开调查，以期在了解来华留学生实际培养情况的基础上，为来华留学生语言教育政策的制定提供参考，以进一步提高来华留学生的培养质量。

二、文献综述

1. 来华留学生

2015 年联合国教科文组织（UNESCO）将“国际学生”（international students）定义为“跨越两个地理边界参加目的国教育活动的个体”；2020 年，联合国教科文组织对此定义进行了补充，认为国际生“需在留学目的国登记注册”。根据中华人民共和国教育部、外交部和公安部联合推出的《学校招收和培养国际学生管理办法》，来华留学生指的是不具备中国国籍且在中国学校接受教育的外国学生。本研究综合联合国教科文组织和国内官方机构的界定，同时根据自身的研究需求，将“来华留学生”定义为：具备高中及以上学历或同等学力，持有普通护照来中国接受学历教育，在我国高等教育机构登记注册并以获得学位为目的，学习期限一般为1—4年的外籍学生。

2. 语言习得管理框架

Kaplan、Baldauf（2003）认为语言教育规划的目的是采取必要的教育措施以维持和发展作为语言环境或语言生态一部分的个体或语言社区的语言水平。语言教育规划一方面要为语言使用提供政策依据，另一方面要为个体和社区的语言发展提供方法和材料支持，从而满足社会、机构和个体对语言教育的需求。语言教育政策主要涉及出于何种目的，以何种方式，使用何种材料，向谁教授何种语言以及如何确定语言教育的评价标准。具体而言，包括准入政策（access policy）、师资政策（personnel policy）、课程与社区政策（curriculum and community policy）、教材教法政策（methods and materials policy）、资源政策（resourcing policy）和评价政策（evaluation policy）等六个政策。

Baldauf、Li、Zhao（2008）基于 Cooper（1989）的语言习得政策与规划，Spolsky（2004）的语言教育政策理论以及 Kaplan、Baldauf（2003）的语言教育政策理论，提出了语言习得管理框架（language acquisition management, LAM）。语言习得管理框架主要用来研究各级各类学校的语言教育政策模式，关注教育领域的政策制定、管理和实施。语言习得管理框架由八个维度构成，主要包括准入政策、师资政策、课程政策、教材教法政策、资源政策、社区政策、评价政策和教师引导政策（teacher-led policy）（Baldauf, Li & Zhao 2008）。该框架可在基础教育、中等教育、高等教育和社区教育情境中广泛使用，但在高等教育情境中，语言如何使用主要由高等教育机构决定，因此社区政策无法发挥作用。此外，本研究认为教法政策涵盖教师引导政策。因此，本研究中的语言习得管理框架包括：准入政策、师资政策、资源政策、课程政策、教材政策、教法政策和评价政策。

语言教育政策制定与实施的主要利益相关者为国家教育行政部门、高等教育机构和语言学习者。在来华留学生汉语言学习情境中，国家教育行政部门指的是教育部、孔子学院、国家留学基金委等国家级教育行政部门；高等教育机构指的是具体开展留学生语言教育工作的各个高校的国际教育学院、国际交流与合作处等；整个语言教育政策发挥作用的终端是进行汉语言学习的留学生。国家教育行政部门为高等教育机构制定师资政策，即规定从事留学生汉语教学的教师应具备何种资格，入职后要进行何种培训等；国家教育行政部门为留学生进入高校学习制定准入政策，即留学生进入高校学习前语言水平应当达到何种程度；留学生通过准入政策进入高校后，国家教育行政部门则制定课程政策、教材政策、教法政策、资源政策和评价政策对留学生进行培养，具体见图1。

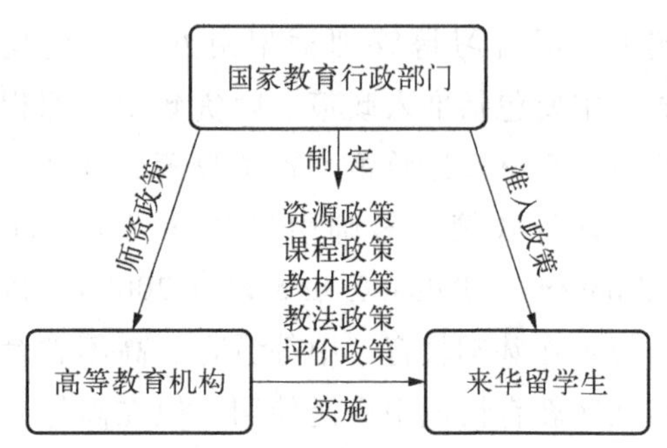

图1　来华留学生语言教育政策实施流程图

三、研究设计

1. 研究问题

本文聚焦于两个研究问题：

（1）来华留学生语言教育政策的实施现状如何？

（2）基于政策实施现状及出现的问题，如何进一步提高来华留学生培养质量？

2. 研究对象

研究对象为某外国语大学汉语国际教育专业的本科留学生，共计32人。研究对象学段涵盖一年级到四年级，其中一年级2人，二年级7人，三年级13人，四年级10人。就性别而言，女生12人，男生20人。就年龄而言，81.25%的研究对象介于18—23岁，另有6人超过23岁。就国籍而言，参与调查的留学生以南亚和中亚国家为主，其中，巴基斯坦12人，哈萨克斯坦5人，乌兹别克斯坦4人，泰国4人，韩国1人，乌克兰1人，吉尔吉斯斯坦1人，巴西1人，俄罗斯1人，塔吉克斯坦1人，尼泊尔1人。就留学生的汉语学习时间而言，多数留学生入学前的汉语学习时间多于一年，其中约22%的留学生汉语学习时间达到三年以上；约27%的留学生汉语学习时间低于一年。就留学生入学前的汉语水平而言，入学前汉语水平达到HSK3级和HSK4级的留学生占比为46.88%，达到HSK5级和HSK6级的留学生占53.13%。就留学生目前的汉语水平而言，参与调查的32名留学生的汉语水平均达到HSK4级以上。其中，达到HSK5级的留学生占比62.5%，达到HSK6级的留学生占比37.5%。

3. 研究过程

本研究采取质性和量化相结合的方式，质性数据的收集主要为深度访谈和文献分析，量化数据的收集方式为调查问卷。笔者首先依据语言习得管理框架中的相关维度制定先导访谈提纲。其次，采用滚雪球抽样的方式先后对11名不同年级的留学生进行了先导访谈。访谈对象包括5名男性、6名女性；一年级3人，二年级5人，三年级1人，四年级2人。再次，依据先导访谈结果结合语言习得管理框架制定调查问卷。调查问卷采取五度量表的形式，共计43个题项，主要包括两部分：第一部分涉及留学生的基本信息，包括性别、年龄、国籍、年级、奖学金情况等；第二部分涉及留学生的学习情况，包括汉语学习时间、入学前汉语水平、目前汉语水平以及课程、教材、教法、教学评价等。数据收集采取随机抽样的方式进行并通过SPSS23.0对相关数据进行分析以获得来华留学生语言教育实施现状数据。此外，调查问卷的信度系数为0.969，说明研究数据具有较高的信度质量。

四、结果与讨论

1. 准入政策

根据《来华留学生高等教育规范（试行）》版要求，以中文为专业教学语言的专业中文能力要至少达到《国际汉语能力标准》四级的水平。就该外国语大学而言，以汉语为专业的留学生入学的汉语水平要求最低为HSK4级。根据其汉语水平的高低决定其入学进入的年级，如，汉语水平达到HSK5级且在中国大学修满一年汉语本科课程，可申请插班就读汉语国际教育专业三年级。此外申请参加插班的留学生需参加学院组织的插班考试，成绩合格且先修大学课程成绩良好者方可进入相应年级学习。

2. 资源政策

资源政策作为留学生汉语学习的资金保障，主要指的是留学生在华语言学习的奖学金情况。该校针对本科留学生的奖学金分为三类：A类为除中国高校外其他受理机构负责招生的项目，如国别双边项目、中国—欧盟学生交流项目以及太平洋岛国论坛项目等；B类为中国政府奖学金高校自主招生项目，但主要针对硕士研究生和博士研究生；C类为优秀来华留学奖学金。就本科生而言，奖学金资助的专业学习年限为四至七学年，涵盖汉语补习（预科）和专业学习；资助内容包括学费、住宿费、生活费以及医疗保险费等。在随机抽样的32名留学生中，30人为奖学金生，2人为非奖学金生。我们可以认为，绝大部分来华留学生的语言学习得到了较好的资金保障。此外，奖学金评定的申请条件依据评定单位的不同而不同，例如，上海市政府奖学金的申请条件之一为“学业成绩优秀”，校级奖学金的申请条件包括“遵守中国的法律法规和学校的规章制度，成绩优良，积极参加上海地区和学校组织的各类公益活动和社会实践活动”等。

3. 师资政策

笔者于2021年4月登陆该外国语大学人才招聘网站，发现国际文化交流学院针对师资博士后的招聘要求为“博士，35岁以下，语言学及应用语言学、汉语言文字学或汉语国际教育专业，有海外教学经验者优先”。可见，从事留学生教学的教师要具备一定的科研能力和教学能力，且具有相关的留学生教学经验。此外，该校对新进教师进行入职培训，从教学、科研、行政等多角度对新进教师展开培训并颁发结业证书。中国已与188个国家和地区、46个重要国际组织建立了教育合作关系，与54个国家签署高等教育学历学位互认协议②（数据截至2020年9月），这在一定程度上有利于中国高校与国外高校开展科研、教学方面的合作，为提高师资的国际化水平创造了条件。

4. 课程政策

课程政策主要包含合理的课程结构和课程内容。该维度共包含六个题项，其中课程开设包含二个题项，“学院的课程满足我的学习需求”均值为4，“学院开设的第二外语满足我的学习需求”均值为3.91，我们可以理解为课程开设满足了留学生的学习需求；“课程开设的顺序比较合理”均值为3.88，有4名留学生表示该项不符合自身的实际情况；绝大多数留学生表示课程开设的比较系统；就中文信息素养而言，有5名留学生表示“用中文系统操作电脑”不符合自己的实际情况；此外留学生对课程设置培养了其学术能力表示认可，均值达到3.91。

5. 教材政策

教材评价一般包含六个方面（高凌飙，2007），分别为知识维度、文化内涵维度、心理发展规律维度、编制水平维度、可行性维度和导向性维度。

表 1　教材政策描述性统计结果

题项 \ 频率/得分比（%）	完全不符合	有点不符合	不确定	有点符合	完全符合	均值
1. 教材里有我需要的学习内容。What I want to learn is covered in my textbooks.	0 0%	1 3. 13%	6 18. 75%	10 31. 25%	15 46. 88%	4. 22
2. 教材的内容我很喜欢。I like the content of my textbooks.	0 0%	2 6. 25%	6 18. 75%	10 31. 25%	14 43. 75%	4. 13
3. 教材的内容很实用。The content of my textbooks is practical.	0 0%	2 6. 25%	4 12. 5%	15 46. 88%	11 34. 38%	4. 09
4. 教材中的练习题难度适中。The exercises in my textbooks are moderately difficult.	0 0%	1 3. 13%	5 15. 63%	19 59. 38%	7 21. 88%	4
5. 教材的语言真实。The language of my textbooks is authentic.	0 0%	2 6. 25%	3 9. 38%	14 43. 75%	13 40. 63%	4. 19
6. 教材的语言有趣。The language of my textbooks is interesting.	0 0%	0 0%	6 18. 75%	11 34. 38%	15 46. 88%	4. 28
7. 教材符合我的汉语水平。The textbooks are tailored to my Chinese level.	0 0%	1 3. 13%	3 9. 38%	15 46. 88%	13 40. 63%	4. 25
8. 我的教材有配套的练习册。There are supporting workbooks prepared for the textbooks.	1 3. 13%	4 12. 5%	3 9. 38%	14 43. 75%	10 31. 25%	3. 88
9. 我的教材有配套的多媒体材料。There are multimedia materials supporting the textbooks.	1 3. 13%	3 9. 38%	6 18. 75%	9 28. 13%	13 40. 63%	3. 94
10. 我的教材让我更加喜欢学汉语。The textbooks make me love Chinese learning more.	0 0%	1 3. 13%	8 25%	11 34. 38%	12 37. 5%	4. 06

如表 1 所示，教材维度共 10 个题项，其中题项 1 属于知识维度，题项 2、3 属于文化内涵维度，题项 4 属于心理发展规律维度，题项 5、6 属于编制维度，题项 7、8、9 属于可行性维度，题项 10 属于导向性维度。数据结果显示，除了可行性维度，其他五个维度的均值都高于 4，这说明目前留学生的教材符合留学生语言能力的发展要求，其内容能够体现留学生对中华文化的认识，教材中的练习题设计符合留学生的心理特点和认知发展规律，教材文字的编写水平可促进留学生的汉语言学习，教材的导向性可推动学

生的汉语言学习。但是，教材的可行性维度的调查结果略低于其他维度：虽然教材整体编写符合留学生的汉语发展水平，但教材配套的练习册和多媒体材料略有欠缺。此外，在先导访谈中，个别留学生感觉教材部分内容略陈旧："我觉得书里面用到的课文是好多年以前发生的。"

6. 教法政策

教法政策主要涵盖教师在课前、课中、课后的整体授课情况以及学生对教师教学方法的直观感受，共计12个题项，详见表2。

表2 教法政策描述性统计结果

题项 \ 频率/得分比（%）	完全不符合	有点不符合	不确定	有点符合	完全符合	均值
1. 老师课前准备充分。The teachers make good preparation before class.	0 0%	4 12.5%	1 3.13%	12 37.5%	15 46.88%	4.19
2. 老师重视语言基本功的训练。The teachers attach importance to the training of basic language ability.	0 0%	2 6.25%	5 15.63%	10 31.25%	15 46.88%	4.19
3. 老师上课会介绍中国文化。The teachers introduce Chinese culture in class.	0 0%	3 9.38%	5 15.63%	11 34.38%	13 40.63%	4.06
4. 老师上课会给我们更多的机会练习。The teachers give us more chances to practice in class.	0 0%	2 6.25%	6 18.75%	9 28.13%	15 46.88%	4.16
5. 老师上课会鼓励我们多讨论。The teachers encourage us to discuss more in class.	0 0%	1 3.13%	6 18.75%	6 18.75%	19 59.38%	4.34
6. 老师上课鼓励我们多用汉语。The teachers encourage us to express ourselves in Chinese.	0 0%	2 6.25%	3 9.38%	9 28.13%	18 56.25%	4.34
7. 老师上课会使用多媒体教学。Multimedia is used by the teachers in class.	0 0%	3 9.38%	3 9.38%	12 37.5%	14 43.75%	4.16
8. 老师会根据课堂情况调整教学方法。My teachers usually adjust teaching methods according to the situation in class.	0 0%	4 12.5%	2 6.25%	13 40.63%	13 40.63%	4.09
9. 老师会布置课后作业。My teachers usually assign homework to us.	0 0%	0 0%	6 18.75%	13 40.63%	13 40.63%	4.22

续表

题项 \ 频率/得分比（%）	完全不符合	有点不符合	不确定	有点符合	完全符合	均值
10. 老师会批改课后作业。My teachers usually check our homework.	0 0%	1 3.13%	7 21.88%	8 25%	16 50%	4.22
11. 老师会及时反馈课后作业中出现的问题。My teachers usually give us feedback on the problems in our homework.	1 3.13%	1 3.13%	3 9.38%	13 40.63%	14 43.75%	4.19
12. 老师的教学方法有趣。The teaching methods of my teachers are interesting.	0 0%	2 6.25%	2 6.25%	11 34.38%	17 53.13%	4.34

就课前教师的备课情况而言，均值达到 4.19，84.38%的留学生认为教师备课充分，但也存在教师备课不充分的现象。课中包含授课内容、授课方式、教学用语、教学媒介的使用以及教师的课堂管理等。78.13%的留学生认可教师授课过程中进行了语言基本功训练；75.01%的留学生认为教师授课中会介绍中国文化。这与《来华留学生高等教育质量规范（试行）》中对来华留学生的培养方案的要求一致。题项 4 的均值达到 4.16，说明教师在授课中重视知识的实际应用；题项 5 均值达到 4.34，说明课堂不再是教师"一言堂"的模式。这在一定程度上说明留学生的课堂是"以学生为中心"的模式。题项 6 的均值达到 4.34，说明教师普遍鼓励留学生上课使用汉语交流。题项 7 的均值为 4.16，说明除了传统的教学方式外，教师也会借助其他手段来提高课堂教学的效果。81.25%的留学生认可教师会根据课堂情况调整教学方法。在课后的教学环节中，有关作业布置、作业批改以及作业批改的反馈情况良好，均值都在 4 以上。整体而言，87.51%的学生对教师的教学方法比较认可。

7. 评价政策

评价政策主要包括诊断性评价、形成性评价和终结性评价。评价政策共七个题项，其中题项 1 涉及诊断性评价，题项 2 为形成性评价，题项 3、4 和 5 为终结性评价，题项 6 主要考察教学评价的效果，题项 7 考查学生对学院教学评价的认可程度。诊断性评价的均值为 4.03，88.13%的留学生认为教师在上课前会检查已有知识。形成性评价的均值为 4.13，说明教师会在教学过程中考察学生的学习成果，以便根据留学生知识的实际掌握程度调整和完善教学方法以更好地实现教学目标。终结性评价的均值为 4.17，其中考勤制度的均值高达 4.44。通过先导访谈，留学生普遍反映学校的考勤制度严格，如果考勤不达标会影响学业成绩以及奖学金的发放，但严格的考勤制度有利于保障学生的正常学习，留学生对这一点比较认可。可见，调查问卷的数据结果与访谈数据结果一致。此外，该校明确规定"各门课程由平时成绩和考试成绩构成。平时成绩、考试成绩在学期成绩中所占比例由任课教师根据课程要求决定"，教师对于终结性评价有较大的自主权。就调查问卷结果而言，约91%的留学生认为平时成绩和期末成绩的比重合理。约88%的留学生认为学校的评价方式能够反映他们的学习成绩，说明考试的效度较高，测试的内容、难度以及区分度均较为合理。约84%的留学生认可学校的目前的评价方式。

五、问题与建议

通过对来华留学生语言教育政策实施中的准入政策、资源政策、师资政策、课程政策、教材政策、教法政策以及评价政策的数据分析，我们发现在来华留学生语言教育政策实施的过程中主要存在以下问题：

1. 招生录取标准单一

该外国语大学的留学生准入制度虽然遵守了《来华留学生高等教育质量规范（试行）》的要求，并在入学后对留学生进行语言能力测试，依据其语言能力进行分班分级教学，提高了留学生语言能力的培养效率，但仅仅以语言能力作为准入标准，招生标准过于单一，无法评估留学生进入高校学习所需的整体素质。实际上，部分高校面对国际化和“双一流”建设的压力，在一定程度上降低了来华留学生的准入门槛（汤妩艳，2020）。2021年3月两会期间，政协委员提出来华留学生的招生要严把录取关，不因盲目追求数量而忽视质量，应分层分类制定来华留学生的招收标准③。

2. 奖学金发放缺乏监管机制

奖学金制度是影响留学生招生规模和招生质量的关键因素，但我国留学生奖学金发放和监督管理不严，质量意识不足（刘进，2020）。就现有数据而言，该校针对留学生设置的奖学金为中国政府奖学金、孔子学院奖学金、上海市政府奖学金、校级奖学金和院级奖学金。各个层级的奖学金虽然有具体的申请条件，但对于奖学金的后续监管并无详细说明，因此，奖学金的激励作用并未得到充分发挥。

3. 缺乏高校、教师和留学生之间的联动机制

在来华留学生的实际培养过程中，整体而言，留学生对课程政策、教材政策、教法政策和评价政策满意度较高，该校的做法有很多值得借鉴的地方，但也存在一定不足之处。例如，课程设置中对留学生中文素养的培养略有不足；教材配套的练习册以及多媒体材料尚需完善，部分教材中的内容略显过时；教学过程中存在个别教师教学方法不够灵活的情况等等。以上问题的出现，说明高校、教师和留学生之间需要一个定期的联动机制，以针对教学环节中出现的问题进行及时沟通和调整。

针对以上问题，本研究对如何提高来华留学生培养质量提出以下建议：

1. 规范留学生入学资格审核机制

关于留学生入学的资格条件，可参考该外国语大学的做法：在遵循国家教育行政部门统一要求的基础上（HSK4级），可对申请入学的留学生进行入学以后的语言能力测试，根据其实际语言能力决定其入校学习的年级。此外，留学生招生可借鉴常春藤盟校的经验，逐步采用综合评价体系，如，除了衡量语言能力的HSK成绩之外，留学生还需提交高中成绩单、任课教师推荐信、个人自我陈述等，并将面试表现纳入考量因素。具备留学生招生资格的高校应当规范来华留学生的入学申请条件，助力我国高校的“双一流”建设。

2. 加强奖学金发放的联动协调和监管机制

奖学金是来华留学生语言学习的资源保障。一般而言，针对来华留学生的奖学金可分为三个级别：中国政府奖学金和孔子学院奖学金（国家级）、地方政府奖学金以及高校奖学金（校级、学院级）。就其作用而言，中国政府奖学金有利于调节来华留学生的生源国和专业结构（李冰、黄文杰，2020）。孔子学院奖学金致力于本土化中文教师的培养以及中文教育的发展（郑崧，2021）。地方政府奖学金旨在提高本地区高校在国际上的影响力。高校奖学金则较为细化，校级奖学金申请需考核学习成绩、出勤情况和综合素质；院级奖学金也基本以出勤情况和成绩为考核条件，包括优秀学生奖和学习勤奋奖。中国政府奖学金、地方政府奖学金和高校奖学金之间应建立联动协调机制，从宏观、中观和微观层面提高奖学金发放的效率。此外，高校应与中国政府奖学金和孔子学院奖学金的发放机构之间建立联系，定期汇报奖学金获得者的实际学业表现，以便及时终止奖学金或增加奖学金的数额，真正发挥奖学金的激励作用。

3. 建立高校、教师和留学生内部统一协调机制

师资、课程、教材、教法、学业评价、教学管理直接关系到留学生的培养质量。就师资而言，除了提高新进教师的入职条件外，应在在职教师之间定期举办教学交流、教学培训和学术交流，切实做到教学实践与学术研究的长足发展；同时，为教师提供海外学习与交流的机会，提高师资的国际化水平。就课程设置而言，课程设置应兼具知识性与实用性，将来华留学生的知识学习与未来的职业发展相结合。就教学方法而言，鉴于世界范围内的新冠等疫情，教师需转变教学观念，改变传统的教学思路，采用线上和线下相结合的混合式教学，同时，思考如何克服线上教学的劣势，最大程度发挥混合式教学的优势。就教材而言，一方面，高校需定期调研留学生对教材的直观感受及需求；另一方面，给予任课教师自主选择教材的权利。就学业评价而言，高校应将学业评价自主权下放给学院和任课教师，由任课教师根据学科特点决定平时成绩和考试成绩的比例，切实做到诊断性评价、形成性评价和终结性评价有机结合，在调动留学生语言学习能动性的同时，有效考核其实际语言学习效果，以便更好地推进教学。教学管理实施的宗旨是在真实的语境下促进留学生汉语言的学习和实际运用。综上所述，高校、教师和留学生之间建立统一协调机制以促进师资、课程、教材、教法、学业评价、教学管理的和谐统一发展，切实提高留学生语言能力培养的效果。

六、结语

2021年3月，全国两会期间，来华留学生的培养问题再次冲上热搜，有委员建议优化来华留学生的政策，提高来华留学生的招生标准，加强留学生的选拔、考核和日常教学管理，一流大学和一流学科应当致力于打造国际教育和研究环境。本研究以语言习得管理框架为研究视角，对汉语专业来华留学生的语言教育情况展开调研，对于提高来华留学生的培养质量，推动高校“双一流”建设有一定的现实意义。今后的研究将进一步扩大数据收集范围，结合具体案例分析留学生语言教育问题。

注　　释

① 数据来源 https：//baijiahao. baidu. com /s?id = 1686766595801451892&wfr = spider&for = pc。

② 数据来源：http：//www.gov.cn/xinwen/2020-09/05/content_5540890. htm。

③ 详见 https：//www. sohu. com /a /454651561 _ 312708。

参考文献

[1] Baldauf, R. B., Li M. & Zhao S. Language acquisition management inside and outside the school [A]. In Spolksy B. & Hult F. M. (eds.). *The Handbook of Educational Linguistics* [C]. Oxford: Blackwell Publishing, 2008: 233 - 250.

[2] Cooper, R. L. *Language Planning and Social Change* [M]. Cambridge: Cambridge University Press, 1989.

[3] Kaplan, R. B. & Baldauf R. B. *Language and Language-in-education Planning in Pacific Basin* [M]. Dordrecht: Springer, 2003.

[4] Kaplan, R. B. & Baldauf Jr. R. B. The ecology perspective in language planning [A]. In Creese A., Martin P. & Honberger N. H. (eds.). *Encyclopedia of Language and Education: Ecology of Language* (2nd ed.) [C]. Berlin: Springer, 2008: 41 - 52.

[5] Spolsky, B. *Language Policy* [M]. Cambridge: Cambridge University press, 2004.

[6] 高凌飚. 教材评价维度与标准 [J]. 教育发展研究，2007（12）：8 - 12.

[7] 李冰，黄文杰. 中国政府奖学金生变化趋势研究——基于 1999 ~ 2018 年数据的统计分析 [J]. 云南师范大学学报（对外汉语教学与研究版），2020（4）：71 - 82.

[8] 刘进. “一带一路”背景下如何提升来华留学生招生质量——奖学金视角 [J]. 高校教育管理，2020（1）：29 - 39.

[9] 汤妩艳. 来华留学生教育治理：困境、模式与出路 [J]. 法学论坛，2020（1）：126 - 134.

[10] 应学凤，盛珂炜. “一带一路”背景下外国来华留学生教育状况、问题和启示——以在杭州高校情况为例 [J]. 语言与翻译，2020（1）：68 - 75.

[11] 郑崧. 新时代孔子学院奖学金项目治理 [J]. 云南师范大学学报（对外汉语教学与研究版），2021（2）：29 - 34.

我国商务英语研究（1998—2020）高被引论文现状分析*

刘松涛　黄婷婷

提要：商务英语研究高被引论文的统计与分析，能够准确地反映商务英语学科发展现状、研究热点及未来发展趋势。本文以发表在我国CSSCI语言/外语类期刊上、商务英语专题被引频次≥15的高被引论文95篇为研究对象，采用文献计量方法与内容分析法，通过对研究总趋势与特点、发表刊物、作者与作者机构分布、地区分布、研究热点、研究方法等特征分析，发现高被引商务英语研究论文学术引证文献呈逐年持续增加态势，《外语界》与《中国外语》对学科学术研究与发展发挥着重要作用，作者与作者机构分布、地区分布不均匀，研究热点集中在对商务英语、商务英语专业、学科政策解读上面，研究主流方法是非实证研究。本研究对国内商务英语研究具有一定启示。

关键词：商务英语；被引频次；实证分析；文献计量学

作者简介：刘松涛，黄冈师范学院外国语学院讲师；
黄婷婷，黄冈师范学院外国语学院讲师。

一、引言

学术论文被引频次一般指该篇论文自公开刊发以后被引用的频次。学术论文的该项指标可以用来衡量论文被认同的价值（Peritz，1992；Hirsch，2005）。一般来说，学术论文的被引频次越高，该论文的学术价值越高（Moed，2002）。因此，学术论文的被引频次在文献计量学领域中通常被用来评测论文的学术影响力和社会显示度的重要因素，国际上也通常用该指标来衡量一篇论文的学术贡献及价值。一般而言，高被引学术论文是指一篇学术论文的被引用次数较大，被引用的周期较长的学术论文（Moed，2002）。学术论文高被引现象的深层原因需要挖掘，其表现特征更是值得深入分析和深入研究的问题（张垒，2015）。因此，高被引论文可在一定程度上表征学科研究状况，对于分析学科研究进展具有重要参考研究价值，高被引论文的研究与分析因此得到了国内外学术界的广泛关注（Aksnes，2003；Chuang，Wang，Ho，2011；Miyairi，Chang，2012；Madhan，Chandrasekar，Arunachalam，2010），但这些研究均是基于其他学科而开展的，就国内外语界而言，相关研究鲜有论及，更没有得到应有的重视。通过国内主要数据库平台检索与文献梳理发现，国内针对外国语言文学类高被引论文的分析与研究论文严重不足（≤5篇），主要是基于外语学科领域几种期刊或者是单个期刊进行，而且均刊发在非 CSSCI 或非主流期刊上，目前商务英语学科领域期刊论文高被引现象的分析尚未见报道。商务英语自教育部批准独立设置为一门专业，学科论文发表数量急剧增多，质量、论文被引频次参差不齐，学科学术发展良莠不齐，因此有必要专门针对商务英语学科期刊论文高被引情况进行探讨。为此，本文通过对语言类 CSSCI 期刊高被引商务英语学论文的统计分析，试图揭示、厘清商务英语学近十多年来的研究热点和发展趋势，对于了解商务英语高被引论文知识基础的构成具有重要意义，在一定程度上可以为决策部门提供依据。

二、研究样本与研究问题

1. 研究样本

本研究数据源自中国知网数据库。首先，选择点击“高级检索”选项，“商务英语”为检索主题，时间范围不限，检索时间为 2019 年 8 月 19 日（更新检索时间至 2021 年 1 月 1 日），来源期刊限定为 CSSCI，对《外语教学与研究》《中国外语》《外语界》《外语电化教学》等开展检索；本文同时检索了其他外语类 CSSCI 期刊，但存在论文没有刊发本研究检索主题词，或被引频次较低，不符合数据筛选标准等情况，不再列举；然后，点击 CNKI 提供的选项“排序—被引频次”，结果显示按由高到低顺序排列，逐一人工清洗与主题无关的论文，选择并累加高被引论文（被引频次≥15），得到 95 篇统计分析样本（因 2018，2019，2020 年份没有检索到目标文献，下文不再纳入统计分析）。最后，利用统计软件 SATI、IBM SPSS. 22、CITESPACE 对样本逐步分析总体趋势、被引频次≥100 的论文研究主题、期刊、作者、作者机构与地区、关键词与关键词聚类特征、研究方法等。

2. 研究问题

本文主要调查以下三个问题：(1) 商务英语研究高被引论文的总体特点和趋势是什么？(2) 商务英语研究高被引论文的热点话题是什么？(3) 商务英语研究高被引论文文献特征是什么？研究方法有何特点？

三、结果与讨论

1. 商务英语研究高被引论文总体趋势分析

CSSCI 是“Chinese Social Sciences Citation Index”的缩写，学术论文被刊发在 CSSCI 期刊上的称 CSSCI 期刊，本文简称 C 刊（以下同）。该数据库始于 1998 年，所以本文选择的数据从该年份起截取。95 篇高被引 C 刊论文，发表年代有三个阶段性特征，如图 1 发表年代分布图所示：起始期（1998—2003），起伏期（2005—2012），减少期（2013—2017）。限于篇幅，以下分阶段分析图表不再呈现。

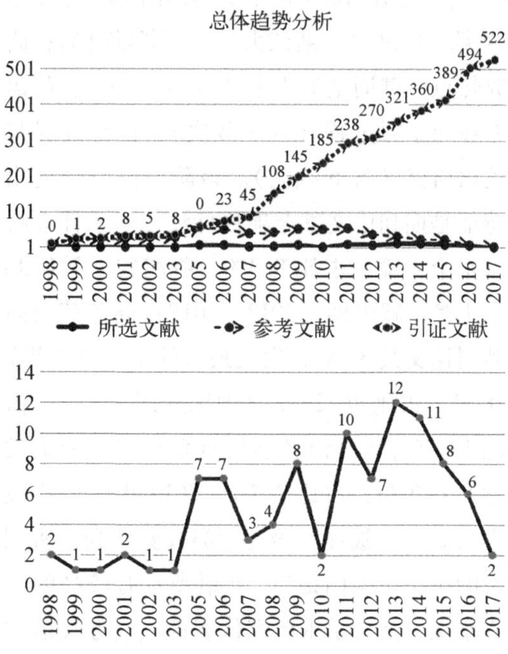

图 1　高被引论文研究总体趋势分析与发表年代分布

起始期（1998—2003）商务英语高被引论文共8篇，年均徘徊在1—2篇，载文最多的是《外语与外语教学》，为3篇，占比37.5%；其次为《外语教学》，2篇，占比25%。作者与作者机构均匀分布，无突出明显特征，研究热点内容呈现在课程设计、商务英语写作、教学效果上。值得注意的是8篇高被引论文没有标注任何基金项目资助，但对商务英语研究起到了重要的引领作用。2004年没有符合本研究的论文，所以该年份没有列入数据图里。起伏期（2005—2012）共48篇，载文最多的期刊是《中国外语》，为14篇，占比29.2%，其次是《外语界》《外语电化教学》各9篇，占比18.8%。发文最多的作者是王立非，6篇，占比12.5%，其他作者是曹德春、徐珺、史兴松、张海森，各2篇；作者机构方面，位列前三的分别为对外经济贸易大学（10篇，占比20.8%）、上海对外贸易学院（5篇，占比10.4%）、广东外语外贸大学（4篇，8.3%），浙江大学3篇紧随其后；研究热点关键词是英语本科（11频次）、英语专业与学习过程（各7频次）、课程设置与英语研究（各6频次）。该阶段另一个突出特征是期刊论文基金项目标注，国家社会科学基金4篇，占比8.3%，浙江省委教研基金1篇。减少期（2013—2017）商务英语高被引论文共39篇，发文最多的是《外语界》18篇，占比46.2%，《中国外语》7篇，占比17.9%，《外语教学与研究》与《外语教学》各3篇，占比7.7%。2014年《外语教学与研究》被评为语言学类权威期刊，所刊发的论文在国内语言/外语类具有较高的学术水准，极具学术研究代表性。商务英语类3篇论文被该刊发表并累计引用308次，说明"商务英语不仅仅被学界作为独立的学科被承认，而且中国的外向型经济与世界经济全球化的大环境，促使商务英语学科在中国兴起与繁荣"（刘法公，2009）。作者分布上，王立非9篇，占最大比例23.1%，徐珺4篇，10.3%；作者机构上对外经济贸易大学（15篇，38.5%）、上海对外贸易学院（3篇，占比7.7%）、广东外语外贸大学（3篇，7.7%）、上海交通大学（3篇，7.7%）。研究热点关键词是英语专业（12频次）、英语类（10频次）、英语本科（9频次）、教学效果与教学质量（各7频次）。出现减少期的原因是多方面的，其中一个原因可能是论文发表较晚，被阅读、参考、引用的时间不足，本阶段数据仅在一定程度上反映实际情况，不具代表性。

对所选95篇文献的参考文献与引证文献进行分析，由图1可以看出，参考文献的年代分布数量有起伏，但幅度在1998—2015年间不大，峰值出现在2005、2010年，各50篇，最低值在2017年仅有1篇。引证文献总体趋势有两个阶段，潜伏期（1998—2003）共有24篇，年均3篇，增长期（2006—2017）从2006年的23篇持续增长到2017年的522篇。引证文献是作者阅读参考并引用的文献，其数量大小直接反映学科研究可获取资源的丰富性与否，也从侧面佐证作者驾驭学术资源能力，对于学科学术发展有重要意义。商务英语高被引论文引证文献数量的持续上升，也是近年来商务英语学科快速发展与繁荣的见证。

95篇高被引论文中，独撰完成的论文53篇，占比55.8%，两人合作完成的论文34篇，占比35.8%，三人合作的为3篇，五、六、八人完成的各为1篇，采用集体署名者1篇，论文合作率为44.2%。95篇高被引论文涉及152位作者，高被引论文合作度为1.6。进一步考察高被引论文的研究聚焦，本研究选取≥100次的14篇论文，如表1所示，占样本的14.7%，总被引频次为2 372，占所有论文总被引频次的44.5%。单篇论文最高被引频次为432次，具体详细情况见表1。

利用统计软件SATI分析被引≥100次的高被引论文关键词，得出关键词矩阵，然后导入IBM SPSS.22分析关键词系统聚类（限于篇幅，图表不再呈现），可知，14篇高被引论文研究聚焦在四类，首先是商务英语专业、复合型人才培养、商务知识、分科教学法、国际商务管理，其次是ESP与课程设置，然后是复合型外语教学与内容教学法，最后是专门用途英语教学、商务英语学术研究、人才培养。以上四类研究关键词聚类共性是ESP教学或商务英语教学与人才培养。《高等学校商务英语专业本科教学要求》（试行）与《高等学校商务英语专业本科教学质量国家标准》对商务英语本科教学指导意义重大，两个文件从专业定位，人才培养目标与规格，课程体系与课程设置，教学活动的原则、计划、实施、评价、监督等详细介绍了商务英语专业教学的重要问题。

表1　被引≥100次的高被引论文及其被引频次

序号	作　者	论　文　题　目	发表时间	被引次数
1	陈准民等	解读《高等学校商务英语专业本科教学要求》（试行）	2009（4）	432
2	王立非等	商务英语专业本科教学质量国家标准要点解读	2015（2）	217
3	梁雪松等	英语专业ESP课程建设中的问题与对策	2006（4）	197
4	雷春林	内容教学法（CBI）与复合型外语专业教学——以商务英语教学模式为例	2006（3）	196
5	陈冰冰	关于建立ESP教师教育模式的思考	2005（3）	186
6	阮绩智	大学商务英语课程目标及教学原则	2005（3）	158
7	蔡　芸	培养复合型人才的有效方式——商务英语专业课程评价	2001（4）	150
8	王立非等	商务外语的学科内涵与发展路径分析	2011（6）	141
9	王立非等	我国商务英语研究十年现状分析（2002—2011）	2013（4）	134
10	小组*	论商务英语的学科定位、研究对象和发展方向	2006（5）	124
11	王立非	论商务外语学科及学术研究的再定位	2012（3）	116
12	蔡　莉	建构主义学习理论指导下的商务英语口语教学	2006（2）	110
13	赵军峰	商务英语课程设置及教学现状调查分析	2006（5）	109
14	王艳艳等	商务英语专业人才需求和培养模式调查与启示	2014（2）	102

小组*：对外经济贸易大学商务英语理论研究小组。

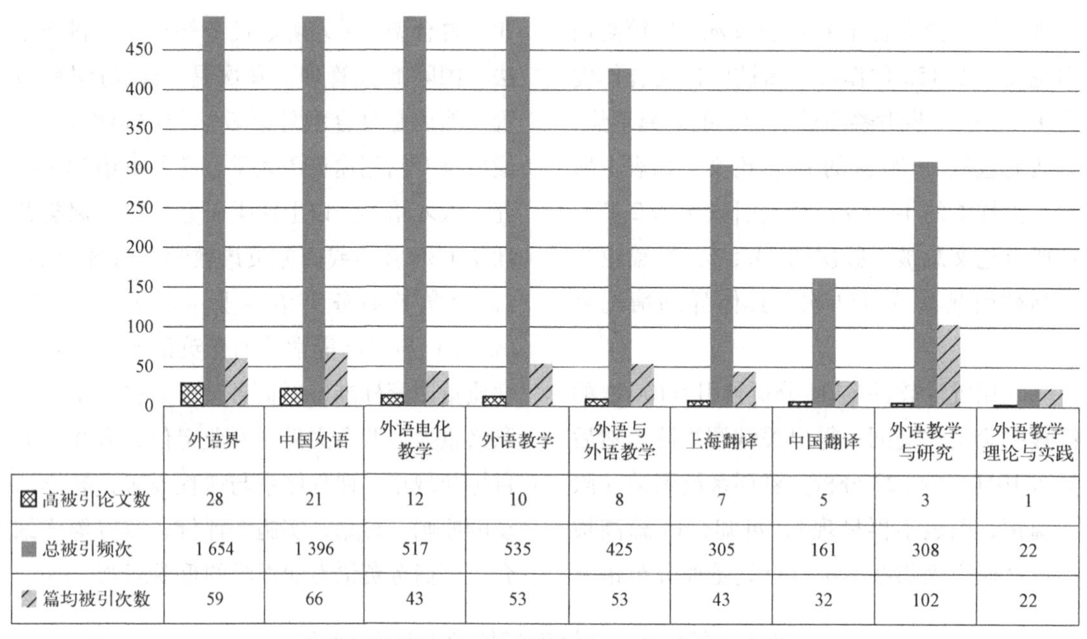

	外语界	中国外语	外语电化教学	外语教学	外语与外语教学	上海翻译	中国翻译	外语教学与研究	外语教学理论与实践
高被引论文数	28	21	12	10	8	7	5	3	1
总被引频次	1 654	1 396	517	535	425	305	161	308	22
篇均被引次数	59	66	43	53	53	43	32	102	22

图 2　95 篇高被引论文期刊分布

2. 高被引论文期刊分布

从图 2 可见，95 篇高被引论文分布在 9 种期刊，占语言类 C 刊总数的 37.5%（9/24）。样本高被引论文总被引频次最高的期刊是《外语界》，28 篇论文，被引频次 1 654 次，被引频次占比 31%；其次为《中国外语》，21 篇，被引频次 1 396 次，被引频次占比 26.2%；最低的为《外语教学理论与实践》，1 篇论文，被引频次 22 次，占比 0.4%。篇均被引频次最高的是《外语教学与研究》102 次，其次是《中国外语》66 次、《外语界》59 次。商务英语类论文，无论从期刊刊发选题、稿源筛选上，还是从文章质量及其学术影响力上，《外语界》《中国外语》两个 C 刊占据了重要的位置，对我国商务英语学的发展和学科建设发挥着十分重要的作用。

3. 高被引论文作者分布、作者机构与地区分布

从图 3 可见，高被引论文第一作者 12 篇的作者 1 位，高被引 5 篇的作者 1 位，高被引 3 篇的作者 3 位。在高被引多产作者中王立非（对外经济贸易大学）、徐珺（对外经济贸易大学）、翁凤翔（上海海事大学）、刘法公（浙江工商大学）、顾维勇（南京晓庄学院）等发表高被引论文都在 3 篇以上。尤其值得强调的是，王立非的 12 篇论文被引频次高达到 824 次，篇均被引频次 68.67，充分彰显他对我国商务英语学研究的贡献。以上所提到的高被引论文多产作者在一定程度上已进军为我国商务英语学研究领域的学术带头人行列。95 篇商务英语专题高被引论文合作率为 44.2%，高被引论文合作度为 1.6，这表明我国商务英语学术研究队伍有一定的合作基础，但合作意识尚需进一步加强。

在不区分第一、二作者的条件下，涉及机构共 51 个，发表高被引论文最多的前 8 个机构分别是对外经济贸易大学、广东

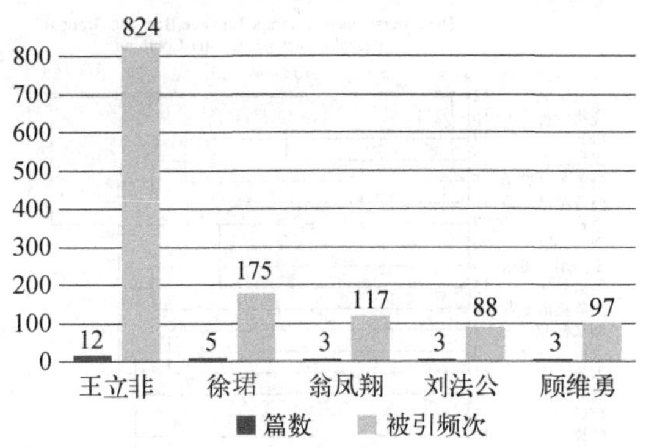

图3　发表3篇以上高被引论文的第一作者

外语外贸大学、上海对外经贸大学、上海海事大学、上海交通大学、浙江工商大学、浙江大学、温州大学。这8个机构共发表高被引论文数54篇，占样本总数的56.8%（54/95），占发表样本所有机构总数的15.7%（8/51），图4显示了高被引论文所在机构分布的悬殊，发表较多的高被引论文机构在我国商务英语学科研究中处于领先地位，是商务英语学科研究成果的重要来源地。样本地区分布前四位分别为北京市、广东省、上海市、浙江省。这四个地区共有样本论文54篇（不区分第一作者或第二作者），占总样本的56.8%。这说明我国高水平商务英语学科研究成果集中在少部分经济、教育较为发达的地区，体现了我国商务英语学科研究地区发展的差异性，也深层次反映出国内商务英语研究资源配置的欠均衡性。基于样本的作者、机构和地区分布的研究，对了解商务英语学科研究队伍现状、加强商务英语学科研究队伍建设、发现和培养商务英语研究人才、优化商务英语研究资源配置等均具有较为重要的意义。需要强调的是95篇高被引论文，有10篇得到省部级以上项目资助，国家社会科学基金资助8篇，浙江省教委科研基金资助1篇，国家自然科学基金资助1篇。

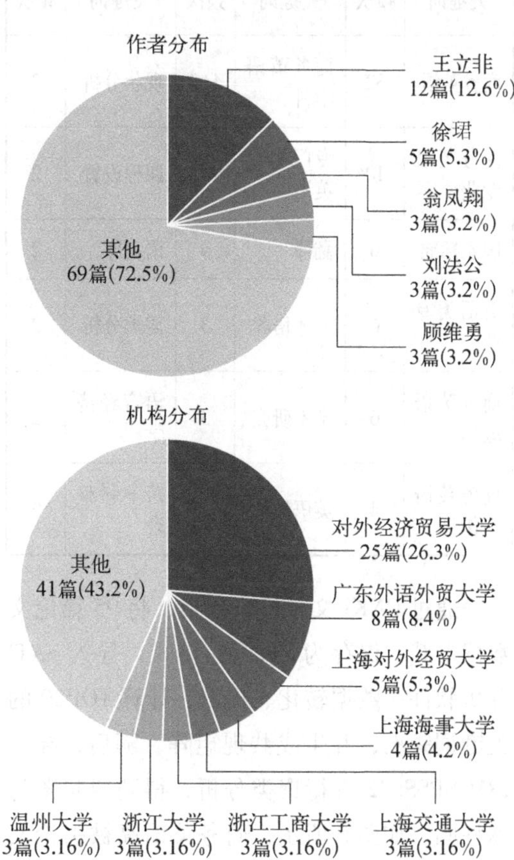

图4　样本的作者与作者机构分布

4. 高被引论文关键词与关键词聚类特征

关键词是论文主题内容信息的词汇，是论文核心思想的体现，也彰显论文研究方法。尤其是高被引论文的关键词，在一定程度上反映着商务英语的研究现状、研究热点和发展方向。从表2可见，商务英语为出现频次最大的关键词，32次，其次为频次为10的商务英语专业，国家标准、英语类专业与商务英语教学6次，商务英语学科为4+2次（商务英语学科4次+学科2次），专门用途英语频次4+2次（专门用途英语4次+ESP 2次）等。

表2　关键词出现频次统计

关键词	频次	关键词	频次	关键词	频次
商务英语	32	商务英语学科	4+2	现状分析	2
商务英语专业	10	专门用途英语	4+2	课程设置	2
国家标准	6	翻译	4	语料库	2
英语类专业	6	人才培养	3	需求分析	2
商务英语教学	6	学术研究	3	语言经济学	2
商务英语写作	4	英语教学	2	跨学科整合	2

通过CNKI文献检索平台，将95篇论文数据下载，保存为Endnote格式，导入SATI分析软件，数据转化、提取，计算TOP20的关键词频次，并生成共现矩阵，随后，导入IBM SPSS. 22进行聚类分析，得到树状图与冰柱图，如图5所示，商务英语高被引论文研究热点有6类：

种类一是学术研究12与现状分析16，种类二是ESP17、课程设置19与商务英语教学5，种类三是学科7与商务外语20，种类四是专门用途英语9、英语教学15与商务英语专业2，种类五是国家标准3、英语类专业4、人才培养11、商务英语1与翻译8、频数18、信度14及评价13，种类六是商务英语写作6。利用CITESPACE5. 4. R1软件对关键词进行深层次聚类分析，可知研究聚类表现在三个方面，即商务英语、商务英语专业、国家标准。

(1) 商务英语

对商务英语的研究话题涉及范围广，学术观点鲜明，学术站位高远。该类研究从商务英语学科的内涵、商务英语发展路径、商务英语学科定位（对外经济贸易大学商务英语理论研究小组，2006；陈建平、聂利亚，2009；平洪，2009；王立非、李琳，2011；王立非，2012；翁静乐、翁凤翔，2012；吕世生，2013；仲伟合等，2015）、理论或理论体系（蔡莉，2006；王艳，2006；曹德春，2011 & 2012；赵颖、杨俊峰，2014；王立非、张斐瑞，2015）、学科学术研究现状（刘法公，2009；叶兴国等，2011；王立非、李琳，2013 & 2014）、跨学科视角如语言经济学（莫再树，2008；田兰，2013）等进行了深入、细致的探讨，奠定了商务英语学科发展基础。这些研究意义重大、影响深远，

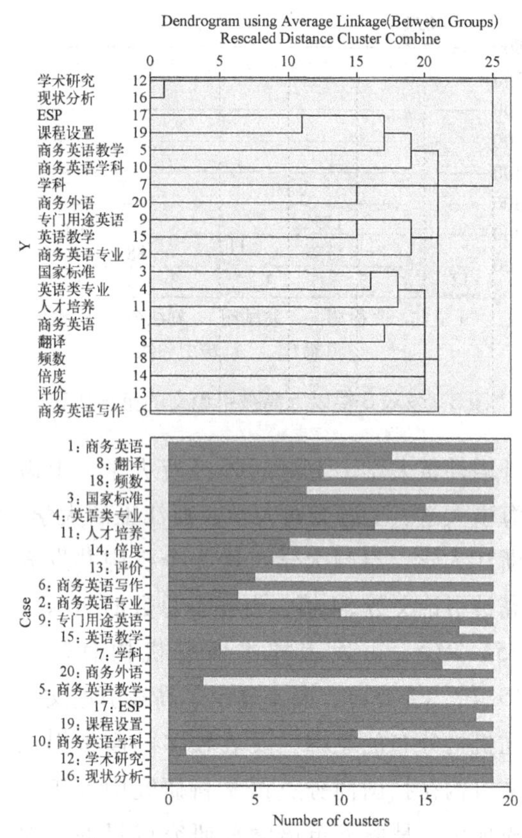

图5　关键词聚类分析树状图与冰柱图

对商务英语学科建设与商务英语发展发挥着重要作用。

（2）商务英语专业

“自我国设立商务英语专业以来，商务英语专业建设成为国内商务英语研究领域的最大热点”（王立非、李琳，2013）。该类研究多基于教学角度，论及人才需求分析与人才培养（蔡芸，2001；王艳艳等，2014；刘法公，2015）、商务英语教学中课程建设（阮绩智，2005；梁雪松等，2006；赵军峰，2006；彭川、朱文忠，2011；俞建耀、刘法公，2013；俞建耀，2014）、师资建设（陈冰冰，2005；王关富、张海森，2011；李玉香，2012；王立非、葛海玲，2016；孙有中等，2016）等。这些研究注重教学的应用性与可操作性，兼顾理论性与学术性，有效讨论了商务英语教学方面诸多的问题，助推教学属性的界定。

（3）国家标准

国家层面出台的学科发展、教学等相关标准与要求具有权威性、主导性与示范性，对学科各方面的发展完善提供了政策参照与标准指标细化。从国家标准、本科教学要求等纲领性层面文件解读（陈准民、王立非，2009；王立非等，2015；孙毅，2016；彭青龙，2016；王巍巍、仲伟合，2017）商务英语学科发展系列重大问题，为商务英语学科科学、可持续发展构筑了坚实的基础。

5. 高被引论文研究方法特征

本文将研究方法分为实证研究和非实证研究。实证研究具体包括定性研究、定量研究、混合式研究（定性研究与定量研究相结合）。对CSSCI期刊论文归类统计结果表明，实证研究占29.5%，非实证研究占70.5%。

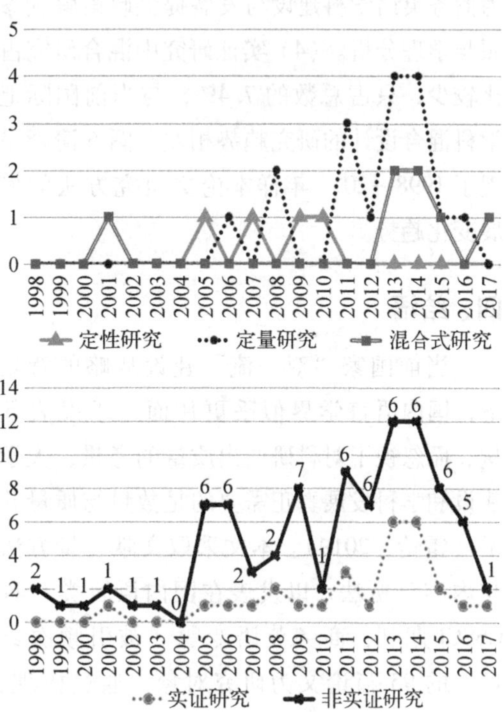

图6　高被引论文研究方法实证研究数据图与实证研究、非实证研究对比分析图

从图6可知，高被引学科论文研究方法呈现出以下四类特征：（1）非实证研究占超70%，表明高被引学科研究的主导方法是以非量化为主，定性研究占4.2%，定量研究占17.9%，混合式研究占7.4%，学科研究方法的数据挖掘、量化研究能力需加强。（2）非实证与实证研究数量之间的差距呈上升态势，1998—2004年，实证研究、非实证研究比例差距不大，2006—2016年期间这一趋势表现得更为明显。这说明在后11年中，高被引商务英语研究论文研究方法的科学性、论文选题的规范性有待进一步提升。（3）非实证研究中政策解读（占9.5%）、学科定位（14.7%）、理论（6.3%）等论文的比例较高，反映了学界对学科政策、标准、要求的重视，对学科定位科学判断与讨论的关注，

为商务英语学科建设与发展提供政策解读参照与学理分析。（4）实证研究中混合研究占比较少，只占总数的7.4%，与当前国际上学科混合设计的研究趋势相左。图6清晰呈现了1998—2017年样本论文研究方法的发展变化趋势。

四、结语

当前国家“双一流”建设战略的背景下，国内语言学界似乎更片面追求发表数量，而忽视了对科研产出质量的考量，大学建设和学科发展真正需要的是数量与质量并举（雷蕾，2019）。本文采取文献计量方法与内容分析法，以发表在国内语言类9种CSSCI期刊，商务英语专题（被引频次≥15）的95篇论文为研究对象，通过梳理、统计与分析，结果发现：（1）2006—2017年商务英语学科研究引证文献呈持续增长态势，而高被引论文发表数量起伏不定，显示急剧减少趋势。（2）高被引论文作者两人及以上完成情况占比44.2%，合作度为1.6，合作意识尚需进一步加强。（3）《外语界》《中国外语》两个期刊对商务英语学科发展与建设发挥着重要作用。（4）数据证实对外经济贸易大学、广东外语外贸大学、上海对外经贸大学是商务英语研究成果的重要来源地，高水平研究成果集中在北京市、广东省、上海市、浙江省，表明商务英语研究资源配置的机构、地区不均衡性。（5）高被引论文研究热点在商务英语、商务英语专业建设、国家标准解读等方面，研究方法以非实证研究为主。本研究的局限在于数据选择不够全面，样本量较小，各指标分析略显浅显等，仅在一定程度上对国内商务英语未来研究具有启示意义。

注　　释

* 本文系2020年湖北省教育厅哲学社会科学研究项目“写作反馈的二重奏：自动评分与人工评分对写作水平的影响”（20Q139）、黄冈师范学院2020年教学与研究项目“应用型本科院校商务英语专业实践教学改革研究”（2020CE54）的阶段性成果。

参考文献

[1] Aksnes, D. W. Characteristics of highly cited papers [J]. *Research Evaluation*. 2003, 12 (3): 159-170.

[2] Chuang, K. Y., Wang M. H., Ho Y. S. High-impact papers presented in the subject category of water resources in the essential science indicators database of the institute for scientific information [J]. *Scientometrics*, 2011, 87 (3): 551-562.

[3] Hirsch, J. E. An index to quantify an individuals scientific research output [J]. *Proceedings of the National Academy of Science*, 2005, 102 (46): 16569-16572.

[4] Madhan, M., Chandrasekar G., Arunachalam S. Highly cited papers from India and China [J]. *Current Science*, 2010, 99 (6): 738-749.

[5] Miyairi, N., Chang H. W. Bibliometric characteristics of highly cited papers from Taiwan, 2000 ~ 2009 [J]. *Scientometrics*, 2012, 92 (1): 197-205.

[6] Moed, H. F. The impact-factors debate: The ISI's uses and limits [J]. *Nature*, 2002, 415 (15): 731-732.

[7] Peritz, B. C. On the objectives of citation analysis: Problems of theory and method [J]. *Journal of the American Society for Information*

Science, 1992, 43 (6): 448 - 451.

[8] 蔡莉. 建构主义学习理论指导下的商务英语口语教学 [J]. 外语界, 2006 (2): 30 - 34.

[9] 蔡芸. 培养复合型人才的有效方式——商务英语专业课程评价 [J]. 外语与外语教学, 2001 (4): 33 - 35.

[10] 曹德春. 跨学科构建商务英语理论体系的共同核心——基于北美商务沟通和欧洲商务语篇的跨学科设想 [J]. 中国外语, 2011 (2): 63 - 68.

[11] 曹德春. 基于国际商务沟通的商务英语理论体系 [J]. 中国外语, 2012 (3): 10 - 15.

[12] 陈冰冰. 关于建立 ESP 教师教育模式的思考 [J]. 外语教学, 2005 (3): 75 - 78.

[13] 陈建平, 聂利亚. 从目前的研究看商务英语学科体系的构建 [J]. 外语教学, 2009 (5): 69 - 72.

[14] 陈准民, 王立非. 解读《高等学校商务英语专业本科教学要求》(试行) [J]. 中国外语, 2009 (4): 4 - 11, 21.

[15] 对外经济贸易大学商务英语理论研究小组. 论商务英语的学科定位、研究对象和发展方向 [J]. 中国外语, 2006 (5): 4 - 8.

[16] 雷蕾. 语言学领域高被引论文——文献计量分析 [J]. 当代外语研究, 2019 (1): 67 - 76.

[17] 李玉香. 教师发展"大师复盘模式": 以商务英语教师发展为例——顾曰国和 Evan Frendo 访谈录 [J]. 中国外语, 2012 (6): 81 - 85.

[18] 梁雪松等. 英语专业 ESP 课程建设中的问题与对策 [J]. 外语界, 2006 (4): 30 - 35, 62.

[19] 刘法公. 中国从无到有的商务英语学科 [J]. 外语界, 2009 (6): 10 - 16.

[20] 刘法公. 论商务英语专业培养目标核心任务的实现 [J]. 中国外语, 2015 (1): 19 - 25.

[21] 吕世生. 商务英语学科定位的学理依据 [J]. 外语界, 2013 (4): 19 - 25, 47.

[22] 莫再树. 语言经济学视角下的商务英语教育研究 [J]. 外语界, 2008 (2): 65 - 72.

[23] 彭川, 朱文忠. 商务英语专业课程体系建设 CIPP 评价模式研究 [J]. 中国外语, 2011 (2): 69 - 74.

[24] 彭青龙. 论《英语类专业本科教学质量国家标准》的特点及其与学校标准的关系 [J]. 外语教学与研究, 2016 (1): 109 - 117.

[25] 平洪. 商务英语本科专业人才培养模式探索 [J]. 中国外语, 2009 (4): 18 - 21.

[26] 阮绩智. 大学商务英语课程目标及教学原则 [J]. 外语界, 2005 (3): 26 - 31.

[27] 孙毅.《高等学校商务英语专业本科教学质量国家标准》的地方性解读: 国标与校标的对照 [J]. 外语界, 2016 (2): 46 - 51, 87.

[28] 孙有中等. 准确理解《国标》精神, 积极促进教师发展——"《国标》指导下的英语类专业教师发展"笔谈 [J]. 外语界, 2016 (6): 9 - 15, 56.

[29] 田兰. 语言经济学视角下商务英语的生态位思考 [J]. 外语界, 2013 (4): 26 - 31.

[30] 王关富, 张海森. 商务英语学科建设中的教师能力要素研究 [J]. 外语界, 2011 (6): 15 - 21.

[31] 王立非. 论商务外语学科及学术研究的再定位 [J]. 中国外语, 2012 (3): 4 - 9, 23.

[32] 王立非, 葛海玲. 论"国家标准"指导下的商务英语教师专业能力发展 [J]. 外语界, 2016 (6): 16 - 22.

[33] 王立非, 李琳. 商务外语的学科内涵与发展路径分析 [J]. 外语界, 2011 (6): 6 - 14.

[34] 王立非, 李琳. 我国商务英语研究十年现状分析 (2002 - 2011) [J]. 外语界, 2013 (4): 2 - 10.

[35] 王立非, 李琳. 基于可视化技术的国外商务

英语研究进展考察（2002—2012）［J］. 中国外语，2014（2）：88－96.

［36］王立非等. 商务英语专业本科教学质量国家标准要点解读［J］. 外语教学与研究，2015（2）：297－302.

［37］王立非，张斐瑞. 论“商务英语专业国家标准”的学科理论基础［J］. 中国外语，2015（1）：13－18.

［38］王巍巍，仲伟合. “国标”指导下的英语类专业课程改革与建设［J］. 外语界，2017（3）：2－8，15.

［39］王艳. 用社会建构主义理论指导商务英语教学［J］. 中国外语，2006（5）：41－44.

［40］王艳艳等. 商务英语专业人才需求和培养模式调查与启示［J］. 外语界，2014（2）：34－41.

［41］翁静乐，翁凤翔. 商务英语学：学科概念与学科属性［J］. 中国外语，2012（5）：4－10.

［42］叶兴国等. 中国商务英语研究：现状与趋势［J］. 中国外语，2011（2）：57－62.

［43］俞建耀，刘法公. 国内商务英语专业课程设置论综述［J］. 外语与外语教学，2013（3）：37－40.

［44］俞建耀. 学生感知需求的调查分析：商务英语专业课程重构设想［J］. 外语界，2014（2）：25－33，57.

［45］张垒. 高被引论文的特征因素及其对影响因子贡献研究［J］. 中国科技期刊研究，2015（8）：880－885.

［46］赵军峰. 商务英语课程设置及教学现状调查分析［J］. 中国外语，2006（5）：9－12.

［47］赵颖，杨俊峰. 从图式理论谈商务英语口译能力的培养［J］. 中国翻译，2014（3）：49－52.

［48］仲伟合等. 高等学校商务英语本科专业的定位［J］. 中国外语，2015（1）：4－10.

对接新文科国家战略，培养新时代外语人才

——“新文科背景下高等院校外语课程思政与通识教育”专题学术论坛综述

陈颖莹

提要：2021 年 4 月 9—11 日，“新文科背景下高等院校外语课程思政与通识教育”专题学术论坛在上海外国语大学举行。论坛围绕新文科背景下高校外语通识教育的创新发展以及高校外语课程思政展开讨论。本文对论坛的主要观点进行梳理，并探讨对新时期中国高等教育外语学科发展的启示。

关键词：外语课程思政；高等院校通识教育；新文科

作者简介：陈颖莹，上海外国语大学英语学院博士研究生。

一、引言

2019 年 4 月教育部召开的“六卓越一拔尖”计划 2.0 启动大会正式拉开了新文科建设的序幕。教育部高等教育司在 2020 年工作要点中明确提出要持续深化新工科、新农科建设，积极推进新医科、新文科建设。随后，新文科建设引起广泛关注。2020 年 6 月，教育部印发《高等学校课程思政建设指导纲要》①，明确了课程思政的建设任务、目标和内容重点，提出了科学设计课程思政教学体系的具体要求。在此背景下，“新文科背景下高等院校外语课程思政与通识教育”专题学术论坛于 2021 年 4 月 9—11 日在上海外国语大学成功举办。该论坛由中国高校外语学科发展联盟课程与教材建设委员会主办，上海外国语大学英语学院和上海外语音像出版社承办，《英美文学研究论丛》编辑部和《外语电化教学》编辑部协办。来自数十所院校的 300 余位代表齐聚上外，共同探讨新文科背景下外语课程思政的实施路径及外语通识教育课程建设方案，为推动中国外语学科的创新发展谋求有效路径。

二、会议内容

上海外国语大学副校长查明建教授在开幕式致辞中指出，课程思政是专业课程中思想价值的引领，各门课程应突出立德树人的育人功能。通识教育应以培养学生的广博视野、批判性思维及责任意识为目标，坚持学科交叉融合和全人教育理念。他认为在高等教育阶段外语教育以及通识教育中落实课程思政应主要关注三方面内容：对接国家战略、对标人才需求、紧抓思政主线。本论坛对接新文科战略，聚焦课程思政与通识教育的融合，对推动课程思政与通识教育建设具

有重要意义。

上海外国语大学李维屏教授的致辞强调我国大学教育的使命是培养具有家国情怀、奉献精神、良好专业素养及能力、社会责任意识强烈的优秀人才。贯彻教育强国方针的首要任务是坚持全面推进高校课程思政建设。外语通识教育旨在弘扬人的价值，应充分发挥外语通识课程的特殊作用。他认为，我国外语教育必须由工具性、技能性、应用性转向人文性、通识性、创新性，促进学生的全面发展。

随后，浙江工商大学蒋承勇教授、四川大学石坚教授、上海交通大学刘建军教授、四川外国语大学董洪川教授、南京大学陈新仁教授、上海外国语大学王岚教授、杭州师范大学周敏教授、上海外国语大学肖维青教授作为论坛嘉宾分别做主旨报告。

浙江工商大学的蒋承勇教授认为大学本科教育根本上是素质教育，片面强调专业知识和技能的学习、忽视精神与人格素质培养不利于实现新时代教育目标。大学通识教育是立德树人的重要途径，也是大学生素质教育的必由之路；人文教育是通识教育的重要内容，而外语学科又是人文教育的重要组成部分。他以慕课《西方文学名著欣赏》在线通识教育课程为例，指出可以利用网络信息技术浓缩性、优质性、移动性、便捷性、开放性、普及性的特点设计高度简约凝练、聚焦核心问题的教学活动，深化大学人文学科的教学。

四川大学的石坚教授根据《中华人民共和国国民经济和社会发展第十四个五年规划和 2035 年远景目标纲要》，强调培养“德、智、体、美、劳”全面发展的社会主义建设者和接班人是中国特色社会主义新时代高等教育的目标，各课程都应守好本学科有关领域的“责任田”。国家社会发展呼唤“厚通识、宽视野、多交叉”的大学外语教育，需要会学习、会表达、会思辨、会创新的大学生。他以四川大学的课程体系为例，介绍了该校外语学科专业“读、写、思、辨（辩）、创”的定位，通过课程思政提升课程质量。他表明，外语教育应兼顾工具性、人文性、国际性，以素养为基础，以能力见长，用“润物细无声”的方式实现树人实效。

上海交通大学的刘建军教授梳理了当今大学教育面临的三大挑战：一是新科学技术革命导致原有知识结构和课程体系不能满足社会发展需要；二是知识的几何式增长使原有的教学方式和学习方式不能满足个体发展需要；三是物质生活水平的提高导致人们的精神需求不断增长。他强调，学科知识需要重新整合并形成新的知识系统来面对挑战。他认为新文科的基本内涵包括两个“融合”：一是人文学科和自然学科的融合，二是专业知识和人生价值的融合。相应地，学习目的应围绕思维能力和问题意识，谋求师生能力共同发展；教学方法也应从训话式、自话式、表演式转向对话式。针对外国文学教育现有问题，刘建军教授呼吁文学教育应更加重视经典的学习以及外国文学的发展历程。

四川外国语大学的董洪川教授认为，当前翻译教学应秉承通识教育和创新思维培养的理念，开发利用技术支持的多元学习材料，采用多样化的教学组织与评价方式，实现知识传授、能力培养和价值引领的有机融合。他以四川外国语大学为例，介绍了分类培养强化翻译课程的育人功能。学校依托中央文件外译平台和中华优秀传统文化外译资源平台，将马克思主义学院、国际关系学院、翻译学院等不同专业教师组合在一起，通过“以译代教”的方式，鼓励学生提升翻译技能的同时开展润物无声的思政教育。该校开设“中国文化走出去实验班”“汉英笔译卓越人才培养教改实验班”和“国际组织人才教改班”，培养英语语言技能扎实、符合社会发展需要、具有国际视野和创新精神的人才。

南京大学的陈新仁教授以“跨文化交际英语教材编写中的思政引领”为题，就如何在教材编写中充分实现“外语教育思政”的价值观引领做了详细说明。以《新指南跨文化交际英语》系列教材为例，他指出，跨文化交际教材应以提高学生的跨文化意识、思辨能力、交际策略、跨文化交际能力为目标，其思政元素主要表现在“体现中国立场、讲述中国故事、传播中国文化、诠释中国风格、彰显中国智慧和中国影响”等方面。他认为，高等外语教育的根本任务就是培养具有中国立场、中国情怀、民族认同、文化自信、具备国际视野、人文关怀的外语人才，在高等教育外语课程教学中必须融入课程思政元素，防范“低级红”“高级黑”。

上海外国语大学王岚教授认为，课程思政作为隐性教育是在显性的专业课程教学质量不受影响、遵循专业学科教学规律的前提下，润物细无声地落实立德树人育人目标。她认为教师和教材要与时俱进，客观介绍语言材料背后隐藏的文化和价值观，以积极正向的人生观和价值观引领学生，提高学生的全球理解力、全球表达力和跨文化沟通能力，培养学生谦逊健全的人格和心智、敢于创新敢为人先的胆识以及胸怀国家、放眼世界的眼光。

杭州师范大学的周敏教授认为，文学课堂是最好的思政课堂。她指出文化不仅是一种意义系统，也是一种权力关系；并以《泰坦尼克号上的“中国佬”》为例，说明文学研究应关注文本所创造的社会意义及其在日常生活中的意义建构。教师不仅应指导学生关注作品的艺术特征，还应引导他们发现这些艺术特征背后的意义与权力关系，明辨文化领导权的发生机制。

上海外国语大学肖维青教授以《英美影视翻译》为例，提出课程思政内容融合策略和创新课程思政方式，即把握宏观、中观、微观三个层面，强化高校课程思政统筹推进；把握教师、课程、教学三个关键要素，深化课程思政内涵建设；把握特色、标准、评价三个突破环节，巩固课程思政建设成果，最终形成专业、学院点线面贯通的立体化课程思政体系。

在分论坛上 20 余位与会教师代表就不同类型外语课程如何融入思政元素、如何实现外语教育与课程思政的有机结合、如何开发具有时代特点的外语课程思政教材和资源、如何实现课程思政视域下的外语教师发展等问题进行了充分探讨。

胡加圣教授在闭幕词中指出，课程思政研究是目标，通识教育是基础。新文科背景下加强外语课程思政建设对于实现我国高等教育根本任务具有重要意义，在加强对课程思政理论、方法等学理内涵探索的同时，也应利用网络信息资源和数字技术不断落实课程思政。

三、述评

本次论坛具有前沿性、权威性和启发性等特点。就主题而言，论坛为新文科背景下强化高等教育外语课程思政及外语通识教育搭建交流平台，是外语界对国家教育方针的积极回应，体现本次论坛的前沿性。就论坛议题而言，各位专家的主旨报告高屋建瓴，具有权威性；与会教师代表的发言见微知著，具有启发性。这对促进我国外语学科发展起到积极推动作用。结合论坛概况与国家发展战略，笔者认为本次论坛对我国高等教育外语学科发展方面有以下启示：

1. 推进外语通识课程建设

新文科背景下的外语学科有了新的使命和担当（樊丽明，2020），其内涵应与时俱进，即构建满足国家发展需求的外语学科体系，培养"一精多会，一专多能"的国际化复合型人才（吴岩，2019），提升中国文化软实力和国际影响力。大学通识课程是实现大学生素质教育的途径之一。外语学科作为人文学科的重要组成部分，在提高学生语言技能的同时应注重与其他学科的融合，明确学科定位，在学生成长道路上发挥外语学科独特的作用和功能。

2. 强化落实外语课程思政

课程思政是教师在课堂教学中对学生价值观的引领（文秋芳，2021），是实现立德树人的重要途径。外语是中外沟通的重要媒介和桥梁，外语课程更需注意落实课程思政。思政元素通过教学活动的设计、教学材料的选择和教师的言行体现。无论文学课还是翻译课，都应根据课程特色和优势，深度挖掘提炼专业知识体系中蕴含的思想价值和精神内涵，提升课程引领性、时代性和开放性（吴岩，2020）。

3. 重视外语学科人文性

外语教育饱受争议是内部因素和外部因素共同作用导致的。有段时间，人们过多关注外语专业的工具性，忽略语言本身即是思维的载体（顾悦，2019），即其本身蕴含的人文性。应充分发挥外语学科在阐释文化异同、促进文明互鉴、开展中外人文交流、构建人类命运共同体等方面的特殊功能，为国家发展提供智力支持和人才保障。本次论坛多位专家对外语教育回归人文学科本位达成共识，呼吁外语学科向人文性和创新性发展，保障高等外语教育践行全人教育使命。

综而述之，本次论坛对接国家新文科战略，为外语界学者搭建交流平台，为我国新文科背景下高校外语学科创新发展和人才培养提供了有益借鉴。

注　释

① 高等学校课程思政建设指导纲要（2020年5月28日），http://www.gov.cn/zhengce/zhengceku/2020-06/06/content_5517606.htm（访问日期：2021年4月17日）。

参考文献

[1] 樊丽明. "新文科"：时代需求与建设重点[J]. 中国大学教学，2020（5）：4-8.

[2] 顾悦. 回归人文学科：英语专业的学科定位与发展路径[J]. 外语教学理论与实践，2019（1）：16-21，15.

[3] 文秋芳. 大学外语课程思政的内涵和实施框架[J]. 中国外语，2021（2）：47-52.

[4] 吴岩. 新使命　大格局　新文科　大外语[J]. 外语教育研究前沿，2019（2）：3-7，90.

[5] 吴岩. 抓好教学"新基建"培养高质量外语人才（2020年3月20日）[OL]. https://www.eol.cn/news/yaowen/202103/t20210324_2087908.shtml（访问日期：2021年4月18日）.

聚焦新文科发展理念，推进一流外语专业建设
——中国英汉语比较研究会外语学科发展研究专业委员会 2020 年年会暨“新文科与一流外语专业”专题研讨会综述*

布占廷　卞建华

提要： 中国英汉语比较研究会外语学科发展研究专业委员会 2020 年年会以“新文科与一流外语专业”作为研讨主题。主旨报告聚焦新文科背景下一流外语学科与专业建设的关系以及外语专业建设路径，外语专业改革实践、人才培养模式创新及师资队伍建设问题、语言学的发展及英语的文化传播功能等内容。书记论坛聚焦党建与学科和专业建设之间的关系，从全新视角诠释了研讨会主题。本次研讨会具有前沿性、实践性、创新性，有多个方面的启示。

关键词： 新文科；一流外语专业；外语学科

作者简介： 布占廷，青岛大学外语学院副院长，副教授；
卞建华，青岛大学外语学院院长，教授。

一、引言

2020 年 10 月 24—25 日，中国英汉语比较研究会外语学科发展研究专业委员会 2020 年年会暨“新文科与一流外语专业”专题研讨会在线召开，本次会议是外语学科发展研究专业委员会正式成立以来主办的首次年会，由青岛大学外语学院承办，共有八场主旨报告，四场书记论坛，千余人通过腾讯会议和网络直播参会，议题丰富，参与广泛，产生了良好学术反响。本文综述会议主要内容及其对新文科背景下一流外语学科与外语专业建设的启示。

二、会议概况

外语学科发展研究专业委员会会长、上海外国语大学胡开宝教授在致辞中指出，该专业委员会由“外语学科发展合作论坛”发展而来，创立六年来，秉承“优势互补、资源共享、互惠互利、合作共赢”宗旨，在师资队伍建设、人才培养和学术研究等方面开展了系列交流与合作，逐渐发展成为国内颇具影响力的外语学科发展合作平台。

与会专家学者紧紧围绕会议主题，坚持问题导向，进行了深入研讨。首先，专家们聚焦新文科背景下一流外语学科与专业建设的关系以及外语专业建设路径。上海外国语大学王雪梅教授阐释了新文科背景下一流外语学科与专业建设的内涵、原则与路径，她指出：外语学科比外语专业更突出学术性；学科与专业建设应坚持本土化与国际化相结合、原创性与前沿性相结合、人文化与智能

化相结合以及知识建构与价值引领相结合原则；学科建设应发挥国际化、信息化优势，从扩张式发展转向内涵式发展，而专业发展应聚焦国家和社会人才需求，优化课程模块、打造一流师资、培养一流人才。湖南师范大学曾艳钰教授解读了新文科发展理念，探讨外语专业建设路径，她指出：新文科建设将进一步促进学科融合，培育新的学科增长点，升级改造传统学科；专业建设的内涵式发展是指培养学生的中国情怀和国际视野，寓价值观引导于知识传授和能力培养，加强中华优秀传统文化教育；外延式发展是指充分利用跨学科优势，构建协同育人复合型人才培养新路径。山东大学王俊菊教授提出，新文科建设的主要内容是新专业、新模式、新课程和新理论；专业建设应突出“新”字，走交汇融通之路，凸显特色个性发展；新培养模式应强调“跨”字，走复合融通之路，培养多元外语人才；新课程体系建设应坚守“文”字，走守正创新之路，坚持学科本质和专业特色；新理论构建应突出“中”字，将外语学科纳入中国特色哲学社会科学话语体系构建之中，提升学术话语权力，促进学术开放包容。

其次，专家们探讨了外语专业改革实践、人才培养模式创新及师资队伍建设问题。上海交通大学常辉教授从专业现状、改革举措及成效、未来规划等方面介绍了外语专业改革实践。该校于 2017 年开始改革。在理念方面，注重回归本专业，加强学科与专业联动，对接国际学术前沿和国家社会需求；在课程方面，完善基础课程，梳理方向课程，创新实践课程，设立平台课程。这些举措效果显著，故将进一步打破语种界限，重新梳理课程体系，搭建校内外合作平台。青岛大学卞建华教授介绍了“英语+大数据”创新实验班的实践探索及培养模式构建研究。该实验班旨在培养既有扎实英语语言文化功底，又能掌握现代语言研究方法的拔尖型创新人才。为此，基于新文科理念开展人才培养模式创新研究，构建、应用并完善创新人才培养模式，满足智能时代对文理交融型外语人才的需求。上海外国语大学冯庆华教授论述了师资队伍建设的“六个抓手”，即抓机制、抓教学、抓科研、抓课程、抓教材、抓职称。他进一步指出要做好各个环节的工作，关注青年教师及团队成长；重视教学团队建设，做好教育教学核心任务；加强科研梯队建设，分类型设权重做好梯队考核；发挥团队成员优势，建设拼盘课及精品在线课程；研究教学规律，持续优化教案，形成精品教材；发挥职称评审导向，调动教师教学科研积极性。

此外，专家们还探讨了新文科背景下语言学的发展及英语的文化传播功能。西南大学文旭教授提出，新文科背景下的语言学研究应重视语言学内部分支学科的交叉融合、语言学与其他哲学社会科学及自然科学的交叉融合；借助自然科学研究方法，使语言学真正成为名副其实的科学；基于汉语语料和已有语言学理论，借鉴其他学科，创新语言学理论；走本土化与中国化之路，服务国家战略和社会需求。上海交通大学王宁教授指出，英语是全球化时代的世界通用语，中国文化走向世界就需要首先走向英语世界，中国日益国际化的学术研究也需借助英语中介。为有效使中国文化“走出去”，一方面要在全世界大力推广普及汉语，通过汉语传播中国文化；同时应有效借助英语传播中国文化和文学的优秀成果。

最后，书记论坛聚焦党建与学科和专业建设之间的关系。哈尔滨工业大学外国语学院董霖书记提出，学院党委要提高政治站位，从明确学科发展方向和交叉复合型人才培养等方面加强顶层设计，完善党建工作体系，打造支部特色品牌，激发广大教师育人的使命感，为国家培养具有家国情怀、人文精神的国际化人才。扬州大学外国语学院刘胜乐书记从发展意识、任务谋划、队伍建设和内涵建设等四个方面阐述了以一流党建引领学科建设的经验，指出党建与学科建设相互促进，与专业建设协调发展，与人才培养和谐融合，构成学院党建的价值追求。华中科技大学外国语学院刘芳书记提出，在党建工作中要处理好党务与学科的关系、教学科研并重型与教学型教师的关系以及班子内部之间的关系，着重论述了强化师德建设、落实课程思政、服务国家战略等党建工作的核心任务。青岛大学外语学院王传永书记提出，党建工作对学科建设起到引领和助力的作用。要加强政治引领，强化顶层设计，推动学科特色发展，制定中长期规划，做好督导落实。要推进党建和学科建设融合，改善发展条件，增强发展动力，打造学科团队，优化机制体制，建好学科文化。

三、启示与建议

本次会议具有前沿性、实践性、创新性等特点。会议聚焦新文科、一流外语学科与一流外语专业建设，体现了前沿性。会议报告了在新文科背景下各校所做的学科建设与专业建设改革探索，体现了实践性。会议阐释了新文科发展理念及其与外语学科、外语专业之间的关系、党建与学科建设之间的关系，体现了创新性。具体而言，本次会议具有以下五方面的启示：

1. 探索新文科的内涵，践行新文科发展理念。新文科提出时间尚短，但必将推动外语学科与外语专业的创新发展，有学者已从不同视角对新文科的内涵和发展进行了探索和实践（如樊丽明，2020；胡开宝，2020；王铭玉，2020）。本次会议深度阐发了新文科发展理念，分享了践行新文科发展理念推进学科与专业建设的生动案例，为推动创新发展提供了新视角与新思路。

2. 明辨学科专业关系，形成互补增益效应。王俊菊、冯光武（2018：5）认为，学科构成了专业发展的知识体系基础和支撑，专业是学科承载人才培养的平台和形式。王雪梅（2019：24）系统论述了新时代一流外语学科建设的内涵、原则与路径。本次会议对外语学科与外语专业之间关系的探讨为二者协同共进指明了方向：学科与专业之间需加强协同，以学科建设带动专业升级改造，以专业建设支撑学科方向发展。

3. 立足校本办学特色，完善人才培养模式。新文科背景下，应积极更新人才培养理念，树立新的人才培养目标，立足外语学科，加强跨学科交叉融合，坚持守正创新，拓展催生新的融合型专业方向，培养“一精多会、一专多能”的国际化复合型外语人才。不同学校和语种专业的资源禀赋相差甚大，故应以《外国语言文学类教学质量国家标准》为基准，积极发挥各自办学传统和区位优势，彰显优势特色，加强内涵建设，优化办学条件，落实立德树人根本任务，构建特色鲜明的卓越外语人才培养模式。

4. 完善党建工作体系，形成引领示范作用。新时代背景下，基层党建工作应与一流外语学科和专业建设深度融合，进一步优化党建工作制度，改善工作条件配备，充分发挥党建在学科和专业建设中的定向导航作用，使党政形成合力，推动学科和专业特色凸显、快速发展。本次会议中的书记论坛中也有专家提到，人才培养应与党建工作相结合，坚持立德树人，探索课程思政和思政课程新模式，发挥基层党建引领示范作用。

5. 建设一流外语专业，服务国家社会需求。吴岩（2019：6）指出，"高等外语教育要主动服务国家战略发展。"新时代背景下，外语学科与外语专业建设要应对新形势与新挑战，提高外语人才培养能力，为国家战略培养和储备具有全球视野、通晓国际规则、熟练运用外语、精通中外谈判和沟通的国际化人才，有针对性地培养"一带一路"等建设急需的懂外语的各类专业技术和管理人才，服务国家与区域战略，服务中外文化交流互鉴，参与全球治理体系以及人类命运共同体之构建。

综上，本届年会服务新文科战略需求，服务外语学科与外语专业建设需要，为理论研究者及改革实践者搭建了高水平学术交流平台，有助于构建外语学科共同体，将有力推动外语专业建设和学科发展，促进学界交流与国家社会经济发展。

四、结语

中国英汉语比较研究会外语学科发展研究专业委员会2020年年会暨"新文科与一流外语专业"专题研讨会就新文科背景下一流外语学科与外语专业建设的路径、人才培养模式、党建与学科专业建设等做了深入研讨，对我国一流外语专业建设和人才培养有多方面启示。新文科背景下，高校外语学科建设和专业建设应把握新文科教育的内涵和宗旨，理论创新与实践探索相结合，进一步完善创新人才培养模式，促进党建工作与学科专业建设相融合，打造一流外语专业，培养高水平外语人才，服务国家社会需求。

注　释

* 本文系山东省本科教学改革研究重点项目"'英语+大数据'跨学科专业建设研究与实践"（Z2021033）的阶段性成果。

参考文献

[1] 樊丽明. "新文科"：时代需求与建设重点[J]. 中国大学教学，2020（5）：4-8.

[2] 胡开宝. 新文科视域下外语学科的建设与发展——理念与路径［J］. 中国外语，2020（3）：14-19.

[3] 王俊菊，冯光武.《国标》背景下英语专业人才培养方案的制订——原则与路径［J］. 中国外语，2018（4）：4-10.

[4] 王铭玉. 新文科——一场文科教育的革命[J]. 上海交通大学学报（哲学社会科学版），2020（1）：19-22，30.

[5] 王雪梅. 新时代一流外语学科建设：内涵、原则与路径［J］. 外语界，2019（1）：23-30.

[6] 吴岩. 新使命　大格局　新文科　大外语[J]. 外语教育研究前沿，2019（2）：3-7，90.

附　录

中国高校外语学科发展联盟大事记
（2020 年）

日　　期	事　　　　件
6 月 20 日	中国高校外语学科发展联盟语言学跨学科研究委员会成立大会在上海外国语大学召开，1.3 万人在线上参与或见证成立仪式。
9 月 20 日	“新使命、新文科、大外语：中国高校外语学科发展联盟第二届师范类院校外语学科发展高端论坛”在山东师范大学举办，1 400 多名专家学者和高校师生通过网络直播收看会议。
11 月 7 日	“传承与创新：第三届中国外国文学研究高峰论坛暨《英美文学研究论丛》创刊 20 周年学术交流会”举行。会议采用线上直播方式，全国各地 8 000 余名外国文学研究学者、教师和学生共同参与。
11 月 15 日	“新文科、新常态、新路径：中国高校外语学科发展联盟第二届财经类院校外语学科发展高端论坛”在浙江工商大学召开。全国各财经类高校的师生代表 500 余名参加，其中在线观看人数超 300 人。
11 月 15 日	“交叉与融合　新时代理工类院校外语学科新发展：中国高校外语学科发展联盟第三届全国理工类院校外语教育发展高端论坛”在上海理工大学召开。会议采用网络直播、线上会议、线下小规模会议相结合的新型会议模式，300 余名学者和教师参会。
11 月 21 日	首届语言学跨学科研究论坛在上海外国语大学举办，采用线下报告与线上腾讯会议、B 站直播相结合方式召开，社会影响广泛。

（联盟秘书处供稿）